UN TIEMPO PARA LA GRACIA

GUÍA INSPIRADA PARA LA VIDA DE CADA DÍA

CAROLINE MYSS

EL GRANO Ð MOSTAZA

Título: Un tiempo para la gracia
Subtítulo: Guía inspirada para la vida de cada día
Autor: Caroline Myss

Título original: A Time for Grace
Copyright © 2023 Caroline Myss
Publicado originalmente en 2023 por Hay House Inc. USA

Primera edición en España, marzo de 2024
© para la edición en España, Ediciones El Grano de Mostaza S.L.
Traducción: Miguel Iribarren
Impreso en España

ISBN PAPEL: 978-84-127974-4-2
ISBN EBOOK: 978-84-127974-5-9
DL: B 2867-2024

El Grano de Mostaza Ediciones, S.L.
Carrer de Balmes 394, principal primera
08022 Barcelona, Spain
www.elgranodemostaza.com

UN TIEMPO PARA LA GRACIA

GUÍA INSPIRADA PARA LA VIDA DE CADA DÍA

CAROLINE MYSS

Elogios dedicados a
UN TIEMPO PARA LA GRACIA

"Es raro que una autora y maestra tan consumada e influyente como Caroline Myss descubra, con cada libro, visiones completamente nuevas, y luego nos informe con su legendaria claridad y pasión. Con *Un tiempo para la gracia* lo ha vuelto a hacer. Cualquiera que necesite curación —curación de la enfermedad, de la ansiedad, del miedo o de un corazón roto—, encontrará una enorme ayuda en este libro. Es un tónico hecho de luz y sabiduría".

—**Elizabeth Lesser**, cofundadora del Instituto Omega y autora de *Broken Open: How Difficult Times Can Help Us Grow.*

"En *Un tiempo para la gracia,* Caroline Myss ofrece un nuevo modelo de transformación y curación que cambiará nuestra forma de percibir la crisis y la enfermedad. Una lectura obligada".

—**Deepak Chopra**, autor de *Las siete leyes espirituales del éxito.*

"Caroline ha sido una de mis maestras espirituales más importantes. En su nuevo libro continúa atravesando corazones y mentes con las flechas de la verdad".

—**Marianne Williamson**, autora de *La edad de los milagros* y *Retorno al amor.*

"*Un tiempo para la gracia* es una poderosa mirada a los aspectos místicos del proceso de sanación profunda. La extraordinaria Caroline Myss proporciona profundas comprensiones sobre la naturaleza de la enfermedad y los milagros de curación

que pueden ocurrir. Lo que me encanta de Caroline es que no tiene miedo de ir más allá de lo convencional para crear nuevos paradigmas de salud".
—**Judith Orloff,** autora de *Libertad emocional.*

"En esta época de extraordinaria agitación evolutiva, Caroline Myss ofrece una poderosa y sabia receta para la autocuración que transforma y capacita al lector para ganar soberanía sobre su bienestar físico, emocional y espiritual".
—**Bruce H. Lipton,** autor de *La biología de la creencia* y *Evolución espontánea.*

"En *Un tiempo para la gracia,* Caroline Myss va mucho más allá del pensamiento convencional para describir con precisión esas áreas de la experiencia, esos acontecimientos místicos y misteriosos que, en última instancia, explican la enfermedad. Este libro es extraordinariamente inteligente y perspicaz a la hora de proponer formas de profundizar en el alma para vislumbrar esos pequeños asuntos que se convierten en grandes problemas".
—**Thomas Moore,** autor de *El cuidado del alma* y *Writting in the Sand.*

"Como ningún otro autor, Myss consigue invariablemente ayudarnos a alcanzar un nivel aún más alto de comprensión de cómo sanar. Corre, no camines, a comprar este libro".
—**Mona Lisa Schulz,** autora de *El orientador intuitivo* y *Sana tu mente.*

"En este libro, Caroline Myss nos recuerda que, aunque deberíamos estar agradecidos por el don de la razón, también debemos ser conscientes de que el misterio y la santidad de la vida no pueden hallarse únicamente en la tenue luz de la razón. Como aclara *Un tiempo para la Gracia*, los místicos enseñan que en cada uno de nosotros existe la capacidad de una experiencia mística que trasciende la razón. Cada capítulo de este libro resuena con la energía expansiva del despertar místico y ofrece formas de cultivar este despertar en nuestras vidas".

—**James Finley,** autor de *Christian Meditation* y *The contemplative Heart.*

"Caroline Myss es la voz más destacada en el campo de la espiritualidad y la sanación que existe actualmente en el planeta. En *Un tiempo para la gracia* cuestiona algunos de los mitos más preciados de nuestra cultura sobre la curación, invitando al lector a salir de la prisión de la razón y a entrar en el 'campo de la gracia", del que surgen espontáneamente los milagros. Traduciendo la sabiduría espiritual universal al lenguaje moderno, Caroline ilumina el viaje para potenciar tanto la psique como el alma".

—**Joan Borysenko,** autora de *Minding the Body, Mending the Mind* y *Your Soul's Compass.*

Para mis ahijados
Angela, Rachel, Eddie, Jimmy,
Basile, Lacey, Eben y Sam

Índice

Prefacio

a la edición de 2023

Al leer mi introducción original a este libro —titulado en un principio *Desafía a la gravedad*—, como preparación para escribir este prefacio a la nueva edición, me sentí realmente complacida, pues me di cuenta de que no quería cambiar ni una palabra de lo que escribí hace 15 años. Sin embargo, me he sentido inspirada a ampliar lo que escribí entonces, ya que mi creencia en el poder de la gracia —así como en nuestra necesidad de ella— se ha profundizado notablemente desde entonces. También he llegado a una comprensión muy diferente de la naturaleza de lo Divino, que no hace sino reforzar mi creencia en el modo íntimo en que lo sagrado se mueve en nuestras vidas y en cuán profundamente necesitamos confiar en la fe y la gracia, ahora más que nunca. Escribir un nuevo prefacio me da la oportunidad de compartir lo que he observado sobre las maravillas de la gracia y cómo, por qué y cuándo fluye en tu vida.

Siempre me hacen preguntas sobre la gracia, como: "¿Qué es la gracia?", "¿Cómo funciona la gracia?" y "¿Cómo sé si alguna vez he tenido una experiencia de la gracia en mi vida?". La gracia es uno de esos temas que fascinan a la gente, y con razón. ¿Quién no quiere creer que, de alguna manera, de alguna forma extraordinaria, la gracia está siendo derramada en tu vida justo cuando la necesitas?

Una forma de entender la gracia es considerarla una fuerza mística, no un poder intelectual o físico. Por regla general, una experiencia de gracia no irrumpe en tu vida de manera obvia. Habitualmente, hasta que pasa el tiempo —tal vez un día, una semana, o incluso más—, no te das cuenta de que ha ocurrido algo ligeramente fuera de lo común. Y ese algo puede ser sutil, como tu manera de salir espontáneamente de tu zona de confort para ayudar a un extraño, haciendo énfasis en la palabra *espontáneamente*.

Otra descarga de gracia espontánea que ocurre con bastante frecuencia en nuestras vidas sucede durante los acalorados intercambios con nuestros seres queridos. Cuando nos encontramos en medio de un conflicto, a menudo sentimos la tentación de decir o hacer algo que es especialmente cruel, tanto que podría destruir la relación. No es raro oír una voz que nos pregunta: "¿Estás segura de que quieres decir eso?". Muchas personas me han dicho que fue esa pregunta, surgida de la nada en el fragor del conflicto, lo que les hizo salir corriendo de la habitación en lugar de gritar el último comentario, y lo agradecidos que estaban de haberse ido de la habitación. También hay personas que me han dicho que viven con el remordimiento de no haber escuchado esa voz, prefiriendo, por orgullo, dar el golpe final en la discusión. Para muchos, ese golpe final fue lo que destruyó la relación. De hecho, un hombre me dijo que, aunque su divorcio no se produjo hasta ocho años después de aquella fatal discusión, pudo sentir entonces que algo había cambiado inmediatamente en la calidad de su matrimonio. Y ese cambio se fue convirtiendo en la razón de la ruptura.

Un punto de interés es que, independientemente de cuánta ayuda recibas de la gracia, la elección de escuchar sigue siendo tuya. Los ángeles del cielo no toman las decisiones por nosotros cuando nos encontramos en los momentos críticos de nuestra existencia. Y, sin embargo, de acuerdo con la naturaleza mística y misteriosa de lo Divino, cuando no somos conscientes de que nos encontramos en una situación peligrosa o arriesgada, se nos da una guía directa para actuar. Ser inconscientes parece permitir una guía directa y una gracia que nuestra consciencia bloquea, ya que la consciencia implica que estamos a cargo de la calidad de las elecciones que hacemos.

Al mismo tiempo, una verdad que es un "principio místico operativo" en tu vida es esta: la guía interna y la gracia apoyan tu bienestar en todo momento —considera la guía interna y la gracia como los dos lados de la misma moneda—. Nunca se te dirige a hacer nada que te dañe a ti o a los demás. Más bien, la gracia y la guía interna son intervenciones de un poder superior o una luz sagrada que te ayudan a transitar a un estado de conciencia interno más elevado o más lleno de luz. Y desde esa posición interna más elevada, eres capaz de tomar una decisión empoderada.

Otro ejemplo de cómo la gracia dirige suavemente un pensamiento más elevado a tu mente es imaginar que estás sentado en un bar abarrotado y lleno de humo. Llevas tanto tiempo en esa sala llena de humo que te has adaptado a la creciente contaminación ambiental. Ahora te encuentras en un entorno que pone en peligro tu salud, aunque no eres consciente de que ese lugar se haya vuelto tan tóxico. De repente, respiras aire fresco por una ventana abierta. Todos tus sentidos responden instantáneamente al aire limpio que entra en tus pulmones. Sientes que un chute de energía recorre tu organismo, como si te despertara de un estado de sueño. Tu siguiente pensamiento es: "Tengo que salir de aquí. Necesito aire fresco". Y con eso, sales del bar a la brisa limpia de la noche.

La gracia opera exactamente como el aire fresco que entra en los pensamientos abarrotados y llenos de humo de tu mente. Es un mensaje único y limpio que tiene el poder de activar todos tus sentidos y dirigirte hacia una elección más sana y poderosa. La gracia es un mensaje de poder sagrado que llega a tu vida en esos momentos en los que —consciente o inconscientemente— estás vulnerable, asustado, confuso, solo o necesitas una dirección inmediata. El propósito de estas transmisiones de gracia es facilitar la elección más poderosa que puedas efectuar para ti mismo en ese momento. El Cielo no puede hacer que nuestros retos u obstáculos desaparezcan en un instante, aunque a menudo deseemos que eso sea posible. Pero en un segundo puede ayudarnos a cambiar nuestra visión interior, nuestras actitudes, nuestros miedos. La gracia activa nuestra capacidad de tomar decisiones que preferiríamos evitar en los momentos normales. La gracia se derrama especialmente sobre nosotros cuando necesitamos ayuda para mejorar la vida de otras personas, o incluso de una sola persona.

Pensemos en la gracia de la valentía. La mayoría de nuestras decisiones cotidianas no requieren un coraje excepcional. Pero, inevitablemente, cada uno de nosotros nos encontraremos en algún tipo de situación que nos llene de miedo o nos incomode. O puede que nos hallemos en la situación de ayudar a alguien que lo necesita, como vi que una persona hizo valientemente hace poco. Oí gritos al entrar en el aparcamiento de mi supermercado. Me acerqué a la creciente multitud para ver que una joven extraordinaria había acudido a ayudar a una mujer sin techo. Al parecer, la mujer estaba siendo el objetivo de un pequeño grupo de personas que no la querían en el barrio. Mientras gritaban comentarios abusivos a la indigente, esta joven se puso delante de ella y les dijo que la dejaran en paz. Irradiaba valentía y era obvio que su fuerza, a su vez, atrajo el apoyo de otros. Los agresores se marcharon rápidamente y las personas del grupo que se había reunido sacaron sus carteras para proporcionar a la mujer sin hogar la ayuda económica que tanto necesitaba.

La gracia no requiere una crisis o una situación desesperada para llegar a tu vida. También llega en momentos de reflexión y contemplación. A menudo, en tiempos de creatividad, la gracia de la inspiración se derrama en nuestras almas. Muchas veces, cuando contemplamos la calma de la naturaleza, la gracia de la tranquilidad desciende sobre nosotros. Con o sin que pidamos estos actos de intervención mística, las gracias de la Divinidad fluyen libre y abundantemente a nuestras vidas.

Y la oración es como convertir un afluente de gracia en un río que fluye hacia ti sin obstáculos. La gracia, en todas sus expresiones, tiene el poder de realzar una cualidad en ti porque la necesitas. La paciencia, por ejemplo, se expande dentro de ti dando lugar a la gracia de la resistencia, que te da fuerza para sostenerte en una situación que normalmente considerarías insoportable. El pensamiento ordinario se transforma en la gracia del discernimiento, dándote la capacidad de maniobrar con más cuidado a la hora de tomar una decisión.

El Cielo no puede darnos un segundo camino de vida, un camino diferente, cuando el que estamos recorriendo tiene un tránsito difícil, o incluso años de penurias.

Y en realidad nunca se nos da el tipo de guía interna que explique por qué las cosas son tan difíciles. Por desgracia para nosotros, no existe la "gracia de una explicación" o la "gracia de la justicia personal". Pero la oración, la gracia y la guía interna contienen la santa autoridad de ayudarnos de formas que somos incapaces de imaginar. Aunque son recursos santos, invisibles y silenciosos, la gracia y la guía interna fluyen continuamente en nuestras vidas.

Si eres como la mayoría de las personas que me escuchan hablar sobre la oración, la gracia y la guía interna, seguramente te gustaría preguntarme cómo rezar para pedir gracia. Permíteme terminar respondiendo a esta importante pregunta.

Como médica intuitiva, aprendí que cada pensamiento, cada emoción, cada actitud, cada juicio, cada posible chispa de vida que generamos se convierte en un acto de creación. Siempre estamos participando en actos de creación, dirigiendo la energía de nuestra fuerza vital hacia acciones en los dominios físico y energético de la vida. Somos micromotores de creación, cocreando con todos los demás seres humanos.

Como cada acción que generamos es un acto de creación, cada chispa de vida —desde lo que consideras el pensamiento más insignificante hasta aquel que eres más consciente de crear— debe ser correctamente considerada como una oración. Cada pensamiento genera una acción y, por tanto, una reacción. Cada emoción que tienes activa las leyes místicas de la creación, como la de atracción magnética y la de causa y efecto. ¿Cuándo no estás participando en un acto sagrado de creación? Si te dieras cuenta de lo poderoso que eres, te aferrarías a la oración como a un salvavidas, sabiendo que cada pensamiento que generas realmente tiene un impacto en toda la creación. Y nunca más pensarías que estás desamparado ni verías ninguna de tus dificultades con desesperación.

Con esta impresionante visión de tu universo en mente, una oración sencilla que puede serte útil es: "Revolotea sobre mí, Dios. Rellena de gracia los agujeros cuando sea incapaz de sentir compasión y bondad. Ayúdame a vivir en armonía con la naturaleza, a no hacer daño a mis semejantes. Y dame la gracia del valor para hacer más por los demás cada día y para preocuparme menos por lo que pueda traer el mañana".

Por favor, lee este libro con un espíritu abierto y acogedor. Deja que las gracias se derramen sobre ti en cada página. Te aseguro que, cuanto más te abras a los caminos de lo sagrado, más experimentarás las maravillas de la gracia, la guía interna y los milagros en tu vida. Que el poder de cada gracia te transforme de maneras interminables y benditas.

Caroline Myss

Prólogo

Brillantez, pasión, ingenio, claridad manifiesta y una compasión realista que nunca disminuye, estas son cualidades que esperamos de la extraordinaria obra de Caroline Myss, y se ofrecen de manera abundante, vívida y provocativa en *Un tiempo para la gracia*. Lo que también es notable e inspirador acerca de Caroline como escritora, maestra y persona es que ella se reinventa continuamente, constantemente empujando hacia adelante, hacia una integración cada vez más completa de mente, corazón, cuerpo y alma. Para ella, esta búsqueda del campo de fuerza unificado de la verdad nunca es puramente individual; tiene lugar en el contexto de una confrontación urgente y radical con nuestra crisis mundial que amenaza la supervivencia del género humano y de gran parte de la naturaleza, y nace de un deseo apasionado de curación, tanto planetaria como personal.

Esta crisis amenazadora es el núcleo de *Un tiempo para la gracia*. Caroline Myss sabe exactamente dónde estamos en el gran desastre que nosotros mismos hemos creado, una catástrofe creciente engendrada por nuestra adicción a, y nuestra adoración de, la razón y los poderes de control a los que nos abre, y por nuestro abandono de lo sagrado y de las leyes místicas, rigurosas y exigentes, que rigen su aplicación a la vida. Nuestra supervivencia está amenazada por todos lados por los demonios que ha desatado nuestra pasión por dominarnos unos a otros y a la naturaleza; por nuestra comprensión errada y tribal de la religión, que alimenta el conflicto en lugar de resolverlo; y por nuestra negativa continuada a afrontar las sombras personales y colectivas de nuestra codicia, miedo, crueldad y la desesperación de nuestra naturaleza humana no transformada.

Caroline Myss nos ofrece una salida a esta pesadilla, una salida que ella ha forjado claramente en el centro de su propia vida al lidiar durante tanto tiempo con los problemas y las posibilidades de sanar. Esta salida nos exige que afrontemos dos cosas: que el Siglo de las Luces —la era de la primacía de la razón y de las explicaciones puramente materialistas y científicas de la realidad— ha revelado su bancarrota y no puede ofrecernos ninguna guía real, y que nuestro mayor recurso no radica en nuestros ingenios tecnológicos ni en las "soluciones" políticas racionales, sino en la verdad de nuestra naturaleza divina y en su asombrosa transparencia al poder divino de la gracia transformadora. Es este poder el que Caroline ha experimentado en el corazón de su propia vida y es a este poder divino último al que nos devuelve una y otra vez de formas cada vez más reveladoras a lo largo de su nueva obra, desafiándonos a aprender las difíciles lecciones de la humildad, la entrega, el perdón incondicional, la comprensión de las pruebas necesarias y de la ley mística que asegura su funcionamiento más potente.

Una de las mayores alegrías de mi vida es mi profunda amistad con Caroline. Lo que la caracteriza como amiga, y como sagrada amiga de todos vosotros en las páginas de este libro, es la asombrosa desnudez de su alma —pues no está dispuesta a permitir que ella misma o cualquier otra persona deje de examinar sus pasiones más oscuras—, la robusta amabilidad y la fuerte generosidad de la compasión alentadora que irradian de su conocimiento, ganado a pulso, tanto de la fragilidad humana como de las posibilidades de transmutar y transformar esa fragilidad.

Una de las cosas que más admiro de este maravilloso libro es que en él oigo constantemente la voz íntima de esta hermana del alma que conozco y amo, hablando aquí desde la plenitud de sí misma, y de un modo que es a la vez humilde y exaltado, feroz y consolador. Una voz tan variada, clara y radical como la de Caroline es rara en cualquier cultura: en nuestra cultura de negación, confusión, espiritualidad turbia y corrección política, tiene un valor único. Lo que ofrece —incluso cuando expone nuestras fantasías, adicciones y perversidades— es una fe y un testimonio en los que podemos creer porque se han forjado tanto en la angustia ante el estado del mundo como en la experiencia del poder potencialmente transformador del Amor y la Sabiduría Divinos.

Lo que Caroline también nos da, y creo que esta es su mayor gracia para nosotros, es un modelo arquetípico extremadamente claro para la curación interna y externa, que destila para una vasta audiencia y en lenguaje contemporáneo las difíciles verdades del misticismo universal. Caroline ha encontrado una forma moderna y oportuna de describir el viaje esencial de la curación, consagrado en el corazón de las principales tradiciones místicas del mundo. Este viaje nos exige al mismo tiempo trascender nuestras "irrazonables" pretensiones racionales de seguridad, protección y control personales y, al mismo tiempo, recorrer zonas de entrega, perdón incondicional y confrontación con nuestras oscuras pasiones, para descubrir los grandes dones del alma, la pasión, el poder y conocimiento que nacen en nosotros cuando entramos en nuestra identidad divina más profunda. No hay nada fácil ni consolador para la mente o el ego en este viaje; pero lo que ofrece, como Caroline deja maravillosa y metódicamente claro, es un nuevo nivel de empoderamiento evolutivo.

Es este nuevo nivel de empoderamiento y de sanación interior y exterior al que nos llama ahora la crisis contemporánea.

Nadie tiene un sentido más fogoso de la "paradoja divina" que Caroline, pues deja claro que sabe que nuestra noche oscura moderna es potencialmente el crisol de un nacimiento a una escala sin precedentes de seres humanos sanados y alineados conscientemente con la gracia cósmica y la ley mística y, por tanto, imbuidos con el poder esencial de su alma y su destino.

En el viaje desde nuestra confusión contemporánea a la humilde claridad humana que puede abrirnos a este nacimiento evolutivo, *Un tiempo para la Gracia*, de Caroline Myss, desempeñará un papel indispensable como guía y antorcha radiante de esperanza y posibilidades.

Este es un libro para leer y saborear una y otra vez, para aprender de él y vivir según él. Estoy personalmente agradecido a Caroline por seguir arriesgándose a emprender el viaje que le permite acceder a estas visiones sanadoras, para luego darnos acceso a ellas. En *Las siete moradas*, Caroline Myss nos guió por el camino intemporal de sabiduría abierto por Teresa de Ávila. En *Un tiempo para la gracia*, Caroline reivindica su propia autoridad como guía y pionera mística radical con una humildad, intensidad y claridad que nos ennoblece a todos.

Andrew Harvey

La introducción de una mística
a la curación

Este no es un libro corriente sobre curación. No ofrece guía sobre cómo curar una enfermedad concreta, por ejemplo, y tampoco parte del supuesto de que toda enfermedad tiene su origen en el misterio de las heridas. Por el contrario, cuestiona ese enfoque de la curación e invita al lector a examinar las limitaciones reales del modelo holístico de salud y a explorar un camino que rompe con la sabiduría convencional de que los recursos y la habilidad de la mente son suficientes para provocar una transformación en un cuerpo enfermo. O, para el caso, que la mente por sí sola puede transportar a una persona al vasto dominio del alma.

Después de trabajar en el campo de la salud y la curación durante más de dos décadas, he llegado a la conclusión de que, como sociedad, no hemos comprendido plenamente la trinidad cuerpo-mente-espíritu, que es el cimiento de este enfoque de la salud, por una sencilla razón: aún estamos enamorados del poder familiar de la mente, e intimidados por lo menos familiar, lo místico, y las regiones transformadoras del alma. Y así, aunque utilicemos el lenguaje del espíritu, a menudo nos refugiamos en los métodos de la mente, que principalmente ceden a nuestra necesidad de encontrar razones por las que

27

los acontecimientos de nuestra vida suceden como suceden. Queremos saber por qué nos hirieron cuando éramos niños, por ejemplo, o qué lecciones se esconden en las enfermedades que hemos desarrollado. La premisa subyacente es que, si podemos desenterrar esas razones, nuestras vidas volverán a la normalidad. Recuperaremos la salud con la misma vitalidad que antes de la enfermedad. Pero eso rara vez ocurre, porque esta forma de razonar nuestro camino a través de la enfermedad y la crisis está socavada por un fallo fundamental: no podemos razonar el camino de vuelta a la salud. Nuestro intelecto es un vehículo inadecuado para realizar el arduo viaje de la curación.

La curación requiere mucho más de nosotros que la mera participación de nuestros recursos intelectuales, e incluso emocionales. Y sin duda exige que hagamos algo más que mirar hacia atrás en los archivos sin salida de nuestro pasado. Sanar es, por definición, tomar un proceso de desintegración de la vida y transformarlo en un proceso de retorno a la vida. La mente no puede llevar a cabo esta tarea. Solo el alma tiene el poder de llevar el cuerpo de vuelta a la vida. Si no fuera porque he sido testigo de este fenómeno varias veces, no me aventuraría en el terreno de la curación con la confianza de compartir mis descubrimientos con los demás. Pero he sido testigo de curaciones, y algunos llegan a decir que he facilitado estas curaciones mediante lo que ahora enseño, a saber: sabiduría mística combinada con todo lo que he aprendido sobre la conciencia humana y este viaje que compartimos llamado vida.

Todos necesitamos conocer las verdades esenciales de la curación porque, en algún momento de nuestras vidas, cada uno de nosotros tendrá que recurrir a ellas. No importa lo sanos que nos sintamos en un momento dado, inevitablemente llegará un momento en que necesitaremos curarnos. Llegué a esta conclusión tras años de docencia en el campo de los temas relacionados con la salud, y esta verdad por sí sola bastó para hacerme repensar mi larga renuencia a trabajar directamente con personas necesitadas de curación, que se enfrentaban a enfermedades dolorosas y abrumadoras, como el cáncer, la artritis reumatoide, la esclerosis lateral amiotrófica —ELA o enfermedad de Lou Gehrig— o la esclerosis múltiple. Aunque había sido una intuitiva médica durante muchos años y diagnosticaba las dolencias de la gente en colaboración con el Dr. Norm Shealy, hacía tiempo que había dejado de dar lecturas profesionales para individuos. E incluso cuando estaba dando lecturas, había sido capaz de mantener cierta distancia de la persona a la que ayudaba, porque la ayuda que ofrecía era principalmente intuitiva. El contacto personal me incomodaba, pero no tenía que reunirme con la persona para hacer una lectura intuitiva; la comunicación telefónica funcionaba bien. Esto se ajustaba a mi necesidad de mantener cualquier asociación con la "curación" a cierta distancia. En los primeros días de mi trabajo como intuitiva médica, no me comprendía a mí misma lo suficiente como para determinar por qué evitaba cualquier asociación con la curación y me aferraba a las profesiones de "escritora" y "profesora" como si fueran etiquetas de diseño. Ahora, cuando miro atrás y veo esa actitud, no me cabe duda de que mi comodidad con esas etiquetas se basaba en que nunca tuve que explicar la profesión de escritora o profesora, mientras que describirme como intuitiva médica siempre requería una larga y agotadora descripción. De hecho, sigue siendo así.

Me di cuenta de que me abrumaba la vulnerabilidad que surge en cada uno de nosotros cuando necesitamos curación. Es esa sensación de estar en el límite entre la esperanza y la desesperanza que muy pocas situaciones de la vida pueden provocar en nosotros. Esta vulnerabilidad viene de una erupción en nuestra propia fuerza vital, como si fuera lava al rojo vivo que amenazara con atravesar nuestro campo energético e inundarnos con la inmensidad de la eternidad. Puedes saber en qué momento tu fuerza vital está empezando a calentarse hacia ese punto de erupción; envía señales de socorro, como bengalas de advertencia, a través de tu sistema intuitivo. Empiezas a sentir que el vigor de tu cuerpo disminuye y, entonces, el miedo propio del comienzo de una enfermedad empieza a filtrarse por cada una de tus células, como la llegada de una fuerza de destrucción rara e indescriptible. Conozco esa vulnerabilidad porque he sufrido mis propias erupciones, y probablemente tendré más de ellas en los próximos años. Después de todo, así es la vida.

Pero esta pared delgada como el papel de arroz entre la salud y la enfermedad, la vida y la muerte, los que se curan y los que no, es exactamente la pared que había logrado evitar hasta que la gente empezó a experimentar curaciones durante los talleres que impartía. Curiosamente, las curaciones solo se produjeron en los talleres que se basaban en un nuevo libro, *Entering the Castle —Las siete moradas—*, que presenté en una gira de conferencias. Este libro marcó un punto de inflexión para mí, en el sentido de que abordaba una visión contemporánea de la experiencia mística clásica, animando al lector a descubrir su "castillo interior", una metáfora del alma inspirada en las magníficas enseñanzas de la teóloga mística del siglo XVI santa Teresa de Ávila. En su obra cumbre, *El castillo interior,* que se convirtió en el modelo de mi trabajo, Teresa describe claramente las siete etapas de la iluminación mística basada en un camino de oración y la búsqueda del conocimiento del alma. Durante el proceso de escritura de este libro, incluyendo los cinco años formativos antes de comenzar la escritura, pasé por mi propio despertar místico, precipitado por una grave crisis de salud.

Como siempre ocurre, comprendemos mucho mejor un punto de inflexión en nuestras vidas más adelante, cuando ya hemos superado la crisis y sobrevivido. Al volver la vista atrás, me maravillo de cómo mi crisis de salud —un año en el que sufrí tres convulsiones— parecía cuidadosamente calculada para encajar con el proyecto de mi siguiente libro: actualizar las enseñanzas de una mística de renombre que también era conocida por haber tenido convulsiones. Como todos los grandes místicos, Teresa alcanzó un estatus cósmico, y sus escritos son estudiados, respetados y amados en todo el mundo, aunque sus ideas siguen estando profundamente arraigadas en sus orígenes religiosos. Su vida como monja católica romana fue el marco necesario para incubar la genialidad de sus visiones místicas, que son universales por su magnitud, profundidad y capacidad de llevar al individuo a la honda experiencia de la transformación. Baste decir que antes de mi compromiso con Teresa, la oración había sido para mí un acto mental de repetición, y la gracia era algo que me costaba definir para otras personas. Después de Teresa, la oración se convirtió en la forma más pura de poder y la gracia, en el conducto a través del cual comprendí que las personas se curan.

Al estudiar los escritos de Teresa, me di cuenta de que el vacío que en la actualidad la gente expresa continuamente, su búsqueda de "algo más" en sus vidas, no es la búsqueda de otro trabajo u otra pareja. A la gente le falta una sensación de asombro en su vida, una conexión con lo sagrado que no pueden establecer a través del intelecto. No quieren hablar de Dios; quieren sentir el poder de Dios. Quieren ser abrumados por el asombro de una forma que solo la experiencia mística puede proporcionar. Quieren silenciar ese intelecto razonador, exigente e inquisitivo y caer en la experiencia sin aliento de la confianza interna.

He escuchado a tanta gente hablar de su "voz interna" y, sin embargo, me piden que les guíe. Si realmente estuvieran en contacto con esa "voz interna", no sentirían la necesidad de plantearme el tipo de preguntas que me hacen. A menudo me los imagino fuera de sus castillos interiores, donde sus egos se encuentran con sus almas, deseando desesperadamente comprometerse con la conciencia mística y, sin embargo, con un gran temor a cómo cambiarán sus vidas una vez que crucen el puente levadizo. Sienten, lo que es muy cierto, que una vez que has tenido una auténtica experiencia mística, ya nada es igual. La vida cambia inmediatamente, por ejemplo, de un mundo externo lleno de gente y caos, a un campo sagrado de gracia en el que toda la vida tiene propósito y significado. Y, francamente, que no puedas comprender ese significado es irrelevante.

Lo que es relevante es que la experiencia mística anima un poder interior, un sentido interno de la realidad de la gracia y de Dios que antes solo existía como "palabras en la mente". Y las palabras e imágenes en la mente no pueden curar; no son más que palabras e imágenes. Las personas que conozco que han experimentado curaciones me han dicho que fueron capaces de desprenderse de sus imágenes preexistentes de Dios. De hecho, consiguieron desprenderse de todo: de sus heridas, de su necesidad de tener razón, de su necesidad de ganar, de su necesidad de saber por qué las cosas sucedían de esa manera en su vida. Así descubrieron que lo único que realmente entregaban era su miedo, su oscuridad y, para su gran asombro, su enfermedad. Al renunciar a estas cosas, se les dio todo lo que necesitaban, empezando por sus vidas. Este es el patrón que vi en todas las curaciones que presencié, el modelo que ha inspirado este libro. Me di cuenta de que la curación no era cuestión de visualizaciones, aceites sagrados, procesar heridas, encender velas y todo lo demás. En última instancia, la curación es el resultado de un acto místico de rendición, un despertar que trasciende cualquier religión. Es un diálogo íntimo de verdad entre el individuo y lo Divino.

Como dirijo a los lectores a dejar la razón en la puerta, por así decirlo, y a entrar en el reino de la conciencia mística —no solo para curarse, sino como forma de vida—, elegí las palabras *Desafiar la gravedad* para la primera edición de este libro. La palabra *gravedad* viene del latín *gravis,* que significa "serio" o "pesado"; los pensamientos y emociones con peso generan gravedad emocional, psicológica, e intelectual. Por su propia naturaleza, los místicos desafían a la gravedad: un místico es alguien que "percibe" la vida a través de los ojos del alma, que experimenta el poder de Dios en lugar de hablar o debatir la política de Dios, y que comprende la realidad de las leyes místicas, que comento en profundidad en el capítulo 6.

La esencia del camino místico es discernir la verdad. Como Buda enseñó a sus discípulos, necesitas aprender a distinguir entre la ilusión y la verdad, porque tus ilusiones te pesarán, tanto literal como psíquicamente. Tu razón por sí sola no puede desafiar a la gravedad, porque, por su naturaleza intrínseca, busca pruebas lógicas. No puedes pedirle a tu mente que sea otra cosa que lo que es: un instrumento que busca razones. Debes recurrir a otra parte de ti mismo para trascender la obstinada mente razonadora que busca venganza por haber sido humillada, o te convence continuamente de que tienes derecho a más de lo que tienes en esta vida. Una mente así está llena de toxinas y también necesita curación. Debes desafiar a tu mente, elevarte por encima de ella. Debes desafiar la gravedad si pretendes sanar o navegar con éxito a través de cualquier crisis de la vida. Pero no debes esperar a que una crisis te motive. Aprender a ver la vida con ojos místicos mientras conservas un trabajo y mantienes una familia, junto con todos los demás asuntos de la vida, refleja la verdadera esencia de lo que significa vivir una vida consciente. Ahora nos encontramos en un momento crucial de cambio en la historia humana. Parte de ese cambio nos llama a abrazar por fin nuestra conciencia interna, no solo con palabras, sino mediante la comprensión de la profunda naturaleza mística de la vida. Creo profundamente que muchas personas están más que preparadas para aprender a desafiar la gravedad en sus vidas, no solo para curarse de una enfermedad o superar una crisis, sino como parte integral de la vida cotidiana.

Caroline Myss
Oak Park, Illinois

Capítulo I

MÁS ALLÁ DE LA RAZÓN

La curación en la era de la energía

Nunca sabes realmente cómo o cuándo va a cambiar tu vida, y eso está bien. Si alguien me hubiera dicho: "Estate atenta esta noche, Caroline, porque alguien va a experimentar una curación espontánea entre tu público", ¿cómo habría reaccionado? ¿Y a quién habría mirado? ¿Habría dirigido mi atención a las dos personas en silla de ruedas? ¿Habría mirado a un niño enfermo, porque eso tiene cierta cualidad de la Virgen-con-el-niño? ¿Habría pedido que levantaran la mano personas enfermas para contarlas y ver cuántos candidatos había? No sé lo que habría hecho. Pero aquella noche ocurrió una curación cuando nadie miraba.

La velada formaba parte de una gira para promocionar mi nuevo libro, *Las siete moradas —Entering the Castle—*. Se había planeado como el tipo habitual de evento de una gira, en el que presento el libro, hablo de él durante un par de horas, respondo a algunas preguntas y luego firmo ejemplares. Pero eso no fue lo que ocurrió aquella tarde. Empezó así, pero, a medida que iba describiendo el "castillo interior", la hermosa imagen que santa Teresa de Ávila utilizó para describir maravillosamente el alma, me di cuenta de que mis palabras no estaban comunicando su poder o su significado místico. La gente del público simplemente no se estaba relacionando con el poder seductor de sus almas a través de palabras, y era obvio que todas las metáforas, analogías y descripciones poéticas seguirían quedándose cortas. De hecho, la conferencia sobre la naturaleza del alma se volvía más frustrante a cada minuto que pasaba, ya que me daba cuenta de que, para mi público, el "alma" era solo un concepto mental, una palabra sin una experiencia asociada. ¿Cómo podría alguien identificarse con la descripción de una experiencia mística? ¿Cómo podría decirles a estas personas que se entusiasmaran por un lugar que nunca habían experimentado? Las palabras no pueden hacerte experimentar París, ¿verdad?

Empecé a darme cuenta de que mis oyentes anhelaban una verdadera experiencia mística, o al menos llegar lo más cerca posible. No querían que les hablara del castillo interior; querían entrar en el suyo propio. Miré a este público de más de 800 personas y pensé: "¿Cómo voy a hacer esto sin oración?". Teresa dejó claro en sus escritos que la única forma de entrar en el castillo interior de cada uno es a través de la oración y la devoción interior. Pero mi experiencia a lo largo de los años había sido que, aunque el público se sentía cómodo con la meditación, las imágenes guiadas, los momentos de silencio, e incluso con términos como lo Divino, la Diosa y el Gran Espíritu, si mencionaba la oración o a Dios, la piel se les erizaba. "Eso es demasiado católico", me han dicho en más ocasiones de las que puedas imaginar, y aunque no soy exactamente una fan del Vaticano, vengo de un entorno católico. Por eso nunca había introducido la oración en mis talleres, ni siquiera momentos de silencio o meditación.

Aquella tarde tuve que enfrentarme a esta férrea política. Sabía que, si me limitaba a decir a mi audiencia: "Cerrad los ojos, sentaos y escuchad mis palabras mientras os conduzco a vuestro castillo", no solo estaría deshonrando todo lo que sabía sobre el viaje místico, sino que a estas personas anhelantes también se les negaría la oportunidad de experimentar algo muy sereno y auténtico en su interior.

Sabía que el vínculo transformador que lleva a una persona "fuera de la mente" y hacia un estado alterado de conciencia, por leve y breve que fuera, era la oración, y que, sin la oración, todo el ejercicio del castillo —esta metáfora del alma— no sería más que una visualización mental. Para mí, eso deshonraba la esencia misma de la experiencia mística.

Para ser clara, yo diferencio entre lo que llamo un "viaje místico" y una "experiencia mística". Un viaje místico es un ejercicio interior escrito con un lenguaje específicamente centrado en el alma. Es decir, en lugar de decir: "Relájate y respira en tu energía", como podría hacer en otro tipo de meditación guiada, instruyo a la gente a que "respire en un campo de gracia". Les dirijo a su "castillo interior", a su alma interna, a través de la oración, no de la relajación. Utilizo el vocabulario del alma y de lo sagrado. En cambio, una experiencia mística no puede ser autoiniciada. Se trata más bien de una ocurrencia espontánea en la que el individuo es consumido por un estado alterado de conciencia divina.

Así que dije a la audiencia que el viaje al castillo interior requería oración y gracia, no las oraciones ordinarias, como las de petición o repetición, sino el tipo de oración que retira la atención de las distracciones externas y de los cinco sentidos.

El público estaba más que dispuesto, así que, por primera vez en mi carrera, dirigí a 800 personas en su viaje inaugural al castillo interior.

Mientras continuaba el ejercicio de meditación en el castillo, la atmósfera de la sala empezó a cambiar. Una forma de describirlo es que se sentía como si todos hubiesen relajado los hombros y las mandíbulas al mismo tiempo. La tensión había desaparecido y su ausencia era palpable. Ahora me doy cuenta de que compartir colectivamente la oración y la apertura a la experiencia de canalizar la gracia había creado un campo unificado de gracia, generando una atmósfera mística propicia para la experiencia de curación. El campo de gracia surge cuando la gente se reúne en oración o para actos motivados por la buena intención, como ayudar a los demás después de una catástrofe. En un campo de gracia se percibe la ausencia de negatividad, por ejemplo, y aunque puede no durar mucho, la sensación de que la negatividad se ha evaporado es similar a la ausencia de tensión psíquica, como si una suave y armoniosa brisa hubiera llenado la habitación. Todo el mundo se instala en un lugar de calma sin esfuerzo y, sin ser guiados a formar un coro de respiración conjunta, se unen silenciosamente en una sola respiración. Tal es la ausencia de negatividad, que las personas rara vez emergen rápidamente de esa tranquilidad interior. Quieren residir en esta gracia todo el tiempo que puedan, no porque la reconozcan como gracia, sino porque, durante un pequeño segundo, son conscientes de que están experimentando una calma que no es autogenerada, artificial ni imaginada. Es una calma que les ha sido concedida e intentarán volver a ella una y otra vez.

Después del ejercicio, pocos querían levantarse de sus sillas, lo que no es común en una sala de 800 personas. El silencio en la sala no era ordinario, sino un silencio calmante y curativo que había penetrado profundamente en las mentes y corazones estresados de los miembros del público, y querían permanecer en este silencio lleno de gracia todo el tiempo que pudieran. Finalmente, tuve que empezar a firmar libros, de modo que di las gracias a todos, abandoné el escenario y me dirigí a la mesa de firmas.

Cientos de personas hacían cola. Es imposible tener una conversación con todos, aunque yo quiero tenerla porque estoy muy agradecida de ver a cada persona. Precisamente porque cada persona que está en esa cola y ha comprado un libro quiere decirme algo o hacerme una pregunta, siempre hay un "poli malo", por así decirlo, alguien que suavemente anima a la gente a seguir adelante. Aquella tarde, cuando casi había terminado, una mujer se me acercó por detrás, eludiendo de algún modo al vigilante poli malo, y me dijo: "He sufrido dolor crónico en los hombros, la espalda y las manos desde hace 20 años. En todo este tiempo, nunca me han dejado de doler. No sé lo que me acaba de pasar ni cómo ha sucedido, pero mi dolor se ha ido, y de alguna manera sé que se ha ido para siempre. Pensé que querrías saberlo".

Me lo dijo mientras firmaba un libro para otra persona. Levanté la vista para ver su rostro. Brillante de asombro, susurró "gracias" y se fue. Quería correr tras ella y preguntarle: "¿Quién eres? Cuéntame más sobre lo ocurrido", pero no podía irme de la mesa de firma de libros. Y entonces desapareció.

"LA CURACIÓN ES REAL"

A medida que la gira del libro continuaba, también lo hicieron las curaciones. A veces eran inmediatas, como en el primer evento. Otras veces recibía un correo electrónico de alguien que había asistido a una conferencia de *Las siete moradas*, y después notaba que, al cabo de una semana, o dos o tres, una afección con la que había estado lidiando durante algún tiempo mejoraba o, en algunos casos, desaparecía por completo.

En mayo del año siguiente me atreví a ofrecer un taller en Austin, Texas, específicamente para personas que necesitaban curación. El objetivo de ese taller no era enseñar a la gente acerca de la curación, era para personas que realmente nece-

MÁS ALLÁ DE LA RAZÓN

sitaban ser sanadas. El taller se basaba en las enseñanzas de *Las siete moradas,* ya que me había dado cuenta de que las curaciones solo se producían dentro de esos talleres concretos. Había revisado las diferencias significativas entre los talleres del castillo y todos los demás talleres temáticos que ofrecía, como Contratos sagrados, Anatomía energética y La Ciencia de la Intuición médica. Al principio no me parecía lógico que la elección de un tema particular pudiera crear una atmósfera que, de algún modo, se convirtiera en un medio para la sanación. Entonces me di cuenta de que los talleres del castillo eran los únicos en los que había superado mi propia resistencia y había introducido el elemento de la oración para que los participantes entraran en su castillo interior. La oración atrae una respuesta de la Divinidad y, cuando reflexioné sobre la relación entre la oración y la curación, me di cuenta de que una de las muchas gracias que se ponen a nuestra disposición a través de la oración es la de la curación, una gracia que renueva nuestra vitalidad física, emocional, mental y espiritual. Durante cada uno de los viajes al castillo interior, yo ofrecía específicamente una oración de curación, invocando la cualidad mística de la gracia que es capaz de derretir la enfermedad y destrozar las partes podridas de la mente que se aferran a viejas heridas décadas después del momento en que deberían ser perdonadas y olvidadas.

La diferencia era la oración, pero no solo que yo hubiera roto mi propia regla de no rezar en un seminario. Lo que importaba era que los participantes habían roto sus propias barreras de lo "políticamente correcto" o incluso, en ocasiones, de una especie de arrogancia social que les impedía reconocer que necesitaban la oración en sus vidas. Como me apresuro a señalar en todos mis talleres y libros, no estoy hablando de religiones específicas ni de ningún tipo concreto de oración; sobre todo, no hablo de la tradición de oración católica romana. Tengo que señalarlo porque es ampliamente conocido que soy católica, aunque no escribo desde una posición católica. La oración es un poder que trasciende las políticas de cualquier religión, pues es el poder de Dios.

En este punto de mi introducción personal a la curación, me di cuenta de que las curaciones ocurrían de verdad. No eran "ilusiones de la Nueva Era", como tantas veces me había dicho a mí misma. Decidí entonces que siempre cerraría mis talleres con una oración guiada que llevara a los participantes a su castillo interior para su propia curación.

El asombro es un estado difícil de describir. La comprensión de que una sala llena de gente rezando en sus castillos interiores, es decir, rezando más allá de los límites de la razón, había producido curaciones reales me llenó de asombro de una manera que pocos acontecimientos de mi vida lo habían hecho; estaba realmente asombrada. Asombro es una palabra maravillosa que tiene mucha más resonancia y complejidad de las que se permiten en su uso con el epíteto "asombroso"; abarca el maravillarse y el temor, la admiración y el azoramiento, a menudo al mismo tiempo. Por fin estaba siendo testigo de la verdad de lo que había estudiado en la universidad sobre místicos y curación, la realidad del despliegue de las leyes cósmicas, y la forma en que la experiencia puede ser a la vez humillante y apasionante. El hecho de que ahora pusiera un cartel en el que se leía "Taller de curación" representaba mi decisión de confiar en el asombro: confiar en que esto no era un barco que pasaba por la noche, que esta gracia sanadora fluiría en abundancia sin importar quién la pidiera, cuándo o dónde, y que ninguna enfermedad era demasiado grande para el poder de la gracia.

¿Estaba realmente dispuesta a adentrarme en estas aguas? Porque, aunque creo absolutamente que puedes ser sanado hasta tu último aliento, sabía que no todo el mundo podía o quería curarse fisiológicamente. Tuve que preguntarme si tenía el aguante necesario para soportar la incredulidad y las expectativas desilusionadas de otros que no alcanzarían su meta de recuperar la salud. Después de enviar el anuncio del taller de Austin, reflexioné sobre lo que había hecho. Tal vez, pensé en un momento de tranquila cordura, me había vuelto demasiado ambiciosa. Una cosa es enseñar un tema y ver cómo el campo de gracia creador inspira una curación, pero perseguir activamente la curación es algo totalmente distinto. Ahora estás declarando abiertamente que tú personalmente tienes acceso al conocimiento que tiene el potencial de iniciar la curación, y eso eleva varios niveles el listón de la responsabilidad. Necesitaba ayuda, así que le pedí a un colega y amigo cercano, Steve Fanning, que es profesor de historia y también un sanador consumado, que impartiera el taller conmigo. Hace años, Steve terminó en cama como resultado de un ataque de asma que lo dejó en un coma prolongado. El pronóstico era que nunca volvería a caminar. Pero Steve se curó a sí mismo, y a través de ese viaje se convirtió en un receptáculo para la curación de otros. En pocas semanas, nuestro taller se llenó a tope de personas que luchaban contra todo tipo de dolencias, desde cáncer hasta diabetes avanzada, leucemia o VIH/SIDA.

El primer día del taller, mientras miraba a todas aquellas personas queridas, esperanzadas, asustadas y preciosas, esperaba sentirme abrumada, pero no fue así.

Al contrario, sentí que me dominaba una feroz convicción: la curación es real. Me atravesó como un rayo. Sabía que tenía que creerlo lo suficiente por todos ellos. Steve ya había sido un sabio sanador durante años, así que se sentía cómodo en su "piel mística". Es decir, debido a su propia experiencia de curación de una dolencia que le habían dicho que era incurable, Steve llegó a la conclusión de que el yo interno, en otras palabras, el alma, es infinitamente más poderosa, en su capacidad de hacer lo imposible, que la medicina moderna.

Para mí, este taller resultó ser otro punto de inflexión, porque representó mi creciente nivel de comodidad con el ámbito de la curación. Este taller también se convirtió en el primero de muchos foros provocativos sobre la experiencia de curación.

—¿Qué es exactamente la curación? —preguntó una persona el primer día del taller—. ¿Se puede saber, con solo mirarnos, quién tiene más probabilidades de curarse?

Puede que esto suene como una pregunta del mundo del espectáculo, pero lo cierto es que la gente piensa en esos términos. Sin duda, parte de esa asociación proviene de la idea de que algunas personas pueden ser los "afortunados" que están predestinados a sanar, o de la idea de que, de alguna manera, los que están destinados a curarse irradian cierto resplandor que puede percibirse intuitivamente. Ninguna de estas suposiciones se basa en la verdad, pero comprendo que la esperanza se mezcle con el entusiasmo, cuyo producto final es una anticipación casi infantil: "algo" le va a pasar a alguien, ¿verdad?

Para mi sorpresa, más adelante descubrí que varias personas tenían la misma pregunta pero eran demasiado tímidas para plantearla.

Con una pregunta así, tengo que mirar más allá de la superficie, porque lo que implica con respecto a la psique de la persona que pregunta podría llenar un capítulo entero. La pregunta insinúa la creencia en un sistema cósmico de recompensa y castigo, un Consejo del Destino que ya ha determinado quién es más probable que tenga éxito en la curación. El interrogador puede estar diciendo simbólicamente: "Si ya sabes si me voy a curar o no, entonces no importa si lo intento o no.

Así que puedo quedarme como estoy". O puede que necesite una prueba del resultado antes de esforzarse. Si la curación no está garantizada, ¿para qué molestarse? Preguntas como estas y las múltiples conversaciones que generaron constituyeron el material básico de este libro.

Durante el taller de Austin se produjeron dos curaciones notables, cada una de ellas extraordinaria a su manera —como si la curación de por sí no fuera suficientemente extraordinaria—. El último día, una mujer me agarró del brazo para llamar mi atención. Estaba a punto de llorar, casi histérica.

—Mírame —me dijo.

Y luego, en voz más alta, repitió:

—¡Mírame! ¡Puedo mover las manos! ¡Puedo caminar! Apenas podía andar cuando vine a este taller y apenas podía abrir las manos. He tenido artritis paralizante desde hace más de 20 años. Ahora dime, dime, si salgo de esta sala, ¿volveré a estar lisiada?

La envolví con mis brazos y sentí sus sollozos justo en mi corazón. Años de dolor ardiente se habían evaporado de repente. Y el movimiento había vuelto a su cuerpo, no era completamente fluido, pero lo suficiente como para abrir las manos y caminar sin apoyo. Le dije que creía que la curación que había experimentado no era algo para ser disfrutado solo dentro de aquella sala. Esa preciosa mujer estaba asustada ante la idea de salir de la sala en la que había experimentado su curación, pero con la ayuda de dos mujeres compasivas, finalmente lo hizo. En cuanto atravesó la puerta, parecía un pollito recién nacido saliendo del huevo. Era libre, pero esperaba que en cualquier momento volvieran las cadenas de hierro alrededor de sus muñecas, manos, caderas y rodillas. A medida que avanzaba el día, por la tarde y por la noche, seguía sin sentir dolor, y se despertó a la mañana siguiente sintiéndose aún mejor a la hora de irse a casa.

No me enteré de la segunda curación hasta ocho meses después. Estaba dirigiendo otro taller cuando se presentó una joven y me dijo que había viajado hasta allí para darme las gracias por su curación. Había llegado a Austin con un diagnóstico de cáncer cerebral terminal. El taller era su última esperanza. Después, había seguido rezando todos los días por su curación en su "castillo interior". Al cabo de dos meses, no solo su tumor había desaparecido por completo, sino que el daño que el tumor había producido en su sistema neurológico también se había reparado. Asimismo, su matrimonio se recuperó del trauma de su enfermedad. A diferencia de las pocas curaciones asombrosas que se producen en el acto, la mayoría, como esta, se producen a lo largo de un período de tiempo, aunque no por ello son menos extraordinarias.

LA CURACIÓN COMO EXPERIENCIA MÍSTICA

Desde entonces he dirigido muchos más talleres, en Austin y en otros lugares, dedicados a la curación. Mis pensamientos y observaciones se han consolidado y me permiten identificar una serie de creencias que estoy convencida de que apoyan o perjudican el proceso de curación. La más significativa, con diferencia, de las creencias favorables es que en última instancia la curación es una experiencia mística, y no puede alcanzarse a través de las maniobras de la mente. Por mística me refiero a que se requiere un poder trascendente, lleno de la intención divina, para devolvernos la salud completa, sobre todo en los casos considerados irremediables. No importa si la persona define esa fuerza trascendente como Dios, el Espíritu o la gracia. El hecho es que el cuerpo y la mente por sí solas no pueden desintegrar un ejército de células cancerosas que ha invadido múltiples órganos, mientras que esa sustancia espiritual altamente refinada a la que me refiero como gracia, combinada con los recursos del corazón y la mente, puede ascender a alturas místicas.

Hablar de curación en el contexto de una experiencia mística puede dar a entender que, hagas lo que hagas, al final una fuerza divina ya ha decidido si te vas a recuperar o no, lo que plantea de nuevo la cuestión de si lo que haces realmente importa. Sin embargo, todo lo que se hace importa, especialmente cuando la curación se entiende dentro de un contexto místico. Como veremos, el reino místico no se rige por leyes físicas, ni por cosmologías del karma, en formas que seamos capaces de comprender plenamente. Es decir, aunque el karma es, en efecto, una ley cósmica, intentar discernir las razones kármicas de una enfermedad concreta no es muy distinto de intentar describir todas las playas del mundo mirando un grano de arena. La arena es real, las playas son reales, pero mirar un grano de arena es desproporcionado para el empeño de comprender el tamaño, la belleza, y la complejidad de todas las playas. No es posible.

Además, en cuestiones de vida o muerte, inevitablemente surge la pregunta de si hay un momento predeterminado de la muerte para cada uno de nosotros. La opción de curarse en vida me sugiere que cada una de nuestras vidas contiene experiencias que reúnen ciertas fuerzas con mayor intensidad. El arquetipo de "muerte y renacimiento" nos visita a todos de maneras pequeñas, pero a veces cobra impulso y recorre nuestra vida con gran intensidad, trayendo varios finales simultáneamente; quizá demasiados a la vez. En momentos así, podemos cooperar con el ciclo de la muerte en vez de con el ciclo de la vida, en cuyo caso entramos en las fuerzas que nos conducen a la muerte. A la inversa, podemos optar por volver a comprometernos con el ciclo de la vida, reevaluar el propósito y significado de nuestra vida y renovar el compromiso de vivir libres de los patrones destructivos que nos han conducido a este ciclo. Tal es el poder de la elección y la esencia del ciclo místico de muerte y renacimiento.

Muchos de los grandes místicos comprendieron cómo trabajar en armonía con el universo a nivel cósmico, en el que el orden de la vida se rige más por la gracia y la oración que por las fuerzas psíquicas inferiores. Por ejemplo, las curaciones instantáneas o aceleradas pueden entenderse mejor a través del "razonamiento místico" cuando entiendes la naturaleza de la ley mística. El razonamiento místico hace referencia a una combinación de tus habilidades y conocimientos intelectuales con una conciencia de la naturaleza del reino místico. Por regla general, pronto se nos enseña a "elegir un bando", a centrar nuestros sentidos en el mundo exterior, que es una realidad táctil y física, o bien a confiar en nuestro mundo interno de experiencias altamente personales, subjetivas e intuitivas. Las experiencias físicas pueden probarse y compartirse colectivamente, mientras que las subjetivas e intuitivas, por no hablar de las espirituales, no pueden. Numerosas personas me han contado historias de amigos invisibles o de haber visto apariciones de hadas o ángeles cuando eran muy pequeños. Estos encuentros cesaron gradualmente para todos ellos cuando se acercaban a la "edad de la razón" —alrededor de los siete años—, cuando tendemos a retirarnos de lo que se conoce como la inocencia de la infancia hacia el dominio mucho menos encantador de la mente. Pero esos primeros años de encanto, de inocencia, nos recuerdan a todos que nacimos conectados a otra forma de percibir el mundo.

De alguna manera, a través de los siglos de nuestra adoración de la mente, hemos evolucionado de una manera que ha hecho que no solo sea difícil acceder a nuestra capacidad de percibir con los ojos del alma, sino también amenazadora para la estabilidad de nuestra vida física y mental.

En todo caso, nuestros poderes racionales están entre los obstáculos más importantes para la curación, porque la racionalidad insiste en descubrir una explicación a por qué las cosas suceden como suceden, incluyendo por qué enfermamos. Sin embargo, rara vez hay una explicación de por qué una persona enferma o entra en un ciclo traumático. No suele haber una explicación sencilla de por qué hacemos o decimos algo, y mucho menos de las complejidades subyacentes de por qué nuestra salud o nuestra vida se desmorona. A pesar de todos los métodos de curación que puedas estudiar e incorporar a tu vida, incluidas diversas terapias y programas nutricionales —muchos de los cuales son sin duda beneficiosos—, la recuperación completa de la salud requiere más de lo que estas opciones pueden proporcionar individual o colectivamente. Aunque pueden regenerar la energía y hacer que te sientas mejor durante un día o una semana, su "energía" no es la sustancia que cura. Lo que cura es la gracia. Y la gracia no proviene de una dieta ni de superar los recuerdos traumáticos de una infancia infeliz. La gracia fluye con abundancia a través de la oración.

Por supuesto, cuando se trata de ciertos tipos de curación, a veces se necesita algo más que la oración. Por ejemplo, la oración no puede compensar la falta de sentido común. También hay que seguir los protocolos de curación alopáticos o complementarios, desde la medicación hasta la acupuntura, así como las prácticas personales que mejoran la salud, como una nutrición adecuada y el ejercicio moderado. Pero, al mismo tiempo, debes hacer lo que se requiere desde dentro: es decir, perdonar el pasado, aceptar lo que no se puede cambiar en la vida, renunciar a cualquier intención personal con respecto a cómo debe desarrollarse tu curación, y estar presente en tu vida tal como es ahora. Aunque ningún camino puede garantizar la curación, puedes situarte en el camino con menos obstáculos. Por ejemplo, a la mayoría de la gente le cuesta perdonar, precisamente porque perdonar va contra la naturaleza de nuestra razón. El perdón no tiene sentido emocional para nosotros, y mucho menos resulta atractivo para nuestro orgullo, aunque pueda sonar muy bien en teoría. Nuestra razón y nuestras emociones prefieren la lógica de la justicia, el ojo por ojo, una herida por otra. El perdón parece ir en contra de esa lógica, es como si dejáramos que la persona que nos hizo daño se librara. Pero el perdón es un acto místico, no razonable. El perdón es un desafío destinado a limpiar las ventanas de tu mente, en particular aquellas a través de las cuales solo puedes ver tu necesidad de justicia personal. No puedes ver el dolor de los demás a través de esas ventanas, porque, como los espejos, solo te reflejan a ti: tú eres el centro del universo, tu dolor es el único que cuenta, y todo lo que es justo y equitativo debe basarse en lo que sirve a tu vida.

Puede que la mente nunca llegue a aceptar el perdón. Por su propia naturaleza, la mente siempre está urdiendo estrategias para reparar y mejorar el ego, sobre todo si has sufrido una herida que incluyó la humillación. El perdón representa una lucha no solo entre tú mismo y la persona que te hizo daño, sino entre Dios y tú. Puede ser una iniciación a un nivel de percepción en el que empiezas a comprender que la justicia individual, como tal, nunca puede existir en su forma idílica en ninguna sociedad. La capacidad de perdonar es nada menos que la aceptación de que un principio superior de justicia divina, en lugar de justicia terrenal, es el elemento organizador que está detrás de los acontecimientos de tu vida. Cuando se comprenden a través de la lente de este principio superior, los acontecimientos y las relaciones adquieren un carácter impersonal. Las acciones de la gente están impulsadas por fuerzas que no tienen nada que ver contigo, aunque te perjudiquen cuando te cruces en su camino. O tú podrías dañar a aquellos que se interponen en tu camino, aunque te importen mucho. Este punto de vista no nos exime de actuar responsablemente o de buscar la justicia civil en asuntos que lo exijan. Sin embargo, esta perspectiva nos permite saber que cada acción que iniciamos nunca está aislada, pues forma parte de una continuidad física, emocional, mental, psíquica y espiritual. La mayoría de las veces nos vemos impulsados por reacciones y fuerzas anónimas internas, y resulta muy difícil mantener la perspectiva sobre la complejidad impersonal de cada uno de nuestros actos mientras participamos en un intercambio airado con alguien. Sin embargo, piensa con cuánta frecuencia, tras una conversación desagradable, has intentado explicar tu comportamiento introduciendo fragmentos de tu historia que influyeron en que perdieras los estribos en ese momento. "Bueno, —podrías decir—, tuve una infancia difícil y un padre alcohólico, así que no es de extrañar que a veces me comporte así. Cuando dijiste lo que dijiste, me acordé de todas las veces que me gritaron en mi infancia, y por eso te respondí tan enfadado". En otras palabras, deberías ser perdonado porque en realidad tu rabia no era "personal"; era histórica, compleja, proveniente de una serie de cavernas dentro de ti. Después de contarle a la otra persona esa letanía de problemas, esperas no solo que te perdone por lo que has dicho o hecho, ¡sino que además te muestre simpatía!

El perdón es una fuerza trascendente que te libera de mucho más que de la persona con la que tienes una historia dolorosa. El perdón te libera del estado de conciencia del ego que se aferra a una necesidad de justicia construida en torno al miedo a ser humillado, basada en experiencias previas de humillación. El perdón es esencial para la curación porque requiere que entregues la necesidad de tu ego de que la vida se ajuste a tu visión personal de la justicia. En el capítulo 2 presentaré una forma detallada de lograr este nivel de perdón, y en el capítulo 6 hablaré más a fondo de su funcionamiento como ley mística que rige la totalidad de la vida. Pero una cosa debe quedar clara ahora: no puedes razonar tu camino a través del perdón. El perdón es un acto más allá de la razón. Debes aprender a recurrir a otro tipo de poder dentro de ti para llevar a cabo esta transformación.

EL RETO DE LA CURACIÓN HOY

Aunque la curación nunca es fácil y quizá nunca lo sea, dos factores interrelacionados son los principales responsables de redefinir nuestro enfoque de la salud y del potencial curativo humano. En primer lugar, hemos entrado claramente en la "era de la energía" o la "era psíquica", cuyo tejido incluye la exploración de nuestra naturaleza psíquica. En segundo lugar, hemos combinado esta exploración con una búsqueda igualmente apasionada de la espiritualidad, y el resultado es una epidemia de crisis espirituales mal diagnosticadas como sufrimientos psicológicos.

Ambos temas tienen una relación directa con cómo debemos abordar la enfermedad hoy en día. Específicamente, se trata de que reconozcamos la crisis espiritual como una auténtica crisis que no es igual a una crisis psicológica o emocional, aunque se exprese a través de la psique y las emociones. Sin este reconocimiento, a menudo acabamos medicando una crisis que, en realidad, no requiere tranquilizantes ni sedantes, sino dirección espiritual.

ENTRAR EN LA ERA DE LA ENERGÍA

Actualmente pensamos en nosotros mismos no solo como cuerpos físicos, sino también como "sistemas energéticos" que requieren diversos tipos de tratamiento.

Nuestro sistema energético alberga nuestra psique, nuestras emociones, nuestras capacidades mentales, nuestra mente inconsciente o subconsciente y el espíritu. Todos estos aspectos de nosotros requieren formas de tratamiento y atención basados en sofisticadas filosofías de integración psicológica. Además, su tratamiento debe armonizarse con la curación del cuerpo físico.

Por si esto no fuera suficiente, aún no nos hemos llegado a comprender como seres humanos "intuitivos". No hemos establecido un modelo claro de la salud y la enfermedad que establezca la relación entre los reinos psíquico y físico. Todavía tenemos que reconocer que ciertos trastornos tienen su origen en traumas psíquicos o en influencias macropsíquicas.

Por macropsíquicas me refiero al efecto de la contaminación energética, un tipo de polución que es imposible medir, pero que está presente y es muy tóxica. Por ejemplo, ahora vivimos en una atmósfera repleta de tecnología invisible. Imagino que si pudiéramos oír todas las comunicaciones de radio e Internet que viajan por el aire, nos volveríamos locos. Pero aunque en realidad no oigamos ni veamos todas estas transmisiones y ondas, sentimos psíquicamente esos datos a medida que penetran en nuestro campo energético. Tendemos a descartar estas cosas porque nuestros cinco sentidos no pueden "razonar" con esa realidad. Para nuestros cinco sentidos, el problema está literalmente más allá de la razón, así que lo descartamos con el pensamiento: "Si algo no puede ser visto, oído, saboreado, tocado u olido, en realidad no puede hacernos daño". En verdad, aún no hemos desarrollado el mecanismo intelectual o psíquico para hacer frente a lo que somos capaces de captar intuitivamente, y así descartamos los datos de nuestra inteligencia intuitiva y confiamos en la guía de los "datos científicos". Pero sospecho que estas masivas redes de comunicaciones generan un enorme campo de "radicales libres psíquicos" que penetran en los campos energéticos sutiles y porosos de la población general. Los efectos a largo plazo de la guerra de Irak, por ejemplo, y el dramático y —se podría decir— traumático declinar de la economía han tenido, sin duda, un impacto colectivo en la salud psíquica de la nación, así como en la salud de sus finanzas. El estrés que siente la gente es palpable, se desborda de sus campos energéticos como una niebla lenta y pesada que llena la atmósfera colectiva de una sensación de temor. Todo el mundo siente el peso de estos radicales libres psíquicos, desde los que ya han adoptado la conciencia intuitiva hasta los que resuenan con las respuestas viscerales: personas cuyos sistemas intuitivos están empezando a despertar. Incluso es posible que el aumento cuántico de los trastornos energéticos —cambios de humor, ataques de ansiedad, incapacidad de concentrarse, los trastornos del sueño, el TDAH e incluso el autismo— estén influenciados por la combustión espontánea provocada por el choque entre la era de la intuición y la tecnología energética.

No hemos reconocido plenamente los parámetros de la salud psíquica y el bienestar, en contraposición a los de la salud física y psicológica. Nuestra naturaleza psíquica e intuitiva aún no es lo bastante real para nosotros como para ser un factor reconocido de nuestra salud. No cabe duda de que ese día llegará, pero, mientras tanto, la ausencia de este banco vital de conocimiento y de la capacidad de evaluar con precisión un trastorno psíquico, y mucho menos de tratarlo, ha colocado a muchas personas en la arriesgada posición de medicar condiciones que pueden requerir un tratamiento mucho más refinado por parte de expertos en reconocer los trastornos que se originan en el campo sutil e impersonal de la conciencia.

CRISIS ESPIRITUAL: UNA REALIDAD DE NUESTRO TIEMPO

Tampoco hemos reconocido la naturaleza precisa de las crisis espirituales, de la "noche oscura del alma", como un sufrimiento muy real que experimentan innumerables individuos en nuestra sociedad. Tal crisis está más allá de la razón; es decir, el sufrimiento del alma no tiene lugar en la mente, aunque la mente exprese la oscuridad del alma. Pero, si nuestro sufrimiento está anclado en el alma, ¿cómo responder a eso en una sociedad en la que lo sagrado no tiene autoridad clínica? En el entorno tradicional de un monasterio o *ashram,* es muy probable que el peregrino que emprende una peregrinación espiritual tenga acceso a directores espirituales, mentores o gurús, es decir, a quienes conocen los rigores del camino interior. A este buscador se le dice que anticipe la experiencia de la disolución de su ego, ocurrida en la oscuridad una y otra vez.

¿Por qué está ocurriendo esto ahora? Por un lado, la sociedad contemporánea nos ofrece ingredientes exclusivos de nuestro tiempo: fácil acceso a refinados textos sagrados y enseñanzas espirituales que inspiran el apetito por la vida interior, dentro de una atmósfera que fomenta la búsqueda de la integración y la curación psicológica y emocional. Cuando abrimos el vasto territorio de la psique y el alma, el mundo interno empieza a consumir al mundo externo. Sin el ojo afilado de un director espiritual capacitado, es fácil confundir este tipo de crisis espiritual con un problema psicológico.

La depresión espiritual se presenta de forma muy parecida a la depresión clínica, pero no del todo. Las marcas de distinción son cruciales, pero difíciles de reconocer para el inexperto. Marcan la diferencia entre interpretar el origen de la depresión como un problema que puede requerir medicación o como un proceso de transformación mejor facilitado por la reflexión, la discusión de las etapas de la noche oscura y la comprensión de la naturaleza de la oración mística. He conocido a muchas personas que han sido tratadas de depresión y otras afecciones cuando, de hecho, se encontraban en las etapas más profundas de una crisis espiritual. Sin el apoyo adecuado, esa crisis se desvía hacia un problema relacional, un problema con la propia infancia o un malestar crónico. Actualmente, las crisis espirituales son una parte muy real de los problemas de salud y debemos reconocerlas con la misma autoridad que reconocemos la depresión clínica.

Además, hemos hecho que el proceso de curación sea excesivamente pesado y complejo. Hoy en día no es raro abordar una enfermedad como una nueva relación absorbente y exigente, en la que la enfermedad se convierte en un medio para alcanzar un fin, en un amigo de visita temporal, en una puerta a una nueva vida y a vidas pasadas, en la motivación para desenterrar todos los sentimientos dolorosos del pasado y en la inspiración para iniciar la búsqueda del sentido y el propósito de la vida.

Aunque es comprensible que una enfermedad pueda inspirarnos a reevaluar lo que es importante, desmantelar todo nuestro mundo de una sola vez es una tarea hercúlea que incluso una persona sana rara vez está preparada para emprender. Este tipo de planteamiento también va más allá de la lógica y la razón ordinarias; parece estar motivado por el miedo y el pánico más que por querer tomar solo las decisiones esenciales. La curación exige que te centres en los elementos de tu vida que requieren una atención inmediata y que son esenciales para tu transformación hacia la salud, punto.

EL FACTOR GLOBAL Y LA SALUD

Por último, debemos considerar cómo afectan los problemas globales y psíquicos a la calidad de nuestra salud. Hay tres grandes puntos de presión psíquica que ya forman parte de nuestra vida, y han venido para quedarse. Primero, el cambio se ha vuelto instantáneo, cuando hace tan solo unas décadas podíamos consolarnos con la ilusión de que no estábamos al tanto de los acontecimientos que tenían lugar en otras naciones. Ese campo de ceguera ha desaparecido para siempre. En segundo lugar, todo cambio es global en su impacto y magnitud. Ahora somos un planeta íntimamente interconectado por los problemas medioambientales, las armas de destrucción masiva, la escasez de combustible y alimentos, y los mercados financieros. Nos hemos convertido en una comunidad planetaria íntima, aunque agresiva. Y no hay forma de volver a las políticas de aislamiento o dominación. Y en tercer lugar, el cambio se ha vuelto profundo en su capacidad de afectar a individuos, familias, comunidades, naciones, culturas y el medio ambiente. Por profundo me refiero a que los cambios que estamos experimentando tienen consecuencias externas que van más allá de introducirnos a una nueva tecnología. Como comunidad mundial, ahora debemos afrontar la desintegración de nuestros recursos planetarios, así como cambios climáticos extremos. El cambio profundo significa que lo que está ocurriendo ahora en nuestra Tierra no dejará sin afectar a nadie.

Estas son las condiciones de una nueva era, una era de interconexión con unos hilos tan estrechamente entretejidos que cada uno de nosotros debe considerar que nuestro papel en esta existencia es significativo para la totalidad de la vida. Una vez más, esta postura puede parecer poco razonable para la mente ordinaria, pero hay que tener en cuenta que el principio fundamental de la "literatura energética" es que los pensamientos y las actitudes son el poder primario del individuo. Hasta ahora, esta verdad se ha aplicado con mucho entusiasmo a la salud y la curación, pero una verdad no puede limitarse a un área de la vida. Si los pensamientos, actitudes y creencias son lo bastante poderosos como para remediar una enfermedad, ¿no deberíamos centrar nuestras intenciones positivas, activamente y con devoción, en la curación de este planeta? Los radicales libres psíquicos son una realidad: el resultado de los desechos de nuestro pensamiento negativo colectivo y de emociones descontroladas, porque todavía tenemos que elevar el listón de lo conscientes que queremos ser del poder invisible que gestionamos. En cualquier caso, no podemos permitirnos ser selectivos con respecto a esto y aplicar el pensamiento positivo solo a nuestra salud personal y no al conjunto de la vida.

Está por ver en qué medida nos afectan estos cambios globales y psíquicos, pero que nos afectan es incuestionable. Aquí debemos examinar la "razón" misma. Como especie, hemos confiado cada vez más en nuestra capacidad de razonar para resolver los problemas y garantizar nuestra supervivencia. Se ha convertido en rutina reunir a líderes del mundo en cumbres globales para resolver problemas políticos o monetarios, o para imponer sanciones contra las políticas de otras naciones a fin de coaccionarlas para que vuelvan a cumplir con el código de la familia global. La creación de las Naciones Unidas fue el primer intento significativo de encontrar soluciones razonables a los crecientes problemas catastróficos como el hambre, las enfermedades y la pobreza. Contamos con estas reuniones —y con la capacidad de los representantes y líderes mundiales— para que se mantengan dentro de los límites del buen juicio y no cometan la locura final de disparar armas nucleares globales sobre el planeta. Está más allá de lo razonable, al menos para cualquier persona cuerda, que la humanidad pueda llegar a esa acción tan absurda, y sin embargo ahora estamos en ese lugar. Estamos en el punto "más allá de la razón" de nuestra evolución, lo que significa que el tipo y el alcance de los problemas a los que nos enfrentamos no pueden resolverse con una simple reunión de personas "razonables" alrededor de una mesa.

Por ejemplo, no podemos razonar con la Madre Naturaleza. No podemos sancionar el calentamiento global ni declarar la guerra al deshielo de los casquetes polares para que dejen de derretirse. No podemos reunir a la población de abejas moribundas, exigir por ley que dejen de morir y ordenarles que continúen polinizando nuestras plantas, no sea que nos muramos de hambre por falta de regeneración vegetal. La razón se ha agotado cuando se trata de la Madre Naturaleza, y como todos somos parte de su sistema de vida, sabemos intuitivamente que esto es cierto. Todos podemos sentir que hay una presión psíquica en la atmósfera colectiva, un tipo de ansiedad compartida que es tanto personal como impersonal, como si la atmósfera estuviera preñada de catástrofes inminentes, aunque nuestros cinco sentidos nos dicen que el mundo en que vivimos tiene el mismo aspecto de siempre. Solo intuitivamente sabemos que no es el mismo. Todo en nuestras vidas cambia a la velocidad de la luz, tanto que el mundo en el que nos despertamos es muy diferente de aquel en que nos acostamos cada noche. Por ejemplo, hay gente que se levanta por la mañana siendo millonaria y se acuesta siendo pobre. Muchas personas que nunca pensaron que tendrían que enfrentarse a vivir sin techo ahora se encuentran exactamente en esa crisis. Hoy en día estos problemas tan alucinantes no son raros. De hecho, estos cambios rápidos se han convertido casi en algo común. Las personas que se encuentran en medio de estas crisis habrían considerado estos sucesos poco razonables hace solo unas décadas. Pero la creencia de que la vida es una sucesión de acontecimientos razonables, con desenlaces programados y calculados, está arraigada en el miedo. Es más, te impide imaginar que puedas lograr cualquier cosa que la razón considere imposible, como curar una enfermedad que otros consideran terminal. Para lograr lo imposible, hay que burlar la voz de la razón y acceder a la parte caprichosa de tu naturaleza que se deleita en las posibilidades de la imaginación.

Considera que estamos viviendo un momento decisivo en la historia de la humanidad, una época de grandes crisis y grandes oportunidades. Puede que no sea razonable imaginar que puedes marcar la diferencia en un mundo en crisis basándote en cómo emprendes tu propia curación, pero creo que esto es verdad. No tiene sentido para nuestras mentes lógicas que, cuando nos curamos, toda la vida se cura. Sin embargo, el poder de un grano de mostaza puede mover una montaña; el poder de una luz clara ilumina la oscuridad; el poder de una persona dedicada a la verdad se convierte en un canal para la gracia curativa que beneficia a toda la humanidad. No importa lo que sanes dentro de ti, desde un pensamiento negativo a un cáncer progresivo, de algún modo el acto mismo de sanar marca una diferencia para todos en el planeta. Es verdad que esto va más allá de los límites de la razón ordinaria, pero también lo hace toda verdad mística, y por eso esa verdad tiene el poder de curar.

EL FACTOR GRAVEDAD

Cuando pienso en la gravedad, me vienen a la mente imágenes de Isaac Newton descansando bajo un árbol mientras cae una manzana de la rama y simbólicamente le inspira la ley de la gravedad. A Newton se le considera uno de los pilares de la Ilustración y de la Era de la Razón, periodos que se solapan y se datan de manera variable entre los siglos XVI y XVIII. Newton, junto con sus precursores como Copérnico, Galileo y Descartes, y sus contemporáneos como Locke y Spinoza —entre otros muchos otros científicos y filósofos destacados de este renacimiento del pensamiento—, se encontraba en el umbral de una mente que remodelaría el mundo occidental. La sociedad europea sufrió una transformación estremecedora como resultado de esta avalancha de razonamiento, una reacción tanto a la superstición como a la mentalidad mística fomentada por la iglesia medieval. El Renacimiento marcó el comienzo de una nueva era que reconfiguró incluso los mitos celestiales sobre la naturaleza de Dios. Si los sistemas del cielo estaban ordenados, si la Tierra realmente giraba alrededor del Sol, si leyes como la gravedad gobernaban todos los objetos que caían en una especie de armonía universal, entonces Dios también debía ser un Ser lógico. La razón era el poder por el que luchar, la cualidad interna última del ser humano.

Todas las cosas materiales tienen una contraparte simbólica en el reino arquetípico que impregna de significado a cada objeto o fuerza física. Este significado puede entenderse interpretando los efectos del objeto o la fuerza en el mundo físico.

Otra forma de decirlo es que la ley de causa y efecto opera en muchos otros niveles además del físico. Las fuerzas emocionales y psíquicas, por ejemplo, también tienen causas y efectos. Sin embargo, en el ámbito de la ley mística, aunque la ley de causa y efecto funciona con la misma fiabilidad que en el reino de la ley natural, es mucho más porosa, o abierta a influencias que no existen del mismo modo en el ámbito físico. La gracia y la oración, por ejemplo, tienen el poder de influenciar la dinámica de las leyes dentro del reino místico. De hecho, algunos místicos han sido capaces de "desafiar la ley de la gravedad" como resultado de su conocimiento y confianza en la autoridad de las leyes místicas. Algunos han experimentado la levitación en estado de éxtasis, como Teresa de Ávila, o la bilocación, la capacidad de aparecer en dos lugares a la vez. (Exploraré las leyes místicas en el capítulo 6).

Comprender que las leyes del universo, incluida la ley de la gravedad, pueden funcionar de forma simbólica requiere que entrenemos nuestras mentes para percibir más allá de las limitaciones de la razón y la lógica. En primer lugar, tenemos que entender la palabra "gravedad" a través de sus otros significados, como "seriedad" o "pesadez". Simbólicamente, podríamos decir que Newton descubrió la ley de la seriedad, la ley de la relación entre la razón y el simbólico "peso del pensamiento", junto con la ley convencional de la gravedad. Ciertamente puede decirse que Newton hizo un descubrimiento científico al identificar la ley de la gravedad, pero, desde otro punto de vista mucho más intrigante, se puede afirmar que Newton tuvo una experiencia mística en la que vislumbró la unidad esencial del universo. Aquel día vio más allá del velo de la visión ordinaria para comprender el funcionamiento de una sola de las leyes físicas, a la que llamó ley de la gravedad, que refleja la constante verdad mística de que "Lo que está en uno está en el todo". Ese día Newton vio "el todo" y observó que todas las cosas están sujetas a una ley, relacionada con el peso y la fuerza. Aplicar esta visión mística a la ciencia era simplemente parte de su tarea, pero la consecuencia mística fue que el peso energético —el peso psíquico— también comenzó a transferirse más "seriamente" al pensamiento, a medida que la ciencia crecía más y más en prominencia, eclipsando el valor del conocimiento emocional e intuitivo.

¿Cómo se trasladan la razón y el "peso simbólico del pensamiento" a nuestra experiencia vital ordinaria? Es muy sencillo. Piensa en una persona a la que consideres frustrantemente irracional, porque, sin importar lo que digas o lo lógica que sea tu posición, esta persona se vuelve emocionalmente manipuladora o histérica, o entra en la modalidad de ataque —seguro que se te ocurre una persona que se ajusta a esta descripción—. Recuerda la rabia y frustración que sientes cuando sigues exponiendo un argumento genuinamente lógico y razonable, pero solo obtienes respuestas ensimismadas y a la defensiva, y te das cuenta de que la otra persona no ha escuchado nada de lo que le has dicho. Ahora, permíteme repasar este escenario con algunas "imágenes en directo".

Una mujer, a la que llamaré Sara, se casó en segundas nupcias cuando tenía cuarenta y tantos años. El hombre con el que se casó se jubiló seis meses después de la boda, mientras que Sara siguió trabajando. Por descuido, ella no había iniciado las conversaciones sobre las finanzas que las parejas deben tener antes de contraer segundas nupcias en la madurez, aunque posiblemente eso no hubiera importado. Pocos meses después de la jubilación de su marido, él comenzó a gastar los ahorros compartidos en compras descuidadas y escandalosas, adquiriendo cosas que siempre había querido. Su razonamiento era que ahora que estaba jubilado y casado con una "chica trabajadora", se sentía con derecho a darse un capricho durante sus años dorados. En un año no solo vació su cuenta de jubilación de casi 400.000 dólares, sino que acumuló una deuda considerable.

Sus familiares y amigos le dijeron a Sara: "Habla con él. Haz que entre en razón. ¿No se da cuenta de lo que está haciendo?". Ningún tipo de "razonamiento" podría haberle llegado a este hombre, ya que estaba encerrado en su posición de tener derecho y su esposa estaba encerrada en una posición lógica y razonable. Piensa en este punto de bloqueo como en un ancla de la "gravedad", un marcador en la línea de tiempo de tu vida en el que congelas una parte de tu energía que se convierte en "materia", haciéndose pesada como resultado de una mala experiencia, un trauma o un juego de poder inacabado que necesitará resolverse en algún momento en los años venideros.

Cuantas más "anclas de la gravedad" acumules, más "peso" emocional, psicológico y mental tendrás. Poniendo esto en términos newtonianos, estás lastrado por la "gravedad de la vida", y eres incapaz de vislumbrar las alturas de la vida mística o espiritual. Estas altitudes se contaminan, casi por defecto, porque estás tan cargado de negatividad que las posibilidades de lo que puedes lograr o llegar a ser en el reino de lo extraordinario empiezan a parecer cada vez menos realistas y más inalcanzables.

En última instancia, aplicar la razón y la lógica a la naturaleza del alma o a la naturaleza de Dios también es improductivo porque solo estamos empleando nuestra propia versión de la lógica para controlar nuestros miedos inconscientes. Podemos estar tratando de ver a Dios a través de la lente de nuestra falta de fe o de la necesidad de refrendar una fe personal. O puede que estemos buscando una manera de controlar el elemento aleatorio, que es la característica más temida de Dios. Por ejemplo, nos preguntamos constantemente: "¿Golpea Dios tanto a los buenos como a los malos? ¿O Dios funciona según las leyes de la justicia terrenal, castigando solo a los que hacen daño?".

Estas son preguntas "razonables" que todo el mundo se hace en algún momento, pero, en realidad, no hay respuestas razonables. Nadie puede responder a estas preguntas, por mucho que nos gustaría descifrar el código celestial. Como consecuencia de esta incertidumbre, tendemos a creer que, si solo hacemos cosas buenas, seremos recompensados con la bendición de la seguridad terrenal. Si tal comportamiento mantiene el orden en la Tierra, entonces seguramente debe funcionar igual en la corte celestial, ¿verdad? Si no es así, ¿cómo encontramos la clave para negociar con la naturaleza aleatoria de Dios? Si no podemos encontrar la clave, podemos volver a los días de las prácticas supersticiosas, como colgarnos al cuello baratijas de protección y encender velas para pedir ayuda, o ignorar esta fuerza aleatoria y llevar una vida de prácticas de salud holísticas con la esperanza de que sean suficiente. Para que quede claro, la razón no es un defecto del diseño humano. Pero cuando se trata de encontrar una explicación lógica para todas las cosas, las fuerzas cósmicas acabarán por agotar la mente razonadora con una serie interminable de misterios y fenómenos inexplicables.

La Ilustración inició un profundo avance en la emancipación del intelecto y, al hacerlo, hizo un gran favor a la sociedad al derrocar el poder absoluto del Estado y de la Iglesia y liberar una cultura profundamente influida por las supersticiones. La Ilustración dio a la humanidad permiso para hacer preguntas con menos miedo a las represalias eclesiásticas y para buscar el conocimiento con la esperanza de que las respuestas cambiaran su modo de vida. No es de extrañar que la gente de los siglos pasados se enamorara perdidamente de la búsqueda del conocimiento y de la verdad.

La historia de amor con la lógica, el intelecto y la ciencia que comenzó hace cientos de años no hizo más que crecer y ganar impulso. Nuestro propio amor por la lógica y el orden, y nuestra necesidad de encontrar una explicación de por qué todas las cosas suceden como lo hacen —cósmicamente o no— proceden de estos precursores.

Sin embargo, a medida que se afianzaba este amor por la razón y la lógica, otras habilidades más intuitivas empezaron a ser evitadas. Las habilidades intuitivas representaban datos que no podían probarse, medirse o cuantificarse, por lo que el razonamiento intuitivo no era de fiar. ¿Cómo podría serlo? Era subjetivo e inconsistente, todo lo que la verdadera ciencia teme. Los avances científicos, médicos, sociales y militares dieron saltos cuánticos basados en el conocimiento práctico. El razonamiento intuitivo y místico no era rival para las nuevas aportaciones de los laboratorios y las bibliotecas. El mundo occidental cambió a lo largo de los siglos a favor del poder de la razón, mientras que los intuitivos y los místicos se replegaron a posiciones de menor autoridad social, cuando no de completo silencio. La gran paradoja, por supuesto, es que con todos los avances que la ciencia estaba a punto de introducir, una gran cantidad de conocimiento del alma y la psique se perdería.

Es fácil entender que el Renacimiento también trajo consigo el final de una gran era de misticismo, en la que los místicos fueron influenciados no tanto por un amor apasionado por la mente y la razón como por un apasionado amor a Dios y al alma. Muchos de los místicos anteriores a la Ilustración eran grandes intelectuales, pero no perdieron sus instintos místicos cuando refinaban sus capacidades intelectuales. Se las arreglaron para residir en pie de igualdad tanto en el mundo exterior como en el interior, alcanzando una posición de equilibrio que sin duda les fue muy útil. En Europa hubo muchos místicos cristianos, como Hildegarda de Bingen, Juliana de Norwich, Clara de Asís, Francisco de Asís, Juan de la Cruz, y una especialmente querida para mí, Teresa de Ávila. Todos fueron conocidos por la riqueza de su vida interior, cuyo legado sigue bendiciendo e iluminando a millones de personas.

Muchos de los grandes cabalistas judíos y místicos musulmanes fueron expulsados de España y otras partes de Europa durante la Inquisición, pero se reagruparon en Oriente Medio y siguieron floreciendo allí. Mientras tanto, en Asia, India y África, los místicos de las tradiciones hindú, budista y taoísta, menos presionados por la "modernización", continuaron con sus legados y desarrollaron sistemas sofisticados de meditación, oración y prácticas físicas integradas. Sus tipos particulares de experiencias místicas "desafían la gravedad". Estos místicos, tanto en la Europa medieval como en Asia y Oriente Medio, vivieron experiencias íntimas y directas de la Divinidad. Tuvieron visiones y recibieron instrucciones expresas sobre qué acciones emprender y cuándo escribir sobre su vida espiritual. Teresa de Ávila a menudo veía ángeles en sus visiones, y una vez comentó que había sido visitada por un ángel, aunque no estaba segura de qué reino provenía, pues no se identificó. También tuvo frecuentes visiones de Jesús, a las que alude en su obra maestra *El castillo interior*.

A medida que avanzaba la Edad de la Razón, las experiencias místicas de estas personas extraordinarias se hicieron más raras. Ciertamente, los eventos místicos que implican la experiencia directa de lo numinoso persistieron en todo el mundo, especialmente en las tradiciones jasídicas y cabalísticas del judaísmo, así como entre los grandes maestros sufíes y yoguis de Oriente. Pero en Occidente, ocurrían con menos frecuencia. De algún modo, la aparición del amor a la razón reconfiguró la relación de la humanidad con Dios y el alma, y obviamente tuvo un profundo efecto en la conexión anterior entre los humanos y el cielo. A pesar de todas las bendiciones que conlleva agudizar el intelecto y nuestra capacidad de discernimiento, es obvio que reducimos nuestra profunda conexión interna con lo sagrado cuando sustituimos nuestra capacidad de percepción mística por la necesidad de tener un universo razonable y lógico. Lo que está muy claro hoy es que, a pesar de todos nuestros avances tecnológicos, hemos llegado al final del Siglo de las Luces y de la Razón. Como los antecesores de la Ilustración, que se hallaban en el umbral de un gran punto de inflexión en la conciencia humana, nosotros también nos encontramos al final de una era y al principio de otra. Vivimos en un mundo turbulento y, aunque las sociedades siempre han tenido problemas, los problemas a los que nos enfrentamos hoy son mayores y más poderosos que nosotros. No podemos salir de la crisis hablando; no podemos resolver nuestros problemas financieros, políticos o medioambientales con mera legislación sobre papel. Los problemas a los que se enfrenta la humanidad se han vuelto "irrazonables". Una crisis nuclear mundial es una crisis irrazonable. Una crisis climática mundial es una crisis irrazonable de la que no podemos salir comprando una vía de salida. Al parecer, debemos cambiar a otro reino de la percepción, un reino que está más allá de la razón convencional, con el fin de maniobrar y poder resolver los problemas a los que nos enfrentamos. Debemos aprender a pensar como los místicos. Debemos aprender a desafiar la gravedad. Para ello, debemos desarrollar recursos intelectuales y creativos, así como nuestra capacidad de percibir el mundo a través de la fuerza de nuestra alma. De este modo, lo que es imposible en el mundo físico de la razón y la lógica se convierte en completamente posible en el mundo de la gracia, las leyes místicas, la oración y la compañía divina.

Está en nuestra naturaleza desafiar la gravedad, trascender las limitaciones del raciocinio y conectar con un reino interno de la verdad mística. Siempre hemos buscado esta verdad; siempre hemos buscado una manera de desafiar las leyes que nos lastran en el pensamiento ordinario. Desde el Renacimiento de la mente, ahora estamos cerrando el círculo hacia un Renacimiento místico. Es hora de aprender las verdades que rigen nuestra alma.

Capítulo II

LA PRIMERA VERDAD

No puedes razonar con la enfermedad, la crisis o Dios

La necesidad de saber por qué nos suceden las cosas como nos suceden es un instinto de supervivencia. Algo no encaja cuando se nos niega una explicación a los acontecimientos y experiencias, sobre todo cuando reorientan el curso de nuestras vidas. La ausencia de explicación nos hace sentir impotentes, como si hubiéramos hecho algo mal pero no supiéramos qué. La mayoría de la gente entra en esta línea de pensamiento, que refleja la creencia de que, si eres bueno, no deberían pasarte cosas malas. Así que, si algo malo sucede, te preguntas por qué. "¿Qué salió mal? ¿Qué patrón negativo de mi mente o mi corazón es el culpable? Seguramente, si encuentro esa corriente de malas influencias y la corto de raíz, seré recompensado con salud, ¿verdad?". Esta forma de pensar no puede hacer daño, pero tampoco garantiza la curación.

Las personas que me han descrito su proceso de curación tienen muchas creencias y actitudes en común. La primera, y quizá más elemental entre ellas, es la comprensión de que era esencial renunciar a la necesidad de saber por qué las cosas sucedieron como sucedieron. La mayoría no llegó a esta conclusión con facilidad, ya que esta pauta de pensamiento va unida a todo un sistema de creencias, que incluye la creencia en cómo funciona el mecanismo del bien y del mal, y cómo Dios interactúa con los individuos en función de su comportamiento. Esto no es tan simple como dejar el azúcar o la cafeína. Renunciar a la necesidad de saber por qué las cosas suceden como lo hacen requiere una creencia en algún orden superior o poder que trasciende el pensamiento racional. ¿A qué o a quién, entonces —podrías preguntarte—, rendiste esta necesidad de saber por qué? Una frase utilizada para describir esta liberación es "rendirse a Dios". Otros prefieren llamarlo rendirse al Universo. En cualquier caso, esta entrega es fundamentalmente un acto místico de transformación, no racional ni intelectual. Es un salto a lo desconocido que desafía la razón y exige todo el coraje disponible. Saltar un obstáculo interior tan alto no fue fácil para estas personas, pero era y es un paso necesario.

NO HAY NECESIDAD DE SABER

Hasta que no renuncies a la necesidad de saber por qué te ocurrieron las cosas como te ocurrieron, te aferrarás a tus heridas con un intenso fuego emocional. Tu mente querrá sanar, pero tu orgullo, ira y las emociones seguirán atrapados en querer asegurarse de que las personas que te hicieron daño se sientan mal por ello. O puede que quieras devolverles el daño. Pero ten por seguro que tu yo emocional permanecerá apegado a los asuntos inconclusos arraigados en sentimientos de abandono y humillación, de haber perdido algo o de haber sido engañado. Tu mente puede hacer lo que se requiere para la curación y dar los pasos prescritos, pero tu corazón nunca participará plenamente en el proceso de curación. Al final, el perdón es un acto de liberación, de renunciar a la necesidad de una explicación. Desde esta perspectiva, el perdón no tiene nada que ver con los individuos que te han hecho daño. Es el acto de aceptar que existe un mapa mayor de la vida, a través del cual fluyen muchos ríos de acontecimientos y relaciones, todos interconectados. El perdón es tu liberación del infierno de querer saber lo que no se puede saber y de querer ver sufrir a los demás porque te han hecho daño.

Para llegar a este punto de rendición, las personas con las que me he encontrado tuvieron que reconocer que la palabra "perdón" lo incluye todo: abarca el dolor de la infancia, los matrimonios rotos, las experiencias de traición, diferencias no resueltas en diversas relaciones, negocios que salieron mal, decisiones equivocadas o impulsivas que perjudicaron a otros y actos personales de mala conducta.

Esta comprensión representa el primer nivel de sabiduría, en el que puedes ver que al menos tuviste algo que ver en el desarrollo de los acontecimientos, o que, aunque no hayas tenido un papel directo en la creación de una situación abusiva, como en el caso del maltrato o el abuso o negligencia infantil, ninguna explicación lógica bastará para explicar por qué tú, personalmente, fuiste la víctima. Sin duda, nunca vas a encontrar una explicación que cure todo tu dolor, porque la razón no puede penetrar tan profundamente en el corazón y el alma. Ante ese hecho, debemos esforzarnos por alcanzar una posición que está más allá de la comprensión lógica, y que incluso pueda ser transcendente. Un hombre me lo describió así: "Mi madre era alcohólica. Tengo más recuerdos de ella desmayada en el sofá que de ella consciente. La odié durante años y, cuando me fui de casa, no la vi durante casi 12 años. Volví a casa porque quería reconciliar estos recuerdos, pero descubrí que no podía, porque ella negaba todo lo que yo decía. Cuando enfermé, me di cuenta de que la razón por la que había estado enfadado toda mi vida era que me sentía engañado por no haber tenido una madre cariñosa. Pensaba que algo estaba mal en mí. Entonces me di cuenta de que a mí no me pasaba nada. Mi madre era una persona triste, vacía y decepcionada, pero no me cabe duda de que ella no quería ser así. Pero no había nadie que pudiera ayudarla. ¿Cómo se suponía que iba a salir de su dolor? No tenía nada que ver conmigo, y al darme cuenta de eso, curé esta profunda y oscura herida. Ella vivió lo suficiente para que pudiéramos reconciliarnos de verdad, y por este milagro siempre estaré agradecido".

El siguiente nivel de experiencias con las que no puedes razonar son de naturaleza más cósmica, porque son impersonales, porque forman parte de una catástrofe colectiva o porque son potencialmente fatales. Y la confrontación con nuestra propia muerte nos obliga inevitablemente a revisar nuestra relación con el conjunto de nuestra vida, es decir, con los asuntos relacionados con el espíritu o el cosmos. Este nivel, por tanto, incluye accidentes y lesiones; la muerte de un ser querido; las crisis económicas que están aparentemente fuera de nuestro control —como una caída brusca de la bolsa de valores o una gran recesión—; desastres medioambientales que te arrebatan todo lo que tienes; o defectos congénitos en tus hijos. En el extremo superior de este espectro se encuentra la enfermedad personal, que a menudo suscita nuestra mayor necesidad de saber por qué, en concreto, por qué debemos enfrentarnos ahora a la crisis de una enfermedad que podría matarnos.

Incluso si la dolencia es el resultado de nuestras propias acciones, como la diabetes causada por la obesidad o el cáncer de pulmón por fumar, seguimos queriendo saber: "¿Por qué yo y por qué ahora?".

Sin embargo, cuando por fin llega el momento de renunciar a nuestras preguntas, no repasamos la lista punto por punto. Por el contrario, las personas que logran sanar sueltan toda esa mentalidad, que se lleva consigo la totalidad de la lista. Esto representa una limpieza del ego que libera al yo amargado. En su lugar emerge una verdad interior que te asegura que nada fue un error o un accidente, y que todo se puede curar. Imagina que ves un jardín al otro lado de un río del que se rumorea que tiene las flores más fragantes que jamás hayan florecido en la Tierra. Por muy poética que sea la descripción de cada fragancia que alguien pudiera ofrecerte, tu mente no podría producir la experiencia de uno de esos aromas, ni siquiera por un segundo. Para oler las flores, tienes que entrar en el jardín. Esta experiencia está fuera del alcance de la razón; es un acto de transformación, o al menos de deleite sensorial.

Abandonar la necesidad de saber por qué te ha pasado algo contará entre los desafíos personales más rigurosos de tu vida. Todo en la naturaleza humana ansía una explicación de por qué los acontecimientos ocurren como ocurren. Nuestro sentido de la razón es algo más que un atributo de la mente; se asemeja a un poder arquetípico que gobierna nuestra capacidad de enraizar nuestras vidas y equilibrar las fuerzas del caos en el mundo. El poder de la razón nos conecta con el imperio de la ley y la justicia, dirigiendo el comportamiento humano por el tenue camino del bien y el mal. Abandonar la necesidad de saber "por qué" representa la liberación de todo un mapa arquetípico interno en el que el ego confía para establecer sus estrategias de supervivencia en un mundo que percibimos muy influido por las polaridades de lo correcto y lo incorrecto, el bien y el mal. Rendirse va en contra de todos tus instintos de protección, basados en la necesidad de seguridad personal. Tu miedo inconsciente es que rendirte es liberar la fuerza del mal en tu vida sin la regla del bien para contrarrestarla. Tendemos a creer, incluso inconscientemente, que si hacemos el bien, no nos ocurrirán cosas malas. No solo creemos ese principio, sino que también lo respetamos y vivimos de acuerdo a él. Sin embargo, la curación requiere que renuncies a la necesidad de una explicación: por qué, por ejemplo, sufriste una traición brutal, o por qué debes asumir el arduo reto de curarte una enfermedad o de ayudar a un ser querido enfermo. Es comprensible que todo el mundo se pregunte: "¿Cómo? ¿Cómo voy a desprenderme de esta necesidad de explicaciones razonables?".

Abandonar la necesidad de una explicación representa un profundo acto de transformación personal. Lo que estás soltando es tu necesidad de que Dios, el Cielo o lo Divino expliquen los acontecimientos de tu vida de forma racional, como si el cielo funcionara de acuerdo con las leyes de nuestra Tierra y las reglas de la interacción humana. La rendición representa una corrección del rumbo de nuestra creencia de que los demás son responsables de nuestra vida y, más concretamente, de nuestro dolor y nuestros fracasos. También representa un acto supremo de fe que afirma: "Contigo, Dios, todo es posible, incluida mi curación". Sin embargo, al rezar esta oración, dejas que Dios trace el curso de tus posibilidades de curación. Como dice el refrán, todas nuestras oraciones son respondidas, pero a veces la respuesta es "no".

Pero ¿cómo se consigue ese profundo grado de transformación interna? Como Alicia cayendo dentro de la madriguera del conejo, tienes que identificar lo que yo considero la voz irrazonable de la razón: esa parte de ti que te anima a compadecerte de ti mismo o que te da una lista de razones para seguir creyendo que tu vida nunca mejorará o que las cosas malas solo te ocurren a ti. Aunque la llamemos la voz de la razón, en realidad es una voz con la que no puedes razonar, una voz que puede impedir que te cures y hacerte creer que nada de lo que hagas marcará una diferencia. Esta es una voz que puede destruir toda esperanza y llevarte a la desesperación y a interminables ciclos de depresión. Entonces tu orgullo te obliga a justificar tus acciones y tu ira, aun sabiendo en todo momento en tu corazón que estás equivocado. El llamado *comportamiento razonable* no lo es, precisamente porque a menudo está impulsado por emociones tóxicas, y acabamos usando nuestra razón para justificar acciones que son emocionalmente irracionales, negativas e hirientes. La voz de la razón está, en lenguaje de santa Teresa de Ávila, influenciada por innumerables "reptiles" internos que hay que exorcizar, porque ejercen control sobre nuestra capacidad de tomar decisiones claras y saludables. Estos reptiles interiores pueden hacernos creer que pensamos razonablemente cuando en realidad estamos poseídos por el miedo: el miedo a la pobreza, por ejemplo, o el miedo a equivocarnos o a ser rechazados. Estos miedos pueden llevarnos y nos llevan a actuar de forma autodestructiva. Las personas poseídas por el miedo pueden racionalizar todo tipo de comportamientos, desde la adicción hasta el abuso, y creer que lo que dicen es completamente razonable. Los reptiles internos son los demonios de nuestra mente "razonable": el miedo, el orgullo, el control y nuestra necesidad de tener la garantía de un resultado seguro antes de actuar siguiendo nuestra guía intuitiva. Estos son los "reptiles de la razón" que cada uno de nosotros debe descubrir dentro. O, dicho de otro modo, cada uno de nosotros debe explorar el lado irrazonable del poder de la razón.

RAZONES IRRAZONABLES

El campo de la conciencia humana reconoce el papel crucial del espíritu, como se observa en el modelo holístico cuerpo-mente-espíritu, que implica una presencia divina dentro de la experiencia humana. Sin embargo, la mayoría de las personas no están seguras de cómo lo divino expresa su influencia. Así que tenemos que dejar a nuestra imaginación la creación de una variedad de creencias que pueden parecer razonables a primera vista, pero que, examinadas más de cerca, en realidad son una combinación de supersticiones y conjeturas cósmicas. Entre estas creencias hay algunas auténticas verdades místicas reales que, tomadas al pie de la letra o fuera del contexto cósmico, a menudo se malinterpretan. Desgraciadamente, aunque estas creencias han llegado a considerarse razonables, a menudo acaban haciendo mucho más daño que bien. Reflejan nuestra necesidad de encontrar explicaciones lógicas a experiencias que nos llevan más allá de nuestros límites ordinarios de dolor o miedo, y, al hacerlo, restablecen un sentido de orden, control y dirección en nuestras vidas. Las siguientes son las razones "irracionales" más comunes que he encontrado de manera consistente en mi trabajo.

HAY UNA LECCIÓN EN ESTA CRISIS: SOLO TENGO QUE ENCONTRARLA

La búsqueda de la lección que se esconde tras una enfermedad o una crisis está arraigada en el arquetipo del "buen estudiante" o del "buen chico" que, al aprender la lección, es inmediatamente recompensado. En este caso, con el retorno de una salud excelente o de cualquier otra cosa que se haya perdido en la crisis. Los fallos de esta creencia demuestran que está mucho más cerca de una superstición que de una convicción basada en la fe: en primer lugar, la implicación subyacente es que el alumno o el niño era de algún modo malo, y que la enfermedad o la crisis es un castigo cósmico. En segundo lugar, el individuo se centra en la búsqueda de un acontecimiento, una mala acción, una cosa mala que ocurrió, en lugar de poner la atención donde debería estar: en los patrones disfuncionales de la vida que requieren curación. Esta creencia nos mantiene centrados en el pasado como fuente de curación. La curación depende de encontrar este Santo Grial de una cosa que salió mal. He visto a gente obsesionarse con esta búsqueda, que en sí misma solo se convierte en otra fuente de estrés. ¿Hay algo de cierto en esta creencia? Naturalmente, hasta cierto punto, ya que de lo contrario nunca cambiaríamos nuestros comportamientos disfuncionales. El valor de una lección es acumular sabiduría y aplicarla a la vida actual. ¿Qué has aprendido de tu vida? Miras hacia atrás para recuperar sabiduría, de modo que eso te posicione para no repetir los mismos errores. Mirar al pasado para encontrar información que te sirva para sentirte peor con tu vida o que te permita sentirte con derecho a hacer sufrir a los demás porque tú has sufrido es una búsqueda inútil y nada curativa. La sabiduría es una gracia curativa; no es culpa, ni miedo, ni el deseo de volver a rumiar quién te hizo daño para poder contárselo. La curación viene de recoger la sabiduría de las acciones pasadas y soltar el dolor que esa educación te costó.

ES MI KARMA

Con demasiada frecuencia he oído a personas hablar de sus crisis como si estuvieran ligadas a una vida pasada o a un karma negativo. Antes he mencionado que algunas creencias están arraigadas en verdades místicas, y el karma ciertamente entra en esta categoría; pero si hay una ley que pueda derribar la puerta de la habitación bien guardada de la razón, sin duda esa sería la ley del karma. Hace años fui al *ashram* de Sathya Sai Baba, en India, donde mantuve una conversación con un antiguo residente. Jake tenía una serie de historias fascinantes sobre a quién curaba Sai Baba y a quién no. Me contó que, cuando empezó a observar a Sai Baba, supuso que el sabio sanaría a los niños lisiados que habían sido llevados al *ashram* por sus padres. Cuando esto no ocurrió, Jake se sintió profundamente perturbado. Creía que los niños "inocentes" debían ser curados; sin embargo, Sai Baba pasaba por alto a muchos de ellos, curando a otras personas y sin seguir ningún patrón aparente de preferencias. La edad, por ejemplo, no importaba. Sai Baba era tan propenso a curar a un anciano como a un joven, a pesar del hecho obvio de que los jóvenes tenían más vida por delante.

Finalmente, Jake le dijo a Sai Baba que estaba confundido y se preguntaba por qué no curaba a más niños. Sai Baba le preguntó:

—¿Puedes ver su karma?

Jake respondió que no podía.

—Yo puedo —dijo Sai Baba—. El niño lisiado que consideras inocente fue una vez un juez que se deleitaba en dictar sentencias brutales contra personas inocentes. La mujer que ahora es su madre le ayudó en esta crueldad.

Entonces Sai Baba le preguntó a Jake:

—¿Todavía sientes pena por él?

—No —admitió Jake—. Merece sufrir por lo que hizo.

Sai Baba le sonrió.

—¿Ves por qué es mejor que tú no conozcas los secretos del karma de una persona? —dijo con una sonrisa—. Es mucho mejor que creas que todos los niños son inocentes y que ni siquiera tú mereces sufrir por todo lo que te venga en la vida. Tu corazón aún no es capaz de ver el karma de la gente y sentir compasión por ellos.

El karma es real, pero es una verdad mística mucho más compleja de lo que podemos comprender. ¿Existe alguna manera de que la creencia en el karma pueda servir para la curación personal? Si creemos en la existencia del karma, entonces debemos ver que toda nuestra vida, no solo las dificultades, está enhebrada por sus hilos. La verdad cósmica no debe aplicarse como un dispositivo para resolver problemas, sino como una filosofía o teología viviente que abarca todos los aspectos de la vida, desde las dificultades hasta las bendiciones. La ley del karma mantiene el equilibrio y la justicia en su esencia, y si comprendes eso, estás obligado a utilizar en este momento los ingredientes de tu vida presente basándote en los principios de esta misma ley.

LA ENFERMEDAD ES EL RESULTADO DE LA NEGATIVIDAD

Somos una cultura que llega a sus conclusiones basándose en medidas sencillas, entre ellas la escala de dolor-placer. Si algo causa dolor, es malo; todo dolor debe ser detenido inmediatamente. La enfermedad es dolorosa, las crisis son dolorosas, y así, basándonos en esta línea de razonamiento, solemos suponer que la raíz de estas es fundamentalmente negativa. Esto no es cierto. A veces, una crisis de salud nos abre a la vocación más alta de nuestra vida, y en ese caso la enfermedad no tiene nada que ver con la negatividad. Por ejemplo, Helen Keller tuvo una fiebre infecciosa a los 18 meses que la dejó ciega y sorda. ¿Fue debido a su negatividad, o fue una crisis necesaria que le abrió el camino de su destino? Ahora sabemos la respuesta, e incluso Helen Keller escribió que consideraba su ceguera y su sordera como esenciales para realizar su vocación en la vida.

A menudo, la enfermedad forma parte del destino de una persona y no es consecuencia de la negatividad o el estrés. Una amiga mía que viajaba en autobús en Chicago se sentó frente a un joven que había perdido un brazo y una pierna en un accidente. Él se dio cuenta de que le miraba e inmediatamente entabló conversación con ella sobre cómo había ocurrido su accidente. Ella le comentó que encontraba que su actitud ante la pérdida de dos extremidades era notable, a lo que él respondió: "Eso es exactamente lo que espero que diga la gente. Creo que ahora mi trabajo es hacer que la gente aprecie más su vida". Puede que pienses que perder dos miembros es un alto precio a pagar por ser alguien que extiende el optimismo vital, sin embargo, ahora estoy transmitiendo su gracia a todos los que lean esta historia, lo que le convierte en un vehículo de la gracia aún más eficaz.

Las emociones negativas y las actitudes tóxicas sin duda influyen en nuestra salud, pero no creo que sean la causa de nuestras enfermedades. Las enfermedades y las crisis son el resultado de muchos factores, desde nuestro estilo de vida hasta nuestro ADN y las condiciones ambientales. La salud psicoespiritual de nuestra vida interna también desempeña un papel. Sin embargo, es cierto que la negatividad interfiere en la curación. Por excelente que sea la atención médica u otro tipo de asistencia que recibamos, las actitudes negativas socavan incluso los mejores sistemas de apoyo. Nadie puede deshacerse de toda una vida de miedos y patrones negativos en un instante. Tampoco es esencial hacerlo. Es posible, sin embargo, invertir tu energía, tu fuerza vital, en pensamientos y creencias positivos y beneficiosos, en lugar de los que agotan tu salud. Mantén tu atención en el presente y no dejes que tu imaginación vague por el "futuro". Solo conseguirás asustarte con viejos miedos y acabar en un espacio oscuro y negativo. En lugar de eso, ten cerca libros, películas o números de teléfono de personas que puedan levantarte el ánimo.

Sanar la negatividad no requiere que extraigas cada pensamiento o emoción negativos; en lugar de eso, decídete cada día a encontrar algo valioso que apreciar en tu vida, pero aprécialo durante todo el día. O elige un pensamiento positivo y úsalo durante tus actividades ordinarias. Una idea que cambió por completo la calidad de mi vida proviene de los escritos de Thomas Merton, de una anotación en su diario que describía una calurosa tarde de verano. Describió el color de la puesta de sol, y cómo la brisa inclinaba las flores y un toro descansaba a la sombra de un árbol debido al calor. Centró su atención en la sencillez de la naturaleza, en todo lo que era silencioso y bello, y ese día terminó la entrada de su diario con esta frase: "Este día no volverá a repetirse". Leí esa frase una y otra vez hasta que me di cuenta de que había adquirido un significado sagrado para mí. Había iluminado lo ordinario de mi vida, la forma en que cada día veía a los miembros de mi familia y a cada uno de mis amigos. Cada vez que nos reuníamos y nos reunimos ahora, pienso: "Este día no volverá a repetirse. Nunca volveré a estar aquí con vosotros exactamente así". Esa frase iluminó mi alma, y nada en mi vida ha sido igual desde entonces. Para mí, esa visión ha dado la "proporción correcta" a todos los asuntos, y profundizo en ese pensamiento de la misma manera que permanezco en una oración profunda. Un pensamiento-oración como este renueva mi perspectiva y me eleva más allá del pensamiento ordinario. Me recuerda que ningún día de mi vida volverá a repetirse. Todas las cosas menores adquieren una perspectiva diferente cuando se comparan con una verdad de tal magnitud.

A ESCALA MUNDIAL

Más allá de las cuestiones personales para las que queremos explicaciones, muchos de nosotros también nos debatimos con cuestiones de justicia social. A veces, el deseo de una explicación surge en respuesta a atrocidades o asesinatos en masa, como todos los tiroteos en las escuelas del país. Por ejemplo, en uno de mis talleres, una mujer se preguntaba por la existencia de Dios ante los crímenes contra la humanidad.

—¿Cómo puede alguien sugerir que hay un Dios amoroso en algún lugar de este universo cuando en este planeta se producen genocidios? —preguntó—. ¿Qué clase de Dios permitiría que ocurrieran esas cosas?

No se puede razonar con crisis globales, accidentes o traumas como tampoco se puede razonar con la enfermedad personal. Pero puedes trascenderlos; puedes aceptar la realidad de las verdades místicas que funden las creencias menores a las que nos aferramos por miedo. Sustituir el miedo por la verdad cura.

Recuerdo con claridad uno de esos momentos extraordinarios. Ocurrió en un seminario de mi Instituto CMED (Caroline Myss Education) cuando un estudiante hizo una pregunta profundamente emocional a mi orador invitado, James Finley. Finley es un exmonje trapense cuyo director espiritual fue Thomas Merton y ofrece instrucción sobre la vida contemplativa con esa rara combinación de sabiduría mística y sentido común de los escritos de Merton. Este seminario tuvo lugar poco después de un trágico suceso en Bagdad en el que se decía que unos terroristas habían usado a dos mujeres con discapacidad mental para que se suicidaran haciendo estallar las bombas que tenían adheridas a su cuerpo al entrar en una mezquita durante la oración. Murieron más de cien personas, entre ellas las dos mujeres, que probablemente no entendían lo que estaban haciendo.

—¿Cómo puede Dios permitir que sucedan estas cosas? —el estudiante preguntó a Finley—. ¿Cómo se supone que debemos dar sentido a eso?

La habitación se quedó en silencio de una manera que me indicó que todo el mundo se había hecho esta pregunta en algún momento. Finley, claramente conmovido, se serenó y respondió con su característica voz firme y suave:

—No podemos dar sentido a sucesos como ese, ni deberíamos hacerlo. No podemos razonar la realidad del mal y es un error intentarlo. El mal existe. Crueldades irracionales ocurren y algunas pueden ocurrirte a ti.

Hizo una pausa y yo pensé que había terminado su respuesta, pero continuó:

—El siguiente nivel de respuesta es que tomas lo que no se puede cambiar fuera y lo trasciendes dentro de ti. Utilizas la crisis externa para transformarte, más allá del punto en que las crisis de maldad, desesperación o destrucción pueden destruirte. Debes fortalecerte por dentro construyendo una capacidad que pueda responder al mundo que te rodea con un poder mucho mayor, el poder del amor.

En otras palabras, debes utilizar los acontecimientos que desafían a la razón para romper tu razón. Podrías compararlo con impulsarte a través del ojo de la aguja espiritual hacia una conciencia superior. Esta conciencia capta la verdad de que, aunque el mal no puede ser erradicado, en algún sentido el amor y la compasión contrarrestan su fuerza. La enfermedad y la catástrofe no son más que dos de las interminables expresiones del hecho de que la vida no es un viaje razonable o controlable. Aunque los acontecimientos lo demuestran una y otra vez, nuestras experiencias personales no nos impiden anhelar que la vida sea de otro modo. Aunque nos digamos a nosotros mismos que vivimos por encima y más allá de la ley del caos porque somos buenas personas, esta manera de pensar no es sino otra faceta del lado irracional de la razón. Muchas de las cosas que nos decimos a nosotros mismos no son razonables, pero nos aferramos a ellas pensando que, de algún modo, una creencia como "Esa enfermedad le ocurre solo a ese tipo de personas", nos protegerá. Una mujer que conozco cree que nunca desarrollará cáncer de mama porque se considera una autoridad médica en la materia y trabaja con mujeres que tienen cáncer de mama. Como terapeuta es brillante, pero los miedos que la controlan van más allá de su mente y se adentran en lo más profundo de sus emociones y de su inconsciente. La decisión de trabajar con pacientes de cáncer de mama es su intento de razonar con la enfermedad, de llegar a un acuerdo con el demonio mismo con la esperanza de que, a cambio, nunca se convierta en una paciente de cáncer de mama. Quizá nunca vea que sus motivaciones provienen del lado irrazonable de la razón, porque en la superficie sus acciones benefician a los demás. A menudo nos engañamos a nosotros mismos de este modo, creando razones para nuestras acciones que son sustitutos de la verdadera intención que no queremos afrontar.

Otra mujer me viene a la memoria por las preocupaciones de las que habló tras enterarse de que tenía esclerosis múltiple. Mucho antes de que lleguemos a los aspectos más destacados de la transformación y a las percepciones positivas que podemos obtener en la experiencia de padecer una enfermedad, tenemos que enfrentarnos a lo que la enfermedad va a hacer a nuestros cuerpos y cómo afectará a nuestras vidas. La enfermedad cambia a la persona y puede resultar difícil hablar de los temas más íntimos que pone automáticamente sobre la mesa, pero esta extraordinaria mujer tuvo el valor de abordarlos.

—Mi primera reacción fue sentirme fracasada por haber enfermado tan pronto después de casarme. Solo llevaba un año casada —explica—. Me invadieron la vergüenza, la incapacidad, la culpa y el miedo a que mi marido encontrara a otra. Estaba a punto de perder todo el pelo y mi atractivo, y me di cuenta de que nunca volvería a ser muy guapa. ¿Por qué iba a querer quedarse conmigo? ¿Qué clase de vida podía ofrecerle ahora? Una noche se me ocurrió una lista de razones por las que debería dejarme y le dije que estaba bien si lo hacía, porque le había fallado. Fíjate que mi manera de hacer frente a mi angustia fue crear una lista de razones que lo liberaran de nuestro matrimonio. Él, por supuesto, rompió el papel, pero yo seguí sintiéndome atormentada y avergonzada por estar enferma y desintegrada por la quimioterapia. Al final le aparté por vergüenza. No podía soportar que me viera así. Así que puse fin a nuestro matrimonio. No podía razonar para salir de mi propio pensamiento, de mi propia vergüenza, aunque deseaba desesperadamente superarla. Mi miedo a sentirme humillada a causa de esta enfermedad, tan irrazonable como puedas pensar que es, tenía más poder sobre mí que mi intenso deseo de salvar mi matrimonio.

La curación exige que profundicemos en el lado irrazonable de nuestra naturaleza, porque es ahí donde descubrimos lo que puede bloquear nuestro proceso de curación. Un hombre llamado Bob, que se curó de cáncer de piel, me contó:

—Nunca me vi a mí mismo como irrazonable en absoluto. De hecho, por lo que yo sabía, era la única persona razonable que conocía. En realidad era completamente irrazonable, porque no podía gestionar ningún tipo de cambio o que alguien cuestionara mis opiniones. Era el estrés de tratar de mantener a todos y todo bajo control lo que finalmente me derribó. Estoy convencido de ello. Al final lo dejé todo. Vi muy claro que, si quería vivir, tenía que dejar que los demás vivieran como quisieran. Tenía que renunciar a ellos y a mi necesidad de ser la autoridad. Parecía la transformación personal más irrazonable e imposible hasta que me enfrenté a la muerte, y entonces pensé: "Lo haré cueste lo que cueste".

CARACTERÍSTICAS DE LA RAZÓN

Cuando leas las características de la razón que se enumeran a continuación, personalízalas. Piensa en la razón como un instinto arquetípico, como las emociones.

La tarea consiste en identificar cómo funciona tu conciencia particular dentro del instinto natural de encontrar y tener un orden y una lógica en tu vida.

Las descripciones siguientes sirven como "voces de la razón" que iluminan las formas en que el arquetipo de la razón funciona instintivamente en todos nosotros.

Después de leer cada descripción, dedica algún tiempo a responder a las preguntas que le siguen, pero no con un simple "sí" o "no". Las respuestas que des reflejan patrones mucho más amplios, que muestran cómo has estructurado toda una base de poder. Cuando te ocurre algo que consideras irrazonable, ese suceso irrazonable amenaza también todo un sustrato de poder. Buscamos el control sobre los demás, por ejemplo, para que no nos hagan cosas irrazonables que, a su vez, podrían restar poder a nuestra vida. Así que presta mucha atención a estas preguntas, ya que están pensadas para llevarte a lugares de profunda reflexión interna.

LA RAZÓN ESTÁ ORIENTADA HACIA LA RAZÓN

La razón busca una causa lógica por la que las cosas sucedan tal como suceden. Intelectualmente, nuestro instinto de atribuir causas a ciertos acontecimientos nos impulsa hacia caminos de conocimiento y descubrimiento. Sin embargo, aplicado a nuestra vida personal, puede obligarnos a buscar justicia o incluso venganza, objetivos negativos que pueden convertirse en obsesiones. Hazte estas preguntas:

- ¿Buscas razones por las cuales las cosas suceden como lo hacen en tu vida?
- ¿En qué áreas de tu vida necesitas razones con más frecuencia?
- ¿Son las resoluciones personales esenciales para tu salud? Es decir, ¿alguna vez te has aferrado, o te estás aferrando ahora, a algún asunto mental o emocional inconcluso que tiene su origen en la necesidad de saber por qué te ocurrió algo? ¿Puede esto resolverse realmente? Si es así, identifica ese camino de resolución.

LA RAZÓN CHOCA CON LA INTUICIÓN

La razón se basa más en la información que te proporcionan tus cinco sentidos que en la intuición. Le gusta que la información sea tangible, demostrable, fiable y bien contrastada. Los hechos, las cifras y el sentido práctico rigen el día a día de la razón. Al mismo tiempo, sabes que la información emocional, intuitiva y la guía espiritual son igualmente válidas. Aquí radica parte del problema: cuando estás tranquilo y centrado, y el resultado de una decisión no tiene consecuencias que cambiarán tu vida, confías en tu intuición. Eres especialmente intuitivo cuando se trata de los demás, porque las consecuencias de esos "aciertos intuitivos" no te afectan personalmente. Pero, cuando tienes miedo o la decisión afecta al dinero, al poder o a tus relaciones personales, quieres "pruebas del resultado", así que es más probable que te remitas a la información derivada del mundo de los hechos y las cifras. Recibes continuamente orientación intuitiva sobre tu casa, tus finanzas, tus negocios, tus relaciones personales y profesionales, y tus hijos. Estos son los microdetalles que conforman tu vida cotidiana. Este es tu "instinto de supervivencia" en acción y funciona en piloto au-

tomático, transmitiéndote constantemente micro y macroins-
trucciones, como "No comas eso" o "Necesitas hacer ejercicio"
y "Es hora de un chequeo". Este sistema intuitivo está muy en
sintonía con tu salud emocional, psicológica y física, y por eso
me refiero a él como el instinto de supervivencia. También es
el instinto más ignorado, sin duda porque la voz es constante y
llena de instrucciones de sentido común.

Aprender a trabajar con la razón y la intuición a la vez requiere que te separes de la irrazonable voz de la razón que alberga todos tus miedos. Tu razón y tu intuición transmiten una
perspectiva, un "acierto" para cada elección y decisión, desde
las aparentemente más insignificantes hasta las que consideras más importantes. A veces, la razón y la intuición están en
armonía, pero cuando no lo están, pregúntate si confías en lo
que puedes tocar y ver o en lo que intuyes. He conocido a innumerables personas que, de un modo u otro, han dicho: "Sé que
debo hacer algo con mi vida, pero no estoy seguro de qué es".
Estas personas a menudo acaban con enfermedades psíquicas,
como trastornos de concentración o migrañas —resultado de
una sobrecarga de orientación o "combustión psíquica"— porque están llenos de visión creativa y empuje, pero no consiguen
que su raciocinio coopere con un salto de fe intuitivo. Deben ver,
sentir, tocar, oler y oír las señales del éxito antes de dar un paso.
Como deben tener una garantía de poder transitar a su potencial
superior por miedo a fracasar, no hacen nada en absoluto.

Así, tener la intuición prisionera de la razón puede crear una
gran desesperación, depresión, ansiedad y fatiga crónica, entre
otros trastornos energéticos. Si tu enfermedad tiene su origen
en un dilema razón-intuición, debe introducirse una solución
creativa en el proceso de curación. El mero hecho de reconocer
el dilema razón-intuición hace avanzar tu curación, porque inicia el proceso crítico de acabar conscientemente con el miedo

que puedas tener a escuchar tu propia verdad interior. Sin ese paso creativo, las otras modalidades de curación que pruebes solo tendrán efectos mínimos.

- ¿Qué excusas te da la voz de la razón que te permiten actuar conscientemente en contra de tu intuición?
- ¿Cuáles son las circunstancias más propensas a hacer que exijas una "prueba de resultado" antes de tomar una decisión?
- ¿Con qué frecuencia traicionas tu intuición por razones poco razonables?

LA RAZÓN SE ESFUERZA POR PROTEGER Y DEFENDER SUS MIEDOS EN LUGAR DE CURARLOS

Construimos gran parte de nuestras vidas en torno a nuestros miedos. Revisa todos los elementos de tu vida, desde las relaciones hasta la profesión y la forma de vestir, a través de la lente de esta pregunta: "¿Cuánto de mi vida está organizado en torno a mis miedos?". Descubrirás que lo impregnan todo. A veces, heredamos miedos de nuestros padres o de nuestro grupo étnico, a veces entran en nuestra vida a través de experiencias, y a veces simplemente nacemos con fobias misteriosas que parecen estar arraigadas en nuestro ADN psíquico. Sin embargo, muchos de nosotros defendemos nuestros miedos como si fuéramos niños inocentes. "¡No puedo evitarlo, yo soy así!". "Casi me ahogo de niño y desde entonces le tengo miedo al agua". O, peor aún, la afirmación de que ciertos miedos proceden de una vida pasada y que, por tanto, están aquí para quedarse. Y ya está. Los miedos están en su sitio, nunca serán cuestionados, desafiados o exorcizados. Identificarse con patrones de miedo como parte de lo que uno es, o como una forma de probar que tuviste un trauma en tu juventud, es otra expresión del lado irracional de la razón. La gente a veces percibe mi indiferencia a sus patrones de miedo como falta de empatía o dureza, cuando, de hecho, mi decisión de no apoyar la autoridad de sus miedos está motivada por el deseo de ayudarles a sanar. ¿Por qué iba a alentar lo que considero una forma de posesión psíquica? Cada vez que la psique está controlada por algo que no es el yo sano y consciente, se está produciendo una forma de posesión. Cuando un miedo tiene más autoridad sobre tus acciones que tú mismo, estás poseído por él, y puede hacer que te comportes fuera de los límites de la bondad y el amor.

- ¿Qué miedos ejercen un control irracional sobre ti?
- ¿Hasta qué punto te has enfrentado a tus miedos irracionales?
- ¿Eres alguien que cede ante la autoridad de un miedo? Si es así, ¿por qué lo haces? ¿Y cómo afrontas las consecuencias de vivir bajo la autoridad de un miedo? Inevitablemente transferirás tu ira por haber hecho eso a otra persona; así pues, ¿a quién castigas por estar cautivo de tus propios miedos?

LOS MIEDOS SON PODEROSOS

Los miedos son poderosos, sobre todo porque son irracionales y a menudo están arraigados en supersticiones. De hecho, muchos penetran más allá de los parámetros de nuestro raciocinio, afianzándose en lo más profundo de nuestro inconsciente, donde se transforman en creencias irracionales. Aún no he conocido a nadie que no albergue al menos una superstición, aunque sea el hábito de tocar madera para tener suerte o protegerse del "mal". He intentado que la gente suspenda sus hábitos supersticiosos de "buena suerte" durante la duración de un taller, como ejercicio de razonabilidad, sin mucho éxito.

—¿Qué crees que te pasará si te quitas tu amuleto de la buena suerte? —le pregunté a una mujer.

Se rio y dijo:

—No lo sé, pero no quiero averiguarlo.

¿Eso es fe o miedo? No creo que sea una falta de respeto cuestionar esa forma de pensar. Las supersticiones exigen ser cuestionadas, porque son despiadadas en tu inconsciente, como oscuros hechizos que te mantienen prisionero de miedos irracionales. Muchas de las personas que asisten a mis talleres piden no participar en el ejercicio, aunque se ríen por querer que se les excuse. Sin embargo, el hecho es que no pueden liberarse del control de la parte irracional de su mente razonadora, que les tiene completamente convencidos de que las fuerzas de este universo se controlan tocando madera o colgándose talismanes al cuello —me viene a la mente el uso de "collares" de ajo en la época medieval para ahuyentar a los vampiros—.

Esto es lo esencial: los patrones de miedo bloquean la curación, especialmente los miedos basados en tonterías, supersticiones e irracionalidad. Siempre estás recibiendo orientación sobre cómo proceder con tu curación, y con la misma frecuencia puede que reprimas esa guía, afirmando que tienes miedo de actuar en consecuencia.

Identifica tres supersticiones que tengan autoridad sobre ti. Por supersticiones me refiero a llevar talismanes para sentirte seguro o tocar madera para protegerte. Reflexiona sobre cuáles son tus supersticiones y escribe —en realidad, nombra— de qué fuerza estás tratando de protegerte. ¿Es el mal? ¿El demonio? La negatividad no es una "cosa" como tal; la fuente de negatividad es tu verdadero objeto de miedo. Entonces, ¿cuál es ese objeto?

¿Crees en el mal? ¿Es una presencia real para ti? ¿Evitas hablar del mal? ¿Consideras que tus miedos son razonables o irracionales?

LA RAZÓN CHOCA CON EL PERDÓN Y EL ORGULLO

La humillación es una de las heridas personales más difíciles de perdonar; para muchas personas, ser humillado es la experiencia más dolorosa e imperdonable de su vida. La humillación nos priva de nuestro poder primario de autoprotección. Es una violación del instinto de supervivencia porque sentimos que no nos hemos protegido de uno de los traumas personales más dolorosos. Las consecuencias de sentirse vulnerable a la humillación personal son devastadoras. El trauma de ser profundamente humillado a una edad temprana puede llegar a consumirnos hasta tal punto que crezcamos temiendo que interactuar con alguien nos lleve a ser humillados de nuevo. Perdonar un acto de humillación —y mucho menos varios, como en el caso del incesto múltiple— no tiene sentido para la mente razonadora, que ve las cosas a través de la lente de la inocencia y la retribución. No importa cuántas veces reconozcamos la lógica de perdonar y seguir adelante, recordándonos que aferrarnos a nuestras heridas es un acto de autolesión, nuestra razón exige justicia y, tal vez, venganza. Muchas personas se resisten a admitir que desean vengarse, un deseo de herir a otros tanto como ellos han sido heridos, sobre todo porque gran parte de la terapia se dirige a examinar la herida del cliente. Pero la necesidad de devolver el golpe es esencial para el arquetipo de la justicia, tal como lo honramos. Ese arquetipo representa la necesidad inherente en nosotros de imparcialidad, un sentido de "ojo por ojo" que también incluye el sentimiento de que debemos dar de manera justa a quienes nos dan. La justicia no es solo retribución. Este sentido profundamente arraigado también tiene que ver con el juego limpio.

La necesidad de justicia y retribución subyace en el sistema jurídico estadounidense, y esta forma-pensamiento sutil está activa en nuestra psique. La introducción del perdón destroza todo el arquetipo de justicia tal como lo conocemos, especialmente si estamos acostumbrados a considerarnos inocentes y humillados. Aquí es donde el orgullo puede inyectar una presencia muy dominante y malsana. El orgullo, mezclado con la furia de la humillación, puede volvernos más irrazonables de lo que podríamos pensar. Los casos de divorcio son escenarios clásicos de esta alquimia de emociones. Introducir la necesidad de perdonar en una psique que ansía justicia, a menudo hace que la "víctima" busque otro terapeuta distinto, en el proceso de llegar al punto en que pueda tolerar la necesaria solución curativa, porque el perdón es esencial para la curación. Y la rabia ardiente que llevamos dentro solo es una prueba más de que ese veneno necesita ser liberado de nuestro cuerpo, mente y espíritu. Sin embargo, razonar nuestro camino hacia el perdón suele ser inútil.

El perdón es una directiva mística, no racional. El impulso de perdonar viene de una parte de ti que a menudo está en conflicto directo con lo que sientes o piensas sobre la persona en cuestión. El hecho de que estés en conflicto con respecto a perdonar a alguien es una indicación de que una parte de ti quiere perdonar, mientras que otra parte, normalmente el ego, permanece encerrada en la historia de tu herida. Cada parte de tu mente y de tus emociones luchará contra esa propuesta, porque el ego necesita llevar el asunto ante un tribunal.

Examinaremos el perdón como un principio místico en un capítulo posterior, pero baste decir aquí que la razón se aliará con el orgullo para producir grandes argumentos sobre por qué tienes derecho a conservar tus heridas, sea cual sea la forma en que las adquiriste. Algunas personas han tenido experiencias horribles en su infancia o experiencias brutales en su vida adulta. Estas heridas tienen que ser presenciadas por alguien digno, porque un testigo respetuoso otorga dignidad a las heridas de la persona, y eso es esencial para el proceso de curación. Pero permanecer psicológicamente en la herida, por profunda que sea, es como instalar tu casa en un cementerio para el resto de tu vida. La herida es una tumba que visitas todo el tiempo, llena de aire psíquico viciado que consume tu fuerza vital cada día más. Las tumbas psíquicas son costosas de mantener. El perdón te desentierra para que no tengas que mantener una vigilia constante en la tumba de tus heridas.

- ¿Qué razones te das a ti mismo para negarte a perdonar a alguien?
- ¿Cuántas de tus heridas provienen de la humillación y el orgullo?
- ¿Cuántas de tus tensiones físicas y emocionales son el resultado de tu miedo a ser humillado o de los juegos de poder en los que participas por orgullo?
- Si supieras que el estrés de un conflicto está pesando sobre tu corazón físico, incrementando la presión sanguínea o poniéndote en peligro de sufrir un derrame cerebral, ¿actuarías de inmediato en función de esa información y zanjarías tus disputas?
- ¿Qué es más importante para ti, mantener el orgullo o la salud? Es decir, ¿cuál de ellos controla tus acciones?

LA RAZÓN NECESITA UN MOTIVO PARA VIVIR, PERO LA LÓGICA POR SÍ SOLA NO PUEDE PROPORCIONARLA

Una gran paradoja de la terapia contemporánea es que abre tantas crisis mentales que no pueden curarse con la propia mente. Nunca se encontrará una razón para curarse a través de terapias mentales; todo el trabajo mental del mundo no puede hacer que una persona quiera vivir. La ausencia de una conexión con la vida, que es más común de lo que la mayoría de la gente cree, es una crisis psicológica y espiritual. Tener una razón para vivir —para armarse de valor y emprender el riguroso camino de la curación o de reconstruir tu vida después de una crisis, como la muerte o la pérdida de un ser querido— es algo que viene del alma.

Cuando tocamos fondo y reconocemos que hemos perdido la "voluntad de vivir", las palabras por sí solas, incluso los discursos enérgicos, no son de gran ayuda para devolvernos a la vida. Este tipo de crisis, llamada con razón resurrección espiritual, requiere la intervención de la gracia y la oración. Reconectar con la razón de vivir, con el sentido y el propósito de la vida, es una experiencia mística, no racional. Es un momento de revelación interior en el que uno se reencuentra con la gracia de la vida y con un profundo conocimiento de que toda vida, incluyendo la propia, tiene un gran valor, más allá del trabajo, el dinero o el estatus. Es una pena que a menudo tengamos que llegar a las puertas de la muerte para darnos cuenta de ello. Pero, al fin y al cabo, solo la gracia puede mediar en esta transformación de nuestra naturaleza fundamental.

- ¿Qué te da una razón para vivir?
- ¿Cuánto de esa razón depende de los demás?
- Reflexiona sobre lo que significa estar "vivo", tener el regalo de la vida. ¿Es la vida misma razón suficiente para querer vivir?

LO QUE LA CURACIÓN NO EXIGE

La curación no requiere que domines el lado irracional de la razón. Tampoco requiere una perfección interna de cualquier orden. Un rasgo común que comparten las personas que han sanado es que dejan de ser irrazonables en aspectos que ya no importan en el gran esquema de la vida. En la escala de la vida o la muerte, ¿qué importancia tiene ganar una discusión? ¿Qué importancia tiene guardar rencor? ¿Qué importancia tiene todo lo que no sea amar a los demás, cuán profundamente valoramos el don de nuestra vida y lo que hacemos con ella para mejorar este mundo?

Con estas preguntas en mente pasamos a la siguiente verdad, que desempeña un profundo papel en tu curación o en sobrevivir a una crisis: la necesidad de conectar con el significado y el propósito.

Capítulo III

LA SEGUNDA VERDAD

Conectar con el significado y el propósito

En alguna de sus formas, la búsqueda de significado y propósito es uno de los rituales más comunes a todas las culturas, y se remonta incluso a antes de la aparición del lenguaje escrito. Marca una transformación de la conciencia desde el yo egocéntrico hacia un Yo que está empoderado por recursos internos o espirituales. Desde el culto a la Diosa Madre que precede a la historia documentada, y a lo largo de las primeras culturas de Mesopotamia y las ricas mitologías romanas y griegas, los antiguos textos de una multitud de tradiciones revelan que la naturaleza humana tiene este designio fundamental: estamos hechos para seguir el curso mítico de nuestras propias vidas, para detectar y seguir nuestras grandes búsquedas.

Este deseo que todos compartimos es un apetito arquetípico por trascender lo ordinario, porque, junto con la necesidad ardiente de despojarnos de nuestras limitaciones, también estamos descontentos con los aspectos mundanos de nuestra vida. Estamos predispuestos a encontrar incómodo lo normal y ordinario, incluso a desdeñarlo si nos resulta agobiante. Es posible que no hablemos directamente de esta verdad, pero proyectamos constantemente sus consecuencias en nuestro mundo. Es decir, proyectamos este desdén hacia lo ordinario en otras personas y en las condiciones de nuestra vida, que parecen incapaces de protegernos de la humillación o del fracaso. Si nuestra negatividad se mezcla con sentimientos de impotencia, podemos volvernos destructivos al exteriorizar nuestra lucha contra un demonio que reside en nuestro interior: por ejemplo, la necesidad de sentirnos superiores a los demás, de intimidar a otros o de ejercer otras formas de control, a menudo proviene de una compulsión desesperada de no ser controlado por las normas y la autoridad ordinarias. O puede que nos pasemos la vida huyendo de nosotros mismos, creyendo siempre que algo fuera de nosotros es la solución a esa extraña sensación interna de malestar.

Sin embargo, la solución no se encuentra en el mundo físico, porque el ámbito material es, por su propia naturaleza, imperfecto, transitorio e insatisfactorio. Podemos encontrar una solución temporal, pero, al final, el núcleo de nuestro sufrimiento resurgirá en el nuevo entorno. La verdad más profunda a la que debemos enfrentarnos en último término es que la curación del yo interno que se requiere para liberarnos de estas profundidades de sufrimiento y desesperación —y no nos equivoquemos, los sentimientos de insuficiencia y vacío constante son un sufrimiento— es más que una curación ordinaria. Para que un sufrimiento así termine, es necesaria una transformación espiritual. Esta es una verdad mística, que va más allá del pensamiento y el razonamiento ordinarios. Como tantas otras verdades, su valor y su poder permanecen ocultos hasta que necesitas esa sabiduría para sobrevivir a una prueba personal o a una crisis de salud. Entonces, mirar dentro en busca del significado mayor de tu vida se convierte en una búsqueda que a menudo lleva a una profunda transformación interna y curación personal.

No es de extrañar que los héroes arquetípicos de todas las culturas sean figuras que han realizado precisamente este viaje interior. Figuras antiguas como el rey mesopotámico Gilgamesh y los guerreros griegos Hércules y Ulises realizaron el viaje del héroe enfrentándose a los obstáculos de la oscuridad y consiguiendo liberar su voluntad de todas las fuerzas terrenales, sobre todo de sus propios miedos y dudas. Muchas otras figuras míticas y leyendas han seguido apareciendo en la cultura occidental, como el Rey Arturo y sus caballeros de la mesa redonda, porque la gente necesita héroes capaces de trascender y vencer lo ordinario. En el reino de lo ordinario reside una oscuridad que se alimenta de nuestro miedo a la supervivencia. El miedo a no poder sobrevivir en este mundo, a no poder proveernos de comida, ropa y un techo, es el eslabón más débil de la psique humana. Si rompemos ese frágil vínculo, nos resultará difícil mantener la fe en nuestro propio destino. Por eso nos sentimos atraídos por los iconos que han completado un viaje que, de alguna manera, sabemos que nosotros también estamos recorriendo. Míticos o reales, han dominado un poder interior, conocen su destino y se guían por un código iluminado de verdad interior. Se encuentran entre los que viven en su máximo potencial. Esta es el aura que nos ha atraído hacia ellos a lo largo de los siglos, llevándonos a fantasear con la posibilidad de alcanzar un sentido de identidad tan claro y el poder que emana de una autoestima tan refinada.

Si bien los héroes míticos satisfacían las fantasías humanas de búsquedas románticas y terrenales, maestros como Jesús y Buda ofrecen modelos de perfección espiritual, recurriendo al mismo apetito por alcanzar la autoridad interna sobre los obstáculos externos que atrae a la gente hacia los héroes guerreros míticos. Jesús y Buda fueron reales, por supuesto, pero la perfección que llegaron a representar adquirió proporciones míticas después de su muerte. Representan el viaje interior, pues cada uno enseñó, a su manera, que el camino más verdadero en esta tierra es el que te lleva hacia ti mismo, no el que te aleja de ti.

El camino iluminado conduce a la verdad, no a la ilusión. El propósito y el significado son joyas que se encuentran, paradójicamente, al desprenderse de lo que no tiene propósito ni sentido. Las cosas de esta tierra solo se convierten en problemas y cargas cuando crees que tienen más poder que tu alma y tu destino. Adquirir objetos materiales nunca puede considerarse un destino espiritual, porque no hay nada intrínsecamente sagrado en ese camino vital. Solo el miedo nos hace vivir para adquirir. Buda instruyó a sus discípulos para que se deshicieran de esas ilusiones, porque eran cargas que interferían con la iluminación, es decir, con estar en armonía con tu luz interna.

LA SANACIÓN Y LA BÚSQUEDA DE SIGNIFICADO Y PROPÓSITO

Nos demos cuenta de ello o no, todos estamos en la búsqueda de significado y propósito. Podemos exteriorizar nuestro viaje a través de la aventura, como en el arquetipo del héroe, o interiorizarlo como la expresión de una elección personal o espiritual. Sin embargo, nadie puede deslizarse por la vida sin enfrentarse a la necesidad de saber: "¿Cuál es mi propósito?". Algunos persiguen ese propósito de forma indirecta, por ejemplo luchando con problemas de compromiso en las relaciones, o siendo incapaces de echar raíces por miedo a perderse algo mejor en el futuro. Muchas personas me han dicho que sienten como si les faltara algo en lo más profundo de su ser, como si una parte de ellos les hubieran sido retenida deliberadamente antes de nacer. El anhelo de esa pieza que falta se convierte en un agujero negro que les lleva a vagar de un lugar a otro, de una relación a otra, o bien a una vida de adicción o de comportamiento de alto riesgo.

En nuestro mundo moderno, este viaje arquetípico es mucho más complejo que en épocas anteriores porque hemos convertido la necesidad de encontrar sentido y propósito en una lucha a vida o muerte. Durante los años de formación del movimiento holístico en el siglo XX, la búsqueda del yo esencial, que es otra forma de definir la vida con propósito, se cruzó con el creciente interés por la salud y la curación. Muchas de las personas que han acudido a mí en busca de orientación sobre una crisis de salud o de vida afirman que la necesidad de encontrar un propósito más profundo es clave para su supervivencia. Algunos incluso creen que la razón por la que han sobrevivido a accidentes e infartos es que aún no han cumplido el propósito de su alma y que se les ha dado una especie de "segunda oportunidad".

La asociación del significado y el propósito con una crisis de salud o de vida me sugirió que muchas personas debían haber experimentado una ausencia de significado y propósito antes de la crisis. Cuando les pregunté al respecto, la mayoría coincidió en que su vida carecía de la sensación definitiva de un propósito espiritual antes de su crisis, y añadieron que no habían reflexionado sobre las cuestiones fundamentales de su misión hasta que la enfermedad o la catástrofe les obligaron a revisar su vida. Esto me pareció curioso por varias razones. Para empezar, muchas de las personas que acuden a mis talleres y conferencias, o que me piden consejo, han formado parte o se han visto influidas por el movimiento de salud holística o por lo que se denomina la "cultura de la conciencia". Como esa cultura está saturada de literatura espiritual y prácticas holísticas que abarcan todos los aspectos de la existencia —desde la nutrición y el ejercicio hasta la meditación y la oración— encontrar a tantas personas que admitían sentirse desprovistas de un propósito espiritual me pareció más que paradójico. ¿Cómo era posible?

Pero cuanto más pensaba en la cultura occidental, en general, y en nuestro amor por todo lo razonable y racional, en particular, más previsible me parecía que tantas personas admitieran que no tenían una idea precisa de cuál era su propósito espiritual. Y, cuando tenían una idea, definían su propósito como su ocupación ideal, que les recompensaría económicamente a la vez que les dejaría mucho tiempo libre para crecer espiritualmente y jubilarse pronto. El sentido y el propósito se habían convertido en sinónimos de alcanzar el máximo potencial en un sentido material y espiritual; era algo que podías elegir o crear, controlando así su impacto en tu vida.

Los procesos revelatorios del Yo esencial y más profundo no pueden sentirse ni reconocerse cuando se tiene esta mentalidad. Las personas que residen principalmente en sus mentes, es decir, en el mundo de la razón, creen que es posible hacer algo o encontrar algo que hará que todo sea mejor. La mente racional suele descartar las señales de la intuición que le indican que debe prestar atención a otro aspecto de su existencia. El motivo para desestimar estas señales es que a menudo presagian cambios drásticos en la vida. Entonces surge un conflicto entre la razón, que está decidida a aferrarse a lo conocido, y la intuición, que quiere que sientas curiosidad por posibilidades inexploradas.

Esta encrucijada en la que chocan la razón y la intuición, la búsqueda de sentido y propósito suele cruzarse con algún tipo de crisis vital o de salud. Los psicólogos han bautizado a este punto de inflexión con el nombre de "crisis de la mediana edad", ya que solemos entrar en esta etapa de confusión después de los 40 años. Sus síntomas más evidentes son la depresión, la ansiedad, la sensación de desesperanza, el desapego de la vida ordinaria y la aparición de trastornos físicos y psicológicos crónicos.

Aunque muchas personas que conozco se consideran "intuitivamente sensibles", cuando se trata de tomar decisiones importantes que implican riesgo —y riesgo es la palabra clave—, admiten que son incapaces de dar el salto y seguir su intuición. Además, muchas de ellas creen que una vida con sentido es el ideal, pero pocos pueden alcanzarla sin pasar por algún tipo de prueba. Como tantas personas creen que una existencia con sentido se consigue a costa de todo lo que han adquirido en el mundo físico, les parece poco razonable que puedan alcanzarla a través de la guía intuitiva sin tener que arriesgar su seguridad material. La enfermedad es una de las duras pruebas que a menudo sirven de catalizador para atravesar este pasaje donde los valores están confundidos. Otra es la ruptura de un matrimonio o una crisis económica. A veces, es difícil saber si la crisis se ha producido porque la persona necesitaba seguir adelante o si la persona se dio cuenta durante la crisis de que, para curarse de la situación, tenía que tomar una decisión transformadora. En cualquier caso, lo que está claro es que a veces los acontecimientos toman decisiones por nosotros que, de otro modo, nunca habríamos sido capaces de tomar.

LA HISTORIA DE KAREN: EL DESPERTAR DE UNA MUJER

Karen tuvo la experiencia crucial de alcanzar un momento de despertar, de esa llamada trascendental de la gracia en la que se te presenta una decisión que te cambia la vida: o bien persigues tu propósito más profundo o te retiras a un lugar de desesperación aún más irremediable. Esta experiencia mística es casi visceral por su fuerza y claridad, así de inconfundible es la llamada divina a seguir tu camino interior. Karen me dijo que no habría estado dispuesta a cambiar nada de su vida sin la motivación de una crisis, aunque sabía que no era feliz. "Mi vida no estaba en buena forma antes de caer enferma, y lo sabía", dijo.

Sabía que estaba deprimida y que no hacía las cosas bien, pero, francamente, quería que otras personas mejoraran mi vida por mí. Cada vez me enfadaba más con mi existencia, le contaba a todo el mundo lo desastrosa que era mi economía y lo difíciles que eran mis hijos, con la esperanza de que alguien viniera a rescatarme. Entonces llegué a un punto en el que no podía salir de la cama, primero un día y luego el siguiente. Empecé a tomar antidepresivos. Finalmente acabé en un hospital. Durante toda la semana que estuve hospitalizada solo tuve una visita. Al principio sentí mucha lástima de mí misma, y luego me di cuenta de que siempre había sentido lástima solo de mí misma, y por eso nadie venía a verme. Empecé a pensar en mi vida, en lo que hacía, en el tipo de persona que era, y me di cuenta de que no tenía ningún propósito. Mis hijos eran casi adultos, pero los hijos no bastan. Yo seguía siendo yo y no sabía quién era ni por qué estaba viva. En ese momento supe que tenía que decidirme a tomar posesión de mi vida o esta se alejaría de mí para siempre. Ese fue mi momento decisivo. Empecé a buscar quién era yo realmente y cuál era mi lugar en el mundo en ese mismo momento, y de algún modo supe inmediatamente que lo lograría.

Nuestra necesidad de conectar con un sentido del propósito y del significado es esencial. Me he relacionado con muchas personas que consideran que el descubrimiento del sentido es su principal recurso interno de gracia curativa; casi podría decir que es nuestra necesidad más importante. Por lo tanto, es crucial que examinemos nuestra relación con la búsqueda mística de un propósito y con cómo configura nuestro viaje, no solo para nuestra curación, sino también para nuestra salud de por vida. Para ayudarte a relacionarte más íntimamente con este tema, aquí tienes algunas preguntas básicas por explorar:

¿Qué hace que conectar con mi significado y propósito sea una experiencia curativa?
¿Qué da significado y propósito a mi vida?
¿Cómo establezco personalmente esta conexión?
Me parece que no encuentro un sentido del propósito y del significado en mi vida porque _____ .

PODER: DESDE EL NIVEL BÁSICO HASTA EL SIGNIFICADO Y EL PROPÓSITO

Como he escrito con frecuencia, el poder es el ingrediente fundamental de la experiencia humana. Cada acción en la vida, cada pensamiento, cada elección que hacemos —e incluso como vestimos y si estamos sentados en primera clase o en clase turista— representa una negociación de poder, y participamos en ella en algún punto de la escala del poder que constituye la vida. El poder se expresa como la fuerza psíquica de la que eres más consciente: quién lo tiene, quién no lo tiene, con qué tipo de poder estás tratando, qué tipo de poder quieres y qué tienes que hacer para conseguir lo que quieres. La adquisición de poder manda en ti más de lo que crees. El poder se manifiesta de innumerables formas: físico, emocional, mental, psíquico y como el poder curativo de la gracia. Al igual que el hielo se funde para dar agua que luego se evapora, el poder sigue una dinámica de expresión similar, que va de burdo a fluido y a sutil. Tú eres un recipiente que contiene poder, y que estés controlado por un poder denso, que pese sobre tu cuerpo y tu mente como el hielo, o que fluya fácilmente a través de ti como una niebla llena de gracia, depende del refinamiento de tu conciencia interna.

¿Tiene el poder propósito y significado? No en y por sí mismo. Pero el poder, en todas sus innumerables expresiones, es el impulso que inicia todos nuestros movimientos en la vida, desde el poder de recibir o rechazar amor, hasta el poder de reconocer o negar el valor de otro ser humano, pasando por el poder de dar o destruir una vida. Cada una de nuestras biografías puede escribirse desde la perspectiva de nuestra relación y de nuestra historia con el poder. Y al escribir esa obra, podríamos abarcar todos los detalles de nuestra trayectoria vital, incluyendo a los que nos alentaron, nos ignoraron, nos inspiraron, nos humillaron, nos amaron, nos instruyeron y se hicieron amigos nuestros. Somos criaturas que prosperan con las múltiples expresiones del poder. Es nuestra sustancia común, tan común como el aire y el agua.

El impulso de dirigir nuestro poder hacia la expresión física —a través de la creatividad, la sexualidad, la comunicación y todos los demás medios que aseguran nuestra supervivencia— es primordial. Este poder tiene otros nombres, como fuerza vital, energía, *prana, chi* y, en el contexto occidental de lo sagrado, gracia. La sabiduría con la que utilicemos este poder influye en nuestra salud y en otros aspectos de nuestra vida, incluida la calidad de nuestras relaciones con los demás y con nosotros mismos, que quizá sea lo más importante de todo.

Nuestros sentidos intuitivos son otra expresión más del poder, que pasa de las manifestaciones obvias de las formas físicas, como el estatus, el dinero, las propiedades, el poder político y social, a la autoridad interna. El poder interno es el domino del Yo, un poder que es invisible, místico y no tiene valor práctico en la calle. Sin embargo, todos nacemos con la extraña sensación de que nuestro Yo interno es nuestro tesoro más valioso y poderoso. Lo bien que refinemos este poder interno determinará si las crisis externas de nuestra vida "nos harán o nos desharán", como suele decirse.

En una etapa temprana de nuestra vida, evaluamos lo que necesitamos a fin de adquirir y conservar el poder. Por ejemplo, sabemos instintivamente que debemos aprender a sobrevivir, así que el primer nivel de poder en el que nos afilamos los dientes es el poder físico. De acuerdo con el bien orquestado ritmo de la vida, la primera expresión de nuestra voz intuitiva es nuestro instinto de supervivencia, que nos comunica ciertas verdades básicas sobre cómo debemos interactuar, no solo con la vida, sino también entre nosotros, todo ello con el fin de aprender a gestionar la delicada fuerza de nuestro poder individual dentro del tejido social. Por ejemplo, recuerdo con claridad que, cuando era niña, veía a mis hermanos y otros niños del vecindario compitiendo por clientes para limpiarles de nieve el camino a su casa. Algunos de esos chicos solo tenían ocho o nueve años, pero ya tenían el instinto empresarial competitivo. No desafiaban el frío y las tormentas de nieve de Chicago porque sus padres les hubieran ordenado salir a ganarse unos dólares. Estos chicos competían ferozmente entre sí. Era una carrera hasta la línea de llegada, y esa línea de llegada era la primavera.

Nadie tenía que explicarles una regla de la vida que viene codificada en nuestro ADN tribal, un impulso que se abre paso automáticamente en nuestra conciencia cuando llega el momento adecuado. Simplemente sabían que tenían que jugar limpio entre ellos, que tenían que cumplir su palabra en todos sus negocios o el resto de los chicos se enteraría, y que, aparte de la humillación social que eso supondría, estaba muy mal faltar a la palabra dada. ¿Quién lo había dicho? Bueno, era algo que estaba presente. Y todos lo sabían, tal como todos lo sabemos. Nadie tiene que decírnoslo.

Nadie tuvo que decirnos nunca que faltar a la palabra dada era un uso inadecuado del poder o que robar el cliente de otro, desde los días en que limpiábamos la nieve en nuestra juventud hasta nuestra vida profesional madura, está mal. Todos nacimos sabiendo ciertas verdades sobre cómo vivir de forma cooperativa con los demás —en otras palabras, cómo gestionar nuestro poder de forma que no violemos el bienestar de los demás— y sabiendo que si cruzamos esas líneas de integridad, más vale que seamos capaces de dar una buena razón. Al igual que mis hermanos y sus amigos de hace años, nosotros también crecimos aprendiendo a sobrevivir en el ámbito físico de la vida y comprendiendo que la sociedad funciona mejor cuando todas las cosas se hacen por razones buenas y adecuadas. Aprendimos que todo lo que hacíamos tenía consecuencias; todo lo que decíamos, pensábamos y hacíamos ponía en marcha un sistema de poder del que éramos responsables. Todos hemos vivido alguna vez la experiencia de aprender estas reglas básicas del poder terrenal.

Pero, en la mayoría de nuestras vidas, llega un momento en que el poder básico deja de satisfacer nuestra sensación de plenitud. Entonces empezamos a redefinir nuestro concepto de poder, llevándolo a un nivel más sutil. El poder se convierte en la capacidad de gestionar nuestro tiempo, de dominar nuestro espacio y de expresar abiertamente nuestras necesidades. El poder se convierte en una sustancia interna, en una fuerza personal, en una expresión de autoestima. Esta toma de conciencia puede ser uno de los momentos más estimulantes y liberadores de nuestro camino espiritual, porque es la vía de acceso clásica al proceso de individuación. De este proceso surgen las preguntas sobre nuestro lugar en la vida, que despiertan inevitablemente el apetito de propósito y significado.

También es posible llegar a esta misma encrucijada donde se encuentran el poder y el Ser e interpretar ese momento como tu última oportunidad de conseguir lo que quieres antes de que la vida te obligue a tomar decisiones que te restarán poder. Por ejemplo, a menudo he escuchado a mujeres jóvenes comentar que quieren tener hijos, pero "todavía no". Todavía no están preparadas para renunciar a su realidad actual, en la que, como mujeres solteras, son libres de tomar decisiones, y que tendrían que soltar para siempre, al elegir la experiencia de la maternidad. En ese momento, los valores y prioridades de una mujer se transforman, pasando de los que están más orientados hacia una misma a los que están dedicados a otro ser humano. El amor de una madre por su hijo se convierte en algo que lo consume todo. Esto marca claramente un cambio en la relación de la mujer con el poder, ya que cuando se convierte en madre nunca puede volver a los valores de la mujer sin hijos. Su sentido del poder se manifiesta a través de expresiones que nunca antes habían estado activadas en ella, ni podían haber tenido poder alguno antes de que se convirtiera en madre. Por ejemplo, el arquetipo de la Madre Osa se convierte en un símbolo de poder muy real para una madre, que literalmente dará su propia vida por sus hijos y se enfrentará a oponentes tres veces mayores que ella cuando sus "cachorros" se vean amenazados. El poder de estas madres surge de una reserva terrestre muy arraigada a la que solo las Madres Osas tienen acceso, pero únicamente cuando lo necesitan de verdad. Por lo demás son mamás normales con una fuerza corporal normal.

En los raros casos en los que he conocido a mujeres que no se sentían cómodas en su piel de "madre", la mayoría han dicho que se convirtieron en madres demasiado pronto. No estaban preparadas para renunciar al poder de tener su tiempo y espacio, y atender primero a sus propias necesidades. Sobre todo, no estaban preparadas para renunciar al poder de ser lo primero en sus propias vidas, porque era precisamente ese poder el que les hacía sentir que tenían autoridad y control. Para ellas, el control personal y la libertad de elegir qué hacer y cuándo hacerlo representaban el tipo de poder definitivo, y todo eso se evapora con el nacimiento de un hijo.

Tal vez, como han comentado algunas, si hubieran esperado, habrían podido asumir las responsabilidades de la maternidad con menos resentimiento. Sentían que la maternidad precoz les había arrebatado la oportunidad de descubrir más sobre sí mismas, sobre quiénes podrían o deberían haber llegado a ser. La maternidad no las había empoderado, sino que las había hecho sentirse desempoderadas, como si hubieran sacrificado una parte no utilizada de su poder personal que nunca volverían a tener. Echaban de menos la oportunidad de algo mejor, pero ¿qué era ese algo mejor exactamente? Ninguna de ellas podía decirlo con exactitud, porque este viaje mítico del yo sobre el que reflexionaban iba más allá de la razón. Estaba claro que no se basaba en una falta de amor por sus hijos. Ninguna de ellas dijo que cambiaría a sus hijos por la libertad de aventurarse en lo desconocido. Para ellas, esta pieza perdida representaba una escapatoria de lo ordinario. Tenían la sensación de que no estaban "sincronizadas" con su destino, aunque todavía no se habían encontrado con circunstancias lo suficientemente graves como para cuestionar las limitaciones de sus actuales circunstancias. Pero, cualesquiera que sean las circunstancias, el encuentro con la encrucijada del sentido y el propósito es una cuestión de "cuándo es el momento adecuado", y ese momento a menudo lo introduce una crisis de salud o vital.

UNA MIRADA MÁS PROFUNDA AL SENTIDO Y EL PROPÓSITO

La búsqueda del sentido y el propósito es mucho más que una crisis de mediana edad, en la que uno se pone a buscar una segunda carrera u otra pareja romántica. Es un anhelo intrínseco de convertirse en una persona plena, liberada de los miedos que invaden el corazón y la mente, y se apoderan de su fuerza vital: miedo a la humillación, al fracaso, a la desaprobación, a la pobreza. Estos miedos te impiden, principalmente, ser honesto con respecto a quién eres, no solo con los demás, sino también contigo mismo. Estoy convencida de que el deseo más profundo dentro de cada uno de nosotros es liberarnos de las influencias controladoras de nuestra propia locura psíquica o patrones de miedo. Todas las demás cosas contra las que luchamos —el desdén de la vida ordinaria, la necesidad de controlar a los demás en lugar de ser controlados, el ansia de bienes materiales como medio de seguridad y protección contra los vientos del caos— son accesorios externos que sirven como sustitutos de la verdadera batalla, que es la que se libra dentro del alma individual.

Hasta que no te vuelves para enfrentarte a ti mismo, y afrontas tus miedos del tamaño de un dragón uno tras otro, no llegas a saber lo que significa estar empoderado y liberado al mismo tiempo. En pocas palabras, la vida con sentido surge de la elección de ser congruente con tu naturaleza intuitiva. Como los maestros espirituales han enseñado siempre, el lugar que buscas está dentro de ti.

Cuando afrontas las elecciones necesarias que cambian la dirección de la vida de "más de lo mismo" a un curso con significado y nuevas posibilidades, no todo el mundo puede llevarlo adelante y ser congruente. Por muy atractivos que parezcan el empoderamiento interior o la curación, tomar la decisión de pasar de estar enfermo o en crisis a estar en el camino de la transformación personal requiere valentía, porque a partir de ese momento se eleva el listón de la calidad de tus elecciones personales. En uno de mis talleres, un hombre al que llamaré Carl afirmó rotundamente que no quería ser "más consciente" que la gente que le rodeaba. Desde su punto de vista, eso suponía que la carga de comportarse de forma más consciente recaía siempre sobre sus hombros, mientras que "todos los demás pueden hacer lo que quieran y nunca pedir perdón. No estoy preparado para ser siempre el que perdona y el que busca el significado más elevado de las cosas. También tengo derecho a mi rabia y mi resentimiento, y no estoy dispuesto a dejar de sentirme herido cuando se pasen de la raya". Para asombro mío, el público aplaudió los comentarios de Carl. Entonces le pregunté si se sentía en conflicto, sabiendo que tenía suficiente conciencia para hacer una contribución positiva al problema en lugar de una negativa. Le señalé que infundir conscientemente energía negativa a una situación, conociendo las consecuencias, parecía una opción personal poco razonable.

—Sé que no es razonable pensar que elegiría deliberadamente ser negativo, especialmente con mi propia familia —respondió Carl—. Pero en esos momentos en que los ánimos se caldean, solo pienso en que quiero ganar la discusión o hacerles ver que no me aprecian. No estoy dispuesto a recompensarles siendo más consciente e indulgente que ellos. Eso solo sería una cosa más que ellos no serían capaces de apreciar de mí.

Para ser claros, el mayor conflicto de Carl provenía de que estaba profundamente sintonizado con su yo intuitivo, que anhelaba vivir de una forma más congruente. Vivía expectante, pensando en cómo sería su vida si su mujer se abriera a su nuevo interés por las artes curativas. Tenía éxito como vendedor de productos farmacéuticos y creía que la sanación complementaria podía ayudar a la gente mucho más allá que los medicamentos convencionales. Al mismo tiempo, su esposa consideraba que su interés no era razonable, porque veía ese campo como un montón de terapeutas sectarios que apenas podían obtener ingresos suficientes.

Los juegos de poder que caracterizaban el matrimonio de Carl eran el resultado de la negativa de su mujer a acompañarle a seminarios sobre desarrollo personal y sanación. Él estaba incubando una nueva visión para su vida y quería incluirla, pero poco a poco la estaba perdiendo de vista. Ella podía sentirlo, pero su forma de aferrarse a su unión en proceso de disolución era criticar todo aquello por lo que él se interesaba, en lugar de unirse a él.

Pude ver que Carl sufría constantemente porque sentía esa otra vida emergiendo dentro de él. Y no importaba lo que dijera o hiciera, o en cuántas discusiones se metiera o evitara, yo sabía que al final llegaría al punto de crisis y tendría que elegir entre su antigua vida y la nueva. Y más en concreto, su nueva vida acabaría eligiéndole, pero yo dudaba de que incluyera a su esposa.

No es nada fácil iniciar un cambio profundo, sobre todo cuando una crisis puede haberte dejado sin fuerzas o recursos personales. Por ejemplo, conozco a varias personas que tenían intuiciones muy claras sobre lo que debían hacer para curarse, pero no pudieron tomar esas decisiones. Un hombre que había desarrollado cáncer de colon, durante la recuperación de una primera operación, se dio cuenta de que si volvía a su trabajo sufriría inevitablemente un segundo ataque de cáncer. Durante el tiempo que pasó en casa estaba desesperado por dejarlo, y por eso se puso en contacto conmigo. Se sentía "asaltado" por la guía interna, pero era incapaz de actuar en consecuencia porque necesitaba saber exactamente qué hacer a continuación. La idea de dejar un trabajo sin tener nada a lo que recurrir le parecía aún más irracional que seguir una guía tan intensa que a menudo le despertaba por la noche. Tanto si esa guía era psicosomática, como si era su propia alma la que le advertía de que tenía que dejar una vida de desempoderamiento crónico, este hombre querido volvió al trabajo y falleció dos años después de un segundo episodio de cáncer de colon.

Sin duda, la gracia actúa con más eficacia precisamente a través de las elecciones que requieren más valor, pero que quizá sean las que menos sentido tienen porque son las que exigen más de tu alma. La búsqueda de sentido y propósito se convierte en una vía de sanación por lo que representa: una oportunidad para que hagas la transición a una base de poder interno.

LA SANADORA ELECCIÓN DE LA TRANSFORMACIÓN

Es rara la persona que puede traspasar el velo entre la vida ordinaria, consumida por cuestiones de supervivencia física, y buscar el camino empoderado del propósito y el significado, a menos que esté motivada por una crisis. La mayoría de las veces necesitamos que falle algún sistema de poder en el que confiamos antes de pasar a la acción. Hay varios tipos de crisis que se pueden calificar como una pérdida de poder: el fin de una relación que habíamos considerado duradera, la pérdida de un trabajo que creíamos seguro o una enfermedad grave. Mi experiencia como médica intuitiva me ha enseñado que, dado que nuestro poder está tan íntimamente relacionado con todos los aspectos de nuestra salud, desde el cuerpo físico hasta las creencias que tenemos sobre nosotros mismos o cómo vemos a Dios, y dado que la enfermedad y los accidentes son los que nos llevan a examinar nuestra propia mortalidad, el deseo de curarnos es el factor decisivo que puede abrir las compuertas a esa otra vida. Sé que esto es cierto por mi propia experiencia.

Hace años, antes de mudarme de mi casa en un barrio de Chicago, vivía en una zona llena de restaurantes étnicos, galerías de arte y cafés. No podía imaginarme viviendo en otro sitio. Entonces, de repente, todo dentro de mí llegó a un punto muerto. No tenía ni idea de lo que me había pasado, pero fue un golpe duro. Me volví casi disfuncional, apenas era capaz de levantarme por la mañana y ducharme. Un día, al despertarme, pensé: "Espero estar recordando esta vida y no estar todavía en ella". Entonces abrí los ojos y vi la pared azul de mi dormitorio —todavía no soporto ese tono particular de azul—, y me invadió la desesperación, pero no podía identificar por qué. Me di cuenta de que me estaba hundiendo en la depresión, un estado que nunca había experimentado antes. Me dijera lo que me dijera, no podía detenerlo. No podía recuperarme a mí misma, ni mi optimismo habitual, ni mi sentido de la esperanza.

Una tarde de ese verano salí a pasear con mi mejor amiga y le abrí mi corazón.

—Mi espíritu ha empezado a abandonar mi cuerpo —le dije—. Puedo sentirlo, he empezado a morir. Lo sé. Si no hago algo, tendré una enfermedad terminal.

Fui a ver a mi madre y le dije algo parecido, pero un poco menos dramático. También recé una oración preguntando a Dios: "¿Qué quieres?". Al poco tiempo, dos personas que había conocido poco antes en un taller que yo consideré un tanto extraño me llamaron y me invitaron a unirme a ellas en una aventura editorial. Esto requería trasladarme a un ciudad de 800 habitantes en New Hampshire, un estado que ni siquiera había visitado. Si hubiera tenido salud y cordura, es decir, si hubiera sido razonable, habría dicho que no. Me habría imaginado viviendo sola en una casa minúscula, en un pueblo ridículamente pequeño en medio de la nada, intentando montar un negocio con dos personas a las que apenas conocía. Y, con esa visión en mente, habría dicho: "No, gracias". Pero también sabía que me estaba muriendo, no literal sino energéticamente. Como he podido comprobar muchas veces gracias a mi trabajo, mucho antes de que el cuerpo se descomponga, el espíritu se va escapando centímetro a centímetro.

Sin pensarlo, les dije que sí. Fue una de las decisiones más irracionales de mi vida, completamente motivada por un deseo que ni siquiera sabía que llevaba dentro: el deseo de vivir. Este deseo, más fuerte que la voluntad generada por la mente consciente, procede directamente del alma. Es el que atraviesa el velo. No se puede negociar con esta fuerza. O te metes de lleno o no te metes. Y a menudo acabas exactamente donde nunca pensaste que estarías, si es que alguna vez pensaste en ello. Cuando le dije a mi tía más querida que me mudaba a New Hampshire, su respuesta fue:

—¿New Hampshire? Ah, sí, es uno de esos pequeños estados de Nueva Inglaterra. ¿Qué demonios? ¿Quién vive allí?

Yo misma estaba viviendo allí poco después.

Las personas que atribuyen su curación a conectar con una vida con más sentido y propósito relatan historias similares de encontrarse a sí mismas en aventuras que nunca podrían haber imaginado antes de enfermar. Antes de la enfermedad no tenían la capacidad suficiente para tomar el tipo de decisiones que ahora definen sus vidas. Como en el caso de tantas otras personas, sus enfermedades también representaron una ruptura de su relación con el poder, y al tener el valor de examinar sus decisiones y creencias, pudieron descorrer el velo y descubrir otro camino. Al compartir sus historias, añado comentarios sobre el modo en que nuestra relación con el poder afecta a nuestra salud y a nuestro concepto de lo que consideramos razonable.

LA HISTORIA DE PAUL: UNA TRANSFORMACIÓN HACIA LA SALUD Y LA RIQUEZA INTERIOR

Paul era el clásico hijo de los sesenta, alguien a quien le gustaba decir: "No recuerdo los sesenta, pero he oído que lo pasé bien". Paradójicamente, Paul dejó atrás aquellos años, se limpió de los residuos de las drogas y se convirtió en un hombre de negocios con mucho éxito.

—La informática era algo natural para mí —afirma—. Estaba en el lugar adecuado en el momento adecuado, una y otra vez.

Paul convirtió su capital informático en capital inmobiliario y acabó siendo un hombre muy rico.

—Mi vida era perfecta, pero, como en todas las historias perfectas, yo no dejaba de pensar: "¿Cuándo se va a acabar la fiesta?". Y entonces me salió un tumor en el pecho. Ni siquiera sabía que se pudiera tener un tumor ahí.

El tratamiento de Paul incluyó cirugía, quimioterapia y un largo periodo de recuperación. Las pruebas indicaban que el cáncer se había extendido y, aunque los médicos tenían esperanzas de que la quimioterapia consiguiera una remisión, no había garantías. El periodo de recuperación fue el comienzo de su examen de vida. Hasta entonces, todo había ido según lo previsto o incluso mejor. Se había rodeado de los más brillantes magos de la informática porque podía permitirse pagarles y le encantaban sus excéntricas personalidades. Todas sus inversiones eran rentables, ya fuera en bienes inmuebles, ideas o personal de oficina. El único lugar donde las cosas no funcionaban para Paul era en sus relaciones íntimas. Después de tres fracasos matrimoniales, se encontró recuperándose del cáncer en una casa vacía. A pesar de su éxito como informático y hombre de negocios, Paul fracasaba estrepitosamente en los asuntos del corazón.

—Para ser sincero, no respetaba las emociones ni los sentimientos —dijo—. Me irritaban y siempre me hacían sentir manipulado. Si miro atrás y veo quién era yo en los años sesenta, tengo vagos recuerdos de hablar siempre de mis sentimientos y poco más. Pero me cerré a eso cuando decidí que ya era hora de ponerme a trabajar, porque los sentimientos no producen beneficios; más bien interfieren con ellos. Vivía según el credo de que los sentimientos nublaban mi juicio y, si alguien se ponía sentimental, como tenían que hacer todas mis ex mujeres para llamar mi atención, le tachaba de histérico. Las volvía locas. Ahora lo veo, pero también veo que se trataba de mantener mi posición como una figura de poder impenetrable. No podía soportar que pensaran en mí como una persona vulnerable. Las mujeres son vulnerables, los niños son vulnerables, los empleados son vulnerables, pero yo no.

A veces, hace falta el comentario adecuado, pronunciado por la persona adecuada en el momento preciso, para iniciar un cambio profundo. En el caso de Paul, su principal cerebro informático, Sam, hizo exactamente esto. Una tarde, Sam fue a visitarle y le preguntó cómo le iban las cosas. A lo que respondió:

—Van bien.

Entonces Sam le dijo:

—Oye, ¿por qué crees que tienes un tumor en el pecho? ¿Crees que es porque tienes mucho espacio extra ahí dentro? Quiero decir que eres como el hombre de hojalata en *El Mago de Oz,* ¿cierto?

Según recordó, la canción "If I Only Had a Heart" [Si tuviera un corazón] empezó a sonar en su cabeza una y otra vez. Se preguntaba si la gente le veía así, como un hombre mecánico y sin corazón. Cuanto más reflexionaba sobre ello, más se daba cuenta de que le aterrorizaban sus emociones y estar cerca de los demás. Toda su definición del poder se basaba en ser un "ordenador humano". Unos días después, comunicó a su equipo que necesitaba un periodo a solas. Desconectó el teléfono y dedicó su tiempo a reflexionar sobre una pregunta: "¿Cómo me siento con respecto a mi vida?". Se dio cuenta de que se sentía solo, vacío y aterrorizado ante la idea de morir en soledad.

—Nunca olvidaré ese momento —me dijo—. Estaba mirando el mar por la ventana, pensando en que quizá no estaría mucho más tiempo aquí. Miré mi casa, grande y bien equipada, y pensé: "Tengo todo esto y nada de ello puede ayudarme ahora. ¿De qué demonios sirve?". De repente, sentí como si me dieran la oportunidad de convertirme en otro tipo de persona, de volver a ser humano, o quizá de ser humano por primera vez. Es la única manera que tengo de explicarlo. Empecé a llorar de pena. Los recuerdos de todos los sentimientos heridos de mis matrimonios previos surgieron en mí como un ataque de náuseas. Vi las caras de mis exmujeres, todas ellas intentando salvar nuestro matrimonio. Me di cuenta de lo mucho que me querían, aunque no entendía por qué.

La culpa que sentía casi me paralizaba. No podía dejar de llorar, afligido por haber abusado de ellas con tanta facilidad y por cómo había racionalizado mi comportamiento en aquel momento. Me daba permiso para hacer lo que quisiera porque yo era el que ganaba mucho dinero y pagaba todas las facturas. Les decía: —Si no te gusta estar aquí, márchate.

Y, por supuesto, se iban. Entonces me decía a mí mismo que no me importaba, porque alguien con dinero siempre puede en-

LA SEGUNDA VERDAD

contrar otra pareja. Pero no siempre se puede volver a encontrar el amor, o a alguien que esté ahí cuando te ha invadido el cáncer.

Durante ese periodo de silencio, Paul hizo un nuevo plan para su vida. Decidió contratar a un nuevo presidente de la empresa para tener tiempo de preguntarse: "¿A dónde voy a partir de aquí?". Entre otros cambios personales, Paul se volvió más accesible y respetuoso con su personal. También se volvió más respetuoso con la vida en general, viéndola no como algo que le servía a él, sino como algo a lo que estaría agradecido de servir, si recuperaba la salud. Paul vertió tanta dedicación a descubrir su vida interna como la que había dedicado a la tecnología informática y al diagnóstico.

Hoy su salud está mejor que nunca, al igual que sus relaciones. Ve el mundo como un lugar al que dar y no del que tomar, un lugar de belleza y maravilla vivientes, no solo de ventas potenciales. No podría haber imaginado nada de esto antes de su enfermedad. Para él eso habría estado más allá del análisis racional. Paul sigue teniendo éxito material, pues ha descubierto que una vida con sentido no requiere un voto de pobreza. Ahora hacer cosas por los demás forma parte de su vida profesional tanto como ganar dinero:

—Detesto decir esto, pero encajo en el persona de Scrooge [el avaro del Cuento de Navidad, de Charles Dickens] y no solo en el del Hombre de Hojalata —me dijo—. Creo que se me mostró mi futuro potencial y se me dio la oportunidad de curarme, pero para ello tuve que convertirme en una persona generosa y cariñosa. Ahora pienso constantemente en ello, porque, si esas fueron las condiciones en las que me curé, ¿qué dice eso sobre la esencia de este universo? ¿Es este universo, es Dios, esencialmente amor? Para mí, la respuesta es sí, y esa es la mayor verdad "más allá de la razón" que ha surgido de mi viaje personal.

LA HISTORIA DE ANN: UNA CRISIS DE GESTIÓN PERSONAL

A menudo imaginamos que la abundancia económica nos da libertad para tomar decisiones liberadoras. Al mismo tiempo, mucha gente ve la adquisición de riqueza como el antagonista de la conciencia, asumiendo que el individuo que se centra en el dinero carece de espiritualidad, una asociación que proviene de una creencia profundamente arraigada de que para ser buena persona, uno no puede aventurarse en asuntos económicos. Nuestra cultura nunca ha llegado a un acuerdo con sus creencias contradictorias sobre Dios, el dinero y la abundancia. En la mayoría de las personas que he conocido por mi trabajo existe alguna variante de este conflicto, independientemente de su nivel de comodidad material. Sin duda, puede ser un factor importante a la hora de dar el salto hacia la congruencia con su yo intuitivo, lo que para mí define la vida con sentido.

He tenido conversaciones con muchas personas que, aunque se enfrentan a graves crisis de salud o de vida, permanecen en una situación tóxica debido a los miedos con respecto a su economía. A veces, hay que tomarse en serio los asuntos de dinero, por supuesto, pero a menudo la gente está tan poseída por su necesidad de seguridad física que empiezan a creer que la opción más razonable es la menos arriesgada. Una de las principales razones por las que la gente no se cura es que solo buscan los caminos más seguros para recuperar su salud, a pesar de que la auténtica curación rara vez toma un camino seguro. Por seguro me refiero al camino que introduce la menor cantidad de cambios en el ámbito externo de la vida. Pero, a menudo, la curación es una experiencia de todo o nada, incluso si ese todo o nada se expresa como un cambio en las dinámicas tóxicas de ciertas relaciones. Es decir, no deberías ver el hecho de estar más en armonía con tu naturaleza intuitiva como algo que depende de la seguridad económica o de lo bien que otros puedan recibir tu despertar a una vida emocional sana. Muchas personas creen que, si primero se sienten seguras económicamente, entonces podrán "permitirse" escuchar su intuición. Solo entonces podrán averiguar lo que realmente deben hacer en esta vida. Sin embargo, el dinero es irrelevante para tu capacidad de interactuar con el mundo que te rodea a través de valores que te den poder y estén alineados con la verdad.

No tienes que tener el dinero para irte de casa, ni disponer de medios inagotables, para experimentar la profunda transformación mística de la que hablo aquí. Ese momento de iluminación interior puede llegar, y de hecho llega, a muchas personas que permanecen con sus familias y, como resultado de su extraordinario viaje personal, todos son agraciados. Este fue el caso de Ann, que sufría un dolor de espalda incapacitante. Para aliviar el dolor, se sometió a una intervención quirúrgica en la columna, que desgraciadamente no sirvió de nada. Su curación no se produjo hasta que fue capaz de transformar su necesidad de ser la fuerza controladora en su entorno familiar y laboral. Y en este proceso descubrió el "significado de lo que es significativo", como ella dice.

El primer lenguaje de Ann era el control y, como tenía estilo y carisma, sus métodos eran especialmente difíciles de cuestionar. Siempre se encargaba de organizar todo y a todos, y como la mayoría de la gente prefiere que la organicen a organizar, en general era una fuerza bienvenida. Ann trabajaba como jefa de personal en unos grandes almacenes y consideraba que su verdadera ocupación consistía en imponer sus opiniones a todos los empleados.

En casa, Ann era aún más controladora con su marido y sus hijos, insistiendo en que la casa funcionara a su manera y según su horario. No era ni física ni verbalmente abusiva, pero tampoco era accesible a la hora de negociar las normas del hogar. Cuando sus dos hijos se convirtieron en adolescentes rebeldes, la familia de Ann empezó a desmoronarse. Parecía como si los tres varones, su marido y sus dos hijos, se hubieran declarado en huelga al mismo tiempo. No importaba lo que dijera, ya nadie la escuchaba, y pronto se descubrió impotente.

Su dolor de espalda había comenzado cuando sus hijos eran pequeños, pero no fue hasta que llegaron a la adolescencia y empezaron a quedarse fuera toda la noche cuando alcanzó el nivel de crisis. En ese momento, su matrimonio se había convertido en poco más que dos personas que compartían una casa y las facturas hasta que los niños tuvieran edad suficiente para marcharse. Finalmente, Ann se sometió a una operación de disco que la dejó prácticamente inútil durante su recuperación en casa. Seguía dando órdenes desde la cama, y se encontraba hirviendo de frustración por la lentitud con que sus hijos respondían a sus instrucciones sobre cómo cuidar la casa y preparar las comidas. Una noche, estalló contra su hijo mayor:

—¡No soporto cómo me tratas! ¿No te das cuenta de lo indefensa que estoy?

En medio de un suspiro, él respondió:

—¿Y tú no te das cuenta de que papá te va a dejar? ¿De que has destrozado nuestro hogar? ¿No te das cuenta de que nosotros tampoco podemos soportar estar aquí?

Ann dijo que su comentario le llegó al corazón. Sintió que se hacía añicos por dentro, como si un cristal se rompiera dentro de ella:

—Dios mío, Stephen —dijo—. ¿Qué he hecho?

"En ese instante vi a mi familia como lo más valioso de mi vida", dijo Ann. "Me di cuenta de que tenía tanto miedo de perderlos que los había atado a reglas y normas para que no se alejaran de mí, y ahora querían huir tan rápido como pudieran.

Le pedí a mi hijo que se sentara y hablara conmigo, que me contara sus sentimientos. Su hermano entró unas horas más tarde, y luego mi marido. Acabamos hablando toda la noche. Mi marido y mis hijos me prepararon el desayuno en la cama y todos lloramos esa mañana, como si nos hubiéramos encontrado por primera vez. Sentí como si me liberaran de un lugar oscuro, como si hubiera estado bajo un hechizo que solo me hacía ver abandono por todas partes. Había estado utilizando toda mi energía, todo mi poder, controlando a todo el mundo para no estar nunca sola, y de repente mi soledad iba a ser completa. El impacto de esta comprensión me abrió de par en par. Me dije a mí misma que nunca volvería a hacerles eso a mis hijos o a mi marido, y lo dije en serio. Me liberé de una oscura forma de ser que me controlaba como a una marioneta. Ahora había desaparecido y sabía que estos tres hombres eran las personas más preciadas del mundo para mí".

El dolor de espalda de Ann empezó a mejorar con mayor rapidez en las semanas siguientes. Renunció a su trabajo con la intención de buscar otro, porque le apetecía empezar de nuevo. Como parte de su curación, Ann se adentró en el mundo del yoga, la acupuntura y la medicina energética. Ahora está pensando en volver a la escuela para estudiar medicina alternativa, algo que nunca se habría planteado antes de su crisis de salud.

—No me interesaba en absoluto la medicina —dijo—, pero, aparte de eso, ¿qué posición de autoridad podía ofrecerme el campo de la salud? Yo era una persona, y quizá lo siga siendo un poco, que se mueve por la necesidad de triunfar en el mundo exterior. Antes pensaba que mi familia solo debía sentir gratitud por mi ambición y el apoyo económico que aportaba. Los veía como poco razonables y poco agradecidos. Ahora me pregunto en qué estaba pensando o qué sentía para considerar que solo mi vida era importante. Es increíble lo razonable que puedes hacer que parezca algo que, de hecho, es extremadamente irracional, solo porque te conviene en ese momento.

La espalda de Ann no está totalmente recuperada, pero le parece que está mucho mejor que si no hubiera cambiado.

—Ya no estoy agarrotada, enfadada, tensa ni preocupada constantemente por salirme con la mía —concluye—. Toda esa presión ha desaparecido y mi espalda lo sabe. También sé que nunca habría entendido de qué me estabas hablando si antes hubieras intentado razonar conmigo sobre la tensión y el dolor de espalda, porque sencillamente no habría querido entenderlo. No estaba preparada. Tienes que estar preparada para vivir más profundamente. No es algo de lo que se pueda hablar sin más. Fue necesario un dolor insoportable para que estuviera dispuesta a examinar mi camino de vida.

TU DIARIO PERSONAL: EXPLORAR EL SIGNIFICADO Y EL PROPÓSITO

Al igual que le ocurrió a Ann y a otras muchas personas, el descubrimiento de una vida rica y con sentido siempre ha sido el producto de una "búsqueda", no un regalo o algo dado. Nosotros decidimos hasta qué punto queremos comprender los acontecimientos y las relaciones que llenan nuestra vida. El sentido y el propósito se obtienen a través de las preguntas que nos hacemos sobre por qué hacemos lo que hacemos. Y más allá de las preguntas, debemos trazar un curso de acción que exprese de forma física las verdades más profundas sobre nosotros mismos que articulamos en ejercicios como estos. No basta con "vivir sobre el papel" o vivir en nuestros pensamientos. La curación o la transformación deben pasar del pensamiento a la forma, de la idea a la acción. Demasiadas personas permanecen en el mundo de la forma-pensamiento porque da la apariencia de un cambio, pero en realidad nada cambia nunca sin la segunda parte de la ecuación, que es la elección valiente. Considera las siguientes preguntas como ejemplos de los temas sobre los que deberías reflexionar para contemplar lo que da sentido y propósito a tu vida. Reserva una parte de tu diario y proponte volver a plantearte estas preguntas a lo largo de días o meses, mientras continúas leyendo. No te apresures a responder, y prepárate para que las preguntas cambien a medida que las abordas desde perspectivas nuevas.

Observa cómo pasas el tiempo durante el día: ¿cuánto de lo que haces contribuye a dar significado a tu vida? Específicamente, ¿qué hay en esa ocupación que genera una sensación de propósito?

Si lo que haces no tiene sentido para ti, tendrás que decidir cómo seguir adelante, empezando por preguntarte: "¿Qué necesito dar a los demás en esta etapa de mi vida para sentirme útil?".

Haz una lista de tus prioridades en la vida y, a continuación, deja a un lado esa lista y escribe la lista que rige tus actividades: trabajo, horarios, reuniones. ¿Cuántas veces dices: "Me encantaría hacer esto si tuviera tiempo"? Nombra las cosas que te encantaría hacer si tuvieras tiempo e incluye a las personas con las que pasarías ratos.

¿Hacer lo que te gusta y estar con personas que amas mejoraría la calidad de tu vida? Muchas personas posponen tomar tiempo de sus apretadas agendas para comer o cenar de vez en cuando con sus seres queridos o con viejos amigos, diciéndose a sí mismas que no es práctico o razonable, dada su carga de trabajo. Pero, precisamente, esa es la razón por la que deberías realizar estos actos de amor. Cuestiona esa voz de la razón que siempre te dice que evites lo espontáneo e intuitivo. Escucha y sigue esa voz intuitiva de vez en cuando. Aprende a confiar en ella.

Escribe a dónde te lleva tu imaginación cuando piensas en tu vida. Imagina otra vida presionando contra el fino velo que separa tu yo razonable de tu yo salvaje e irrazonable, la persona que imaginas que serías "si solo...". ¿Si solo qué? ¿Qué imaginas? ¿Qué puedes sentir en esa órbita de posibilidades que rodea tu cuerpo físico? Es muy posible que pienses: "Oh, nunca podría hacer eso, en realidad no", porque lo que imaginas te parece poco razonable. Pero ¿quién conoce a la persona que se esconde dentro de ti, la persona que aún tiene que ser puesta a prueba o liberada en esa búsqueda arquetípica de propósito y significado?

Si te has visto inspirado a reflexionar sobre el sentido de tu vida a causa de una enfermedad, piensa en esa enfermedad como un tránsito que ha roto todas las conexiones con las heridas y la negatividad del pasado. Tu atención debe centrarse en el presente, en quién eres hoy y en lo que tienes que aportar como fuente de sabiduría creativa en el mundo.

Reflexiona sobre todo lo que has aprendido en la vida, no sobre lo que has hecho mal o quién te ha hecho daño. La sabiduría es el ingrediente clave. Colecciona tu sabiduría en tus oraciones y meditaciones, como recoges manzanas en una cesta. Y luego imagina que se despliega un camino hacia la mejor forma de utilizar esa sabiduría. Alimentar esta visión espiritual crea una alquimia interior que favorece la curación del cuerpo físico.

La búsqueda de una vida con sentido tiene muchas formas de expresarse y muchas motivaciones. La enfermedad y las crisis personales son solo dos de las razones que pueden motivarte a reconsiderar el propósito, los valores y la dirección de tu vida. Esta búsqueda, como atestiguan las historias de Paul y Ann, puede adoptar muchas formas. Sin embargo, el tipo de búsqueda más ardua, con diferencia, es la que san Juan de la Cruz reveló en su célebre obra *La noche oscura del alma*. Para muchos, la experiencia de enfermar y el largo camino hacia la recuperación han servido como una especie de "noche oscura". Para algunos de ellos, esa noche oscura fue exactamente lo que necesitaban para sanar. Este es otro de esos "misterios místicos" que van más allá de la razón, y será el tema de nuestro próximo capítulo.

Capítulo IV

LA TERCERA VERDAD

Navegar valientemente la noche oscura del alma

He escrito mucho sobre los arquetipos y el papel que desempeñan en nuestra vida. Aunque suelo hablar de los arquetipos como personificaciones de ciertos patrones de las actividades e identidades humanas —como el Niño, la Madre, el Guerrero, el Héroe, la Víctima y el Saboteador—, también los veo, como hizo Carl Jung al describirlos por primera vez, como fuerzas impersonales, como el Bien y el Mal o la Muerte y el Renacimiento. Todos los viajes universales de la vida incluyen a los arquetipos de la Muerte y el Renacimiento, así como el Viaje del Héroe. El viaje de la curación no es una excepción. Al igual que en los demás viajes, el individuo que busca curarse es un iniciado que espera optar a una vida renovada y que es guiado inconscientemente a través de una progresión natural de etapas. El viaje comienza con la necesidad de encontrar una explicación lógica a una enfermedad o crisis. A medida que la enfermedad o la crisis se hacen más reales, es decir, a medida que la enfermedad o la crisis empiezan a infiltrarse en el mundo ordinario de la persona, esta empieza automáticamente a pensar en lo que tiene un valor genuino; en esta etapa emocional es cuando el examen del sentido y el propósito se hace más significativo. Al final, la experiencia de la enfermedad o la crisis penetrará incluso más allá, más allá de la mente y el corazón. En algún momento, cada persona entrará en la fase esencial del proceso de curación que se describe de manera óptima como "la noche oscura del alma". La mayoría de las personas que he conocido que se han curado de una enfermedad o han superado una crisis vital no solo han experimentado una noche oscura, sino que también han encontrado la forma de atravesar este angustioso trance. Todas estas personas se encontraron en las profundidades de una honda oscuridad interior, sintiéndose completamente desamparadas y abandonadas. Todos encontraron una salida o, como algunos han dicho, se les mostró una salida. Al describir esta etapa, un hombre llamado Roger, enfermo de cáncer, dijo que, para él, el peor momento del día era la tarde, cuando el sol empezaba a ponerse y la gente se iba a casa. Hacía tiempo que tenía la costumbre de salir con los amigos después del trabajo, pero ya no podía hacerlo debido a su enfermedad. Su depresión se sentía más opresiva por la noche, como si el vacío y la desesperación se hubieran convertido en sus compañeros de cena.

Una noche, Roger empezó a llorar, diciéndose a sí mismo: "Ya no puedo hacer esto". Entonces oyó una suave voz que decía: "Sí, puedes curarte de esta enfermedad". No sabía de dónde venía la voz, pero al instante se sintió tranquilo, centrado y por primera vez en contacto con un sentimiento de esperanza.

—Me aferré al sentimiento de esperanza con todas mis fuerzas y cada día era más fuerte —dijo—. Seguí viviendo esa experiencia una y otra vez. Sabía que esa voz no procedía de mí, de mi propia mente. Venía de otro lugar, quizá del cielo. Todo lo que sé es que una vez que tuve esperanza y practiqué mi propia versión de la espiritualidad, dejé de sentir lástima de mí mismo. Dejé de luchar contra lo que me estaba pasando.

Y después de un tiempo empecé a sentirme mejor. Nadie esperaba que mi cáncer se curara, pero remitió y desde entonces estoy bien.

A menudo oigo a la gente hablar de pasar por una noche oscura. Es una frase común que mucha gente utiliza cuando describe cómo es soportar, por ejemplo, un estado prolongado de depresión o aislamiento. La mayoría de estas personas, incluidas muchas de las que conocí en el transcurso de mi investigación sobre la sanación, desconocían que el término "noche oscura" se refiere a una experiencia de transformación expresada por primera vez en un poema homónimo del místico español del siglo XVI san Juan de la Cruz. En realidad, da lo mismo haber oído una referencia a la frase y no recordarla o haberla absorbido del inconsciente colectivo, lo cual es posible ya que la "noche oscura" se ha convertido en un arquetipo de la transformación del alma. El hecho de que tantas personas utilicen ahora esta expresión mística para describir sus crisis psicológicas o personales no me sorprende, porque dicha experiencia, que antaño se encerraba entre muros monásticos, ha evolucionado hasta adaptarse a la conciencia de nuestro tiempo. Sin embargo, es importante tener en cuenta que las crisis emocionales y psicológicas que caracterizan el camino místico pueden parecerse mucho al estrés psicológico ordinario, aunque la orientación que necesita quien está en ese camino es bastante específica. Mientras que la depresión clínica a menudo se trata con terapia y medicación, medicar la crisis espiritual de la noche oscura sería contraproducente en extremo. La noche oscura no es una experiencia que deba "tratarse", más bien debe examinarse y entenderse como una progresión de autorrealización e iluminación, en el sentido más profundo, de lo que significa llegar a conocer nuestro propio ser interno.

Varios factores han influido en que la noche oscura del alma se haya convertido en parte del tejido de la "cultura de la conciencia". En primer lugar, nuestra cultura se ha abierto espiritual y psicológicamente, y perseguimos nuestro desarrollo interior con vigor. También es importante el hecho de que ahora tenemos fácil acceso a la literatura de todas las tradiciones, antes reservada a unos pocos. Y hemos introducido en nuestra vida práctica espiritual muchas formas de meditación y yoga que antes estaban restringidas a practicantes serios en *ashrams* y monasterios. Todos estos cambios sociales reflejan una sociedad que ha despertado a su vida interior.

Sin duda, una de las principales razones por las que la experiencia mística se ha abierto camino en nuestra cultura contemporánea guarda estrecha relación con la orientación centrada en la curación del movimiento de la conciencia humana. En los últimos 50 años, muchos de los que buscaban formas más conscientes de curarse estaban interesados en aprender a canalizar el poder curativo para poder sanarse a sí mismos o a otros. Aunque muchas personas estaban motivadas por un genuino interés y pasión por la curación, cruzar este umbral hacia el misterio del Ser interior, incluso por el bien de la curación, era también un tránsito hacia el alma. Pocos, hay que decirlo, estaban interesados en buscar la curación porque era un camino hacia la iluminación mística. No obstante, esta necesidad de experimentar la capacidad de curar elevó el interés por la curación hasta el nivel de aprender cómo funciona estar en armonía con las leyes místicas, así como con las leyes físicas. Y fue precisamente este "desbloqueo" de las leyes místicas lo que requirió profundizar en nuestra espiritualidad colectiva, individuo por individuo, grupo por grupo, nación por nación. El buscador, aunque buscaba el conocimiento sobre la curación, sin saberlo también estaba llamando a la puerta de la transformación mística.

En una experiencia mística, el individuo traspasa las puertas de la razón y entra en un encuentro directo con la naturaleza de Dios. Asimismo, el deseo de canalizar el poder de curar eleva la experiencia del sanador a niveles místicos. El curandero invoca a una fuerza divina —una fuerza que está más allá de la razón— para que interfiera con las leyes de la naturaleza en favor de la persona que necesita sanar. La persona más conocida por realizar este tipo de curación es Jesús, el mayor curandero cósmico de la historia.

La creencia de que el espíritu que llevamos dentro es capaz de regenerar el cuerpo físico está basada en la verdad. El espíritu puede sanar el cuerpo, la mente y los asuntos del corazón. No solo puedes curarte a ti mismo, también puedes canalizar la gracia curativa hacia otro. El modo en que se produce esta curación es una mezcla de misterio y "razonamiento místico", con lo que quiero decir que la curación puede entenderse como la consecuencia natural de alimentar una conciencia espiritual. Tenemos que darnos cuenta de que existe un orden natural en los sistemas de vida que es esencialmente armonioso; las leyes que rigen el universo son constantes y funcionan de acuerdo con un código de armonía y equilibrio. Estas leyes rigen dentro de nosotros y a nuestro alrededor, tanto a nivel microcósmico como macrocósmico.

En la esfera de la curación, cuando reconoces las leyes que te gobiernan y entras en armonía con ellas, el resultado es el equilibrio. Y ese equilibrio fomenta un sistema más sano dentro de ti, hasta tal punto que puedes recuperar la salud. El misterio es que, como he visto, en algunos casos la gente es capaz de recuperarse completamente, incluso después de que la medicina convencional haya declarado que sus enfermedades no se podían curar. Esto se debe a que los médicos trataban la enfermedad de fuera adentro, en lugar de hacerlo de dentro afuera.

En cierto sentido, eso es todo lo que pueden hacer los médicos, porque ningún médico puede controlar la forma en que una persona atraviesa la noche oscura del alma o se enfrenta a ciertos obstáculos como el perdón o la ira. Estas son las "incógnitas interiores" que los médicos y terapeutas no pueden calcular, como tampoco puede hacerlo el paciente. Si preguntas a la gente cuánto tardará en perdonar a alguien, la respuesta más probable será: "No lo sé". Este elemento de misterio añadido al razonamiento místico permite que se produzcan curaciones extraordinarias, porque el espíritu genera de forma natural la gracia para curar el cuerpo físico, del mismo modo que es natural que el cuerpo active su propio sistema de curación cuando sufre una crisis.

El viaje de curación, por tanto, consiste en gran medida en lograr el equilibrio para permitir que fluya la gracia. Nos preparamos para esa gracia curativa de un modo similar a como el sanador herido arquetípico se prepara para curar a los demás, recibiendo primero una herida que lo moldea. La experiencia de la noche oscura es una herida que prepara el camino.

EL VIAJE CURATIVO DE LA NOCHE OSCURA

Para apreciar el viaje formativo de la noche oscura como parte de tu curación personal, necesitas comprender su estructura básica. El escenario que llevó a Juan de la Cruz a componer su poema "La noche oscura del alma" fue probablemente también el catalizador de su transformación mística. Y es el símbolo del tipo de crisis vital, que es una de las más aterradoras de afrontar: sentirse impotente en una circunstancia que sabes que es completamente injusta. Juan de la Cruz (1542-1591) fue un carmelita español que, a la edad de 25 años, ejerció de di-

rector espiritual de santa Teresa de Ávila. Teresa hizo partíci-
pe a Juan de su visión de reformar la Orden de los Carmelitas
de España, pero sus intentos de reforma provocaron la ira de
sus superiores. En diciembre de 1577, tras negarse a seguir las
órdenes de sus superiores, pero probablemente debido a sus
intentos de reformar la vida dentro del Carmelo, Juan fue hecho prisionero y encarcelado en Toledo. Allí lo metieron en un
espacio de poco más de un metro por dos, debajo de una es-
calera, un espacio que antes había sido utilizado como letrina.
Le sacaban a diario para golpearle delante de la comunidad durante la comida del mediodía, le hacían pasar hambre, le humi-
llaban y le obligaban a soportar el frío sin ropa suficiente. Este
tormento se prolongó nueve meses antes de conseguir escapar
y buscar refugio en el convento de Teresa.

Durante su encarcelamiento, hambriento, magullado y casi
muerto, Juan de la Cruz atravesó su desesperación en un momento de iluminación, comprendiendo que tenía que trascender sus circunstancias rompiendo su conciencia ordinaria o, de
lo contrario, sería consumido por el peso de la injusticia y la
tortura. Como místico católico, esto significaba que tenía que
elegir el amor y el perdón en presencia del odio opresivo, para
no ser destruido él mismo por el odio. Reconociendo que era
incapaz de alcanzar tal intensidad de amor por sí mismo, Juan
rezó para llenarse del amor de Cristo. De algún modo, experimentó una profunda apertura al amor en medio de la desesperación, la injusticia y la angustia personal.

Durante este tiempo escribió su *Cántico espiritual*, basado en el *Cantar de los Cantares* bíblico, en el que expresa su
amor por Cristo utilizando la metáfora del amor mutuo entre
una novia —el alma— y un novio —Cristo—. Lo compuso en
papeles que le pasaba de contrabando uno de los frailes que
le custodiaban. Algunos años después de su fuga, Juan escri-

bió su famoso poema "La noche oscura del alma", así como un extenso comentario sobre el poema —aunque inacabado en el momento de su muerte—, en el que detallaba la progresión de la noche oscura e identificaba los signos que indican cuándo se está entrando en ella. Aunque Juan escribió hace 500 años sobre un viaje profundamente místico, la plantilla arquetípica que él describe sobre cómo y por qué un individuo experimenta la noche oscura permanece intacta, en particular para aquellos que han buscado activamente cualquier forma de curación interior o un camino espiritual personal.

Cuando aplicamos la plantilla de la noche oscura del alma a la curación, se convierte en un brillante mapa místico que distingue claramente entre el dominio del ego y el alma. Esta misma hoja de ruta también proporciona una forma de entender la dinámica de la curación. La diferencia entre el dominio de los sentidos y el del alma, tal como los describe Juan de la Cruz, es paralela a cómo nuestro ego se ahoga en la experiencia de la humillación y cómo el alma toma esa acción y examina cómo nos da el deseo de hacer sufrir a otra persona porque nosotros hemos sufrido. En las profundidades de nuestra alma descubrimos nuestra verdadera fuente de dolor, que es nuestro deseo de causar dolor porque hemos experimentado dolor. Nos sentimos con derecho a una recompensa por haber sufrido y, si esa recompensa no llega, ya sea en forma de trato especial, de reconocimiento o de una vida facilitada de alguna manera con ciertos privilegios, entonces haremos sufrir a alguien por la falta de esos derechos. E incluso, si conscientemente no queremos hacer sufrir a otro, encontraremos igualmente a alguien a quien castigar, porque del dolor esperamos ser recompensados, esperamos reconocimiento. Y si no se nos da, castigaremos a alguien; oh, sí, lo haremos.

En los vastos, profundos, secretos y silenciosos recovecos de nuestra alma descubrimos por qué: ¿por qué deseamos hacer sufrir a otro, transferir nuestro sufrimiento a otro? ¿Por qué estamos obligados a transmitirlo a otra generación, de padres a hijos, de nación a nación? El ego no puede abordar esta cuestión. La noche de los sentidos, la noche del ego, solo nos dará razones que justifiquen nuestras acciones. Para curarnos de verdad, debemos ir más allá del ego y adentrarnos en las profundidades de nuestra alma, en nuestras oscuras pasiones, examinando el origen de nuestras acciones y elecciones en la vida. Ver cómo la obra de Juan distinguía entre el dominio de los sentidos y la acción, y el reino del alma y sus pasiones, levantó el velo de un misterio que yo llevaba años explorando.

LA NOCHE ACTIVA: EL DESMORONAMIENTO DE LOS SENTIDOS (EGO Y RAZÓN)

La noche oscura del alma se desarrolla en dos etapas: la noche activa y la noche pasiva. Cada etapa se distingue por sus características y su finalidad. Juan de la Cruz describe la "noche activa" como una experiencia durante la cual se quebrantan los sentidos físicos. Por sentidos se refiere a las fuerzas de la razón, la lógica, la mente, el mundo del orden tal como lo conoces. ¿Por qué razones sería necesaria una experiencia semejante? La ruptura de los sentidos es una crisis de poder o de impotencia. Como viajero en la oscuridad, te encuentras en circunstancias que eres incapaz de cambiar, enderezar o romper. Las circunstancias parecen más poderosas que tú.

A veces, sentimos una ausencia de emoción cuando entramos en una oscuridad tan penetrante que no parece haber latido emocional alguno en el cuerpo. Juan de la Cruz describió esta como una etapa de purificación, una de las cinco etapas clásicas de la experiencia mística descritas por Evelyn Underhill, una de las primeras y más destacadas estudiosas de la mística, y también por otros autores. Durante la etapa de purificación, en palabras de Juan de la Cruz, nos encontramos con las "imperfecciones" del ser, "donde los hábitos buenos y malos son sometidos y, así, purgados". Para la mente razonadora moderna, la idea de "purificación" no tiene sentido racional; es un término arcaico, medieval, aplicable a la experiencia mística, pero de poco valor para nosotros. No podemos ni siquiera imaginar que un camino que ya está en marcha en lo más profundo de nosotros se haya despertado a causa de una crisis vital o en respuesta a un conflicto interior que nos ha llevado a una encrucijada. La sola idea es incomprensible. Sin embargo, la presencia de ese camino era un hecho para místicos como Juan de la Cruz y Teresa de Ávila, y también para todos los grandes maestros espirituales. Todos ellos comprendieron que la naturaleza incongruente y caótica de la vida llevaría finalmente a la persona a una crisis en la que las limitaciones del ego requerirían los recursos del alma. Esta verdad permanece tan activa en cada uno de nosotros como lo estuvo en estos grandes místicos que vivieron hace 500 años o más. El hecho de que vivieran en clausura y experimentaran estos fenómenos interiores con una mayor sensibilidad solo habla de sus vocaciones espirituales personales, no de la singularidad del camino, que está abierto a todos nosotros.

Juan de la Cruz indicó a sus compañeros carmelitas que navegaran por la noche oscura abrazando su propósito, cooperando con la necesidad de purgarse de las "imperfecciones". El Buda habría llamado a una imperfección una "distracción", una ilusión, un miedo que tiene autoridad sobre ti. Tal vez tengas una ambición que te consume tanto que te ciega a las consecuencias de los pensamientos, acciones y actos que inicias para alcanzar tu objetivo. La necesidad de ganar siempre, de tener siempre la razón, es otro tipo de imperfección que nos lleva a hacer daño a los demás y a nosotros mismos. En gran medida desarrollamos estos patrones de comportamiento por la necesidad de ejercer poder y control en el mundo. La mayoría de las veces, estos patrones o hábitos están arraigados en el miedo, y por eso producen miedo o daño, porque el miedo solo genera más miedo. La purga durante la noche oscura activa, según Juan de la Cruz, nos lleva a una confrontación con estos hábitos que representan un comportamiento basado en el miedo. El ego y la razón nos quieren hacer creer que somos dueños de nuestras vidas. Enfrentarse a la verdad de que en realidad estamos siendo controlados por el miedo, como marionetas con hilos invisibles, es devastadoramente humillante. La oración, el silencio y la gracia son esenciales —añadió—, porque a medida que la oscuridad desciende sobre nosotros, la atmósfera puede densificarse con sentimientos de impotencia.

LA NOCHE ACTIVA: APLICADA A LA CURACIÓN

Después de un diagnóstico médico o una crisis personal que desestabilice la vida ordinaria, la persona se verá automáticamente arrastrada a un proceso interior de evaluación. Nadie necesita que le digan: "Será mejor que pienses en lo que acaba de pasar". Incluso si no quieres pensar en ello, se inicia el progreso de la evaluación interna porque forma parte de nuestro mecanismo de curación natural. Al igual que el cuerpo tiene sistemas que reaccionan automáticamente a una lesión física, como la respuesta inflamatoria, la psique y el alma responden a una crisis revisando qué sistemas han fallado y permitiendo que se produzca la crisis. Queremos saber qué ha ido mal. ¿Cuándo empezaron a funcionar mal los sistemas de nuestra vida? ¿Pasamos por alto las señales o simplemente no quisimos darnos cuenta?

Esta evaluación progresará automáticamente de los asuntos de la razón a los asuntos del corazón, en los que la atención se centra en buscar lo que hay que arreglar, reparar y sanar. Durante esta etapa las relaciones, los valores, las opciones vitales, los remordimientos y las prioridades se someten a revisión porque hay algo en las crisis vitales que automáticamente nos hace querer volver a priorizar lo que tiene sentido para nosotros. Esto se parece al protocolo estándar de nuestro sistema sanitario, en el que un paciente pasa de seguir las órdenes de un médico a la fase de organizar un equipo de apoyo emocional para la curación. En parte, emprendemos este proceso de curación porque, como parece indicar la investigación, la curación requiere que examinemos los patrones de estrés subyacentes que influyen en la enfermedad. Pero nuestras terapias de curación también se basan en la necesidad arquetípica más profunda de someterse a un proceso de purificación cuando nos damos cuenta de que hemos entrado en un periodo de crisis.

Al principio de mi carrera como médica intuitiva, pensaba, como muchos otros en el mundo que me rodeaba, que, si la gente llegaba a la causa "raíz" de su estrés emocional o psicológico, su enfermedad se curaba en un 90%. El resto consistía en una buena nutrición, un puñado de vitaminas adecuadas y ejercicio diario. También aprendí haciendo lecturas médicas intuitivas que hay tantos patrones de estrés diferentes como personalidades. Pero lo que todas las personas comparten es la necesidad de purgarse de sus heridas, traumas emocionales y recuerdos de épocas difíciles o relaciones abusivas. Los remordimientos también necesitan solución, ya que la curación requiere que miremos a quién hemos herido, no solo quién nos ha herido a nosotros. Aprendí que el perdón era esencial y que la incapacidad de perdonar es tan dolorosa como la propia herida. Sin embargo, a pesar de ello, el perdón sigue siendo el mayor obstáculo para la mayoría de la gente.

Dadas todas las opciones de curación disponibles y la avalancha de investigaciones que validan continuamente las conexiones entre los patrones de estrés y el desarrollo de enfermedades, preveía que un número cada vez mayor de personas alcanzaría el objetivo de curar sus enfermedades. Al menos, avanzarían mucho en la superación de patrones de depresión, dolor crónico, fatiga debilitante y cáncer recurrente. Ciertamente, se produjeron curaciones por el camino, ayudadas por los avances médicos combinados con el auge de las modalidades de curación integradoras. Pero el entusiasmo inicial del movimiento de la salud holística había sugerido que tratar a la persona en su totalidad abriría vías de curación sin precedentes, porque por fin estábamos tratando todas las facetas implicadas en la causa de una enfermedad.

Cuando la prometida oleada de curación holística no se materializó en cantidades significativas, escribí un libro titulado *Why People Don"t Heal and How They Can [Por qué la gente no se cura y cómo puede hacerlo]*. En él, investigué un síndrome pernicioso que denominé "heridología", es decir, la tendencia de las personas a utilizar sus heridas como una especie de poder en la sombra que hace que la curación sea una propuesta menos atractiva. Carl Jung utilizó el término "sombra" para referirse a la parte de nuestra psique que consideramos inaceptable y sobre la que nos mantenemos en la oscuridad a propósito, aunque de forma más o menos inconsciente. En este sentido, la mayoría de las personas no son conscientes de cómo se aprovechan de su condición de víctimas heridas —víctimas de incesto, de una familia disfuncional o tal vez de alguna dolencia física— para sacar provecho de diversas maneras. Me sorprendió darme cuenta de que tantas personas creyeran que la curación representaba la pérdida de cierto tipo de poder que se habían acostumbrado a utilizar como "moneda social". Manipular o controlar a los demás a través de la enfermedad o el sufrimiento, por ejemplo, era y sigue siendo extremadamente eficaz para las personas que no pueden ser directas en sus interacciones. ¿Quién discute con alguien que sufre?

Y si el dolor es el único poder que tiene una persona, la salud no es un sustituto atractivo. Para mí estaba claro que estar sano era algo más que superar una enfermedad. La salud representaba una progresión compleja hacia un estado de empoderamiento personal, en el que uno tenía que pasar de una condición de vulnerabilidad a otra de invencibilidad, de víctima a vencedor, de espectador silencioso a defensor agresivo de los límites personales. Completar esta carrera hasta la línea de llegada era una labor de lo más exigente. De hecho, al abrir la psique y el alma al proceso de curación, habíamos ampliado el viaje del bienestar hasta convertirlo en un viaje de transformación personal.

El campo de la curación se volvió más complejo a medida que seguía trabajando con personas a lo largo de los años, muchas de las cuales estaban "a medio camino". Habían llegado a un punto en el que habían desenterrado de su historia heridas, recuerdos de abusos y patrones de sombra que seguían atormentándoles. Sin embargo, seguían sin poder sanar sus trastornos cutáneos, depresión, dolor crónico, afecciones cardíacas, fibromialgia o cáncer. Una mujer que conozco tuvo cáncer de mama y se sometió a una mastectomía, seguida de quimioterapia y radioterapia. Inmediatamente puso en marcha un proceso de curación que incluía una nutrición adecuada, dirección espiritual y otras prácticas que consideró útiles. El cáncer remitió durante 18 meses y después apareció otra masa maligna. Tuvo que someterse de nuevo a todo el programa de quimio-radiación. Esta vez no tenía tanta fe en su capacidad para salir airosa, pero aun así siguió adelante. Le pregunté cómo veía la enfermedad.

—No me interesa mucho la razón por la que tengo cáncer —dijo—. Eso no me sirve. Me interesa librarme de él. Creo que, si tengo que vivir, viviré. Si no, no viviré. Quiero vivir, pero no veo ninguna razón para volver atrás y pensar en el pasado.

Esta mujer consiguió que le dieran el alta en su segunda ronda contra el cáncer, pero un año más tarde le diagnosticaron cáncer de piel, que también tuvo que afrontar sin querer entender sus orígenes. Aunque la curación es un misterio, ¿podría decirse que esta mujer no se esforzaba lo suficiente? No podía evitar preguntarme si había algo que no estaba haciendo y que debería estar haciendo, y por qué su cáncer, como el de tantas otras personas, seguía reapareciendo. Había visto situaciones como la suya una y otra vez, en las que la gente casi se curaba y luego la enfermedad volvía. La frustración de tener que preguntar por qué era indescriptible.

Entonces conocí la obra de Teresa de Ávila, o lo que yo llamo "mi experiencia teresiana", que me llevó al ámbito de la curación como experiencia mística. La pieza que me faltaba era el poder de la gracia. Desde que incorporé el "razonamiento místico" a mi conciencia y enseño la obra de Teresa y ahora la de Juan de la Cruz, he visto a personas curarse por completo y de forma permanente. Como dije en el capítulo 1, algunas de las curaciones fueron instantáneas y otras se produjeron a lo largo de meses, pero ninguna de estas personas ha experimentado un retorno de sus enfermedades. Permíteme dejar claro que sus curaciones no tienen nada que ver con el catolicismo. Esto no es un tratado sobre la curación a través de las enseñanzas católicas. Además, la mayoría de estas personas no eran católicas y no se convirtieron de repente. La adición del "razonamiento místico" era una pieza que me faltaba y que considero "cósmica" o "espiritualmente arquetípica" más que relacionada con una religión en particular: una verdad universal que se ha filtrado de alguna manera en todas las principales tradiciones del mundo, como la enseñanza "No matarás".

Una vez que el razonamiento místico entró en mi radar, y en particular el trabajo de Teresa y Juan de la Cruz, me di cuenta de que la mayoría de las personas llevan a cabo su proceso de curación en la "noche activa" de la noche oscura. Durante la noche activa, identificamos nuestras heridas, lo que nos han hecho, nuestros remordimientos, nuestros patrones de estrés, todas las cosas que están mal. Quizá reparemos algunas de nuestras relaciones o intentemos enmendar algunos de nuestros remordimientos, pero esos esfuerzos rara vez llegan a la fuente de por qué sufrimos realmente o hacemos sufrir a los demás. A pesar de toda la determinación que ponemos en identificar las heridas del pasado, el proceso de identificación acaba siendo solo un ejercicio de resolución de crímenes, a menos que completemos la curación con el perdón. Identificar una herida no la cura. La curación debe incluir llegar a la fuente de por qué luchamos con el perdón, por qué queremos hacer daño a los demás, o por qué nos aferramos a nuestras heridas con la esperanza de hacer que los demás se sientan culpables. Aquí es donde nos encontramos con nuestros verdaderos "demonios interiores", a los que Juan de la Cruz se refería como los siete pecados capitales en la etapa pasiva de la noche oscura del alma.

LA NOCHE PASIVA

Más allá del ego y la razón, más allá de la noche activa, viene la fuente de lo que somos y de por qué hacemos lo que hacemos. Nuestra palabra *misterio* procede de una raíz indoeuropea que significa "con los labios cerrados" —como "mudo"—. Los misterios del alma, pues, son mudos en significados claros u obvios. Sin embargo, las obras de los grandes maestros espirituales resuenan con una verdad que va más allá del lenguaje y la razón. Este saber que va más allá de la lógica y el intelecto ordinario nos informa de que la existencia del alma y sus enseñanzas, como en la noche oscura del alma, contienen una verdad que "nace" dentro de nosotros, en nuestro ADN espiritual. El ego y la razón dirigen nuestro comportamiento, pero no son el combustible de nuestro comportamiento. El ímpetu proviene de otra fuente, una reserva más profunda y compleja del Ser que pulsa con sensaciones del destino, impulsos de conciencia intuitiva, instintos que nos obligan a desarrollar un potencial no realizado, y un deseo inherente de trascender lo ordinario. Son impulsos de poder, chispas de fuerzas positivas y negativas que son expresiones de tu carisma individual.

Para Juan de la Cruz, el alma era el contenedor de la sustancia esencial del ser humano, el poder sin refinar que necesita un refinamiento consciente. Este núcleo de cada persona es la fuerza nuclear del amor puro, a la espera de que Dios lo encienda. Pero el camino hacia ese amor requiere que nos enfrentemos a las oscuras pasiones internas que hacen imposible el amor desinteresado e incondicional. Según Juan de la Cruz, estas pasiones oscuras —o lo que él llama *los siete pecados capitales*— inflaman nuestras acciones, palabras y obras negativas: orgullo, avaricia, lujuria, ira, gula, envidia y pereza. Como católico, Juan de la Cruz veía el pecado como un acto negativo que elegimos iniciar conscientemente, sabiendo que otros podrían resultar perjudicados, pero sopesando tales consecuencias como insignificantes dada la oscura pasión que alimenta nuestro ego. El hecho de que el acto se realice conscientemente y que nosotros u otros sufran es una violación del poder creativo del alma o de la naturaleza, es algo peor que estar simplemente "equivocado". Juan ve esa acción como una violación celestial o cósmica, el significado arquetípico del pecado. La acción negativa consciente y egoísta es, casualmente, también el tipo de violación que acumula karma. Limpia estas pasiones oscuras del alma —instruye Juan de la Cruz—, y lo que queda dentro de la persona no es solo la capacidad de amar, sino el deseo de amar a los demás.

LAS SIETE PASIONES OSCURAS Y LA SANACIÓN

Como médica intuitiva, me di cuenta de que nuestro apego a los recuerdos, miedos, las supersticiones arraigadas en nuestra herencia religiosa o étnica, o cualquier cosa que agote nuestra energía nos ancla en el "tiempo". Es decir, estos apegos hacen que carguemos con más peso psíquico en nuestro sistema energético, mente y cuerpo emocional, porque debemos suministrar energía continuamente a estos viejos patrones de conciencia negativos a medida que pasan los años. Piensa en esto en términos de vivir con un "presupuesto energético" mediante el que recibes asignaciones de energía. Al igual que las deudas incobrables que van acumulando intereses a medida que no las pagamos, en algún momento la acumulación de tus patrones negativos del pasado empezará a consumir la mayor parte de tu asignación diaria de energía, dejándote cada vez menos energía con la que gestionar las exigencias de tu vida diaria: tu salud, creatividad, relaciones y los movimientos sutiles de las leyes naturales. No te quedará energía suficiente para participar, por ejemplo, en la elevada dinámica de crear oportunidades para ti mismo o de curar una enfermedad. En pocas palabras, tu historia negativa crea peso psíquico, y cuanto más "peso" psíquico lleves encima, más tiempo tendrás que "esperar" para que algo se cure o para que algo cambie en tu vida. Reducirás la capacidad de tu alma para sanar como una vasija intemporal, porque la "densidad" psíquica o temporal de tu ego alarga literalmente el tiempo físico de cualquier experiencia de la vida, incluido el sufrimiento, la duración de una enfermedad o el tiempo que se tarda en superar una transición vital. Aferrarse a las heridas del pasado y a la historia negativa es algo más que un problema emocional o psicológico; nos priva de la energía que necesitamos para reconstruir el presente de forma saludable y funcional.

La gente se aferra al pasado durante el proceso de curación por muchas razones. Algunos simplemente se niegan a liberar su conciencia del sufrimiento porque sin dolor no tienen otra identidad, ni otra forma de imaginar quiénes son en esta vida. Otros no pueden imaginar una curación rápida; es decir, su imagen del proceso de curación es que debe "llevar tiempo" y, en consecuencia, en su imaginación han trazado un curso de curación a lo largo de un periodo de años, procesando sus heridas lenta y metódicamente. Para estas personas, es inconcebible "curarse" de su dolor interno así como así, a pesar de que eso es precisamente lo que insisten en perseguir con su trabajo interior.

Desde una perspectiva completamente diferente, más mística, quienes consideran que el proceso de curación es intimidante y, por tanto, se aferran al pasado para ralentizar su curación, se enfrentan al gran reto de llegar a la encrucijada interior de la transformación personal. Hace mucho tiempo me di cuenta de que, por mucho que creamos entender todo lo que debemos hacer para curarnos —incluyendo el perdón, el ejercicio y una nutrición adecuada—, siempre hay otra capa en nosotros que se opone al proceso de curación. También en este caso nos enfrentamos a una parte de nosotros que desafía la gravedad yendo "más allá de la razón", pero que reside en la sombra de la razón. A menudo me refiero a la parte de nosotros que pone en peligro nuestra curación como el arquetipo del Saboteador, pero hasta que no miré a través de la lente de la noche oscura, nunca llegué a comprender lo que alimenta al Saboteador. Es la batalla entre el yo y el alma que tiene lugar cuando nos encontramos en una situación que contiene el potencial de una transformación profunda.

A veces, nos encontramos en ese campo de batalla a causa de una enfermedad o una crisis vital, y otras veces nos golpea un profundo sufrimiento interior surgido de la nada. Independientemente de lo que nos traiga aquí, ya sea una crisis o la elección de explorar el camino espiritual, este punto interno también marca la diferencia entre el tiempo y la atemporalidad en nuestra psique. Este es el lugar de la psique donde la ley mística y la ley física se unen, lo que permite al sanador canalizar una corriente de gracia lo suficientemente poderosa como para iniciar una curación "atemporal" mientras aún se encuentra en el reino del tiempo físico.

En esta encrucijada, lo ideal es que nos enfrentemos a nuestras pasiones oscuras con la intención de desmantelar la autoridad destructiva que cada pasión particular tiene en nuestra vida. Estas son las oscuras corrientes internas subyacentes que dirigen nuestras acciones y comportamientos. Alimentan los miedos de la psique y nos hacen incapaces de enfrentarnos al poder de la verdad. El encuentro directo con las pasiones oscuras nos permite darnos cuenta de que nuestras experiencias son ilusiones, decorados que son esenciales para un sinfín de dramas vitales. Al experimentar el núcleo de nuestro ser interior de una forma tan visceral, estamos en condiciones de comprender que somos los verdaderos responsables de la fuerza creativa que está contenida en el alma. En este punto, nos vemos obligados a liberarnos de la ilusión de que los demás son responsables de las dificultades o las penas de nuestra vida. Aquí, el privilegio de culpar a otro o de sentir que merecías algo mejor comienza a desvanecerse. En tu centro de poder interior te enfrentas a la realidad cósmica de que, o eres responsable de toda tu vida, o no lo eres. ¿Cuál de ellos eres? Y si no lo eres, ¿quién lo es? Y si lo eres, ha llegado el momento de evaluar hasta qué punto has dirigido este poder, que es la fuerza de tu alma, hacia actos de creación.

Tal como hay siete pasiones oscuras, también hay siete dones o joyas del alma. Las pasiones oscuras nos dificultan el acceso, o incluso el reconocimiento, de estas joyas, impidiéndonos usarlas en toda su magnitud. A menudo la gente me dice que teme tener éxito o que teme su propio poder. En cambio, yo diría que temen el poder de sus joyas ocultas, porque estas son sus verdaderos dones, los que verdaderamente desbloquean su potencial divino más elevado. La gente teme cómo cambiaría su vida si realmente se permitiera comprender al "enemigo", rompiendo los muros del corazón a fin de hacer sitio para aquellos por los que pensamos que nunca podríamos sentir compasión, y mucho menos amor. Y a partir de esos sentimientos más profundos empezamos a ver la honda verdad de que no somos más que una humanidad. Y de esa comprensión surgen cambios internos sobre quiénes somos, cómo queremos ser y qué queremos hacer en este mundo de "una humanidad".

Vagamos por la vida buscando ese algo especial, esa "cosa" que estamos destinados a hacer o descubrir, cuando en todo momento lo que realmente sentimos es el impulso que surge del potencial desbloqueado de estos tesoros. Pero permanecen ocultos en el trasfondo debido al poder de las pasiones oscuras. Evidentemente, Juan de la Cruz no mencionó los siete chakras al referirse a los siete pecados capitales, como tampoco lo hizo Teresa al describir las siete mansiones de su castillo interior. Y, sin embargo, no puedo evitar ver una conexión entre los chakras —los siete potentes centros de energía que interpenetran los cuerpos físico y etérico en la tradición yóguica de la India— y los siete pecados capitales o pasiones oscuras, así como los siete dones del espíritu. Por eso, en el comentario sobre cada una de las pasiones oscuras que hago a continuación también he incluido los chakras. En el capítulo 5, donde hablo de los dones del espíritu, encontrarás un análisis más detallado de la forma en que estos centros energéticos se conectan con nuestra vida espiritual.

LA PRIMERA PASIÓN: ORGULLO

El orgullo, en su forma sombría, a menudo recibe el nombre de arrogancia. De todos los miedos que tienen una influencia controladora sobre el comportamiento humano, ninguno es tan potente como el miedo a ser humillado, que es, por supuesto, una cuestión de orgullo. La mayoría de las veces, cuando la gente me habla de una lucha con el perdón, lo que no pueden perdonar es haber sido humillados por alguien. El orgullo puede definirse positivamente como respeto por uno mismo o dignidad, pero eso no incluye todo lo que este poder abarca en la psique. El orgullo es nuestra terminación nerviosa más vulnerable, porque va directamente a nuestro sentido de propósito e identidad, de tener un lugar y un papel en la vida. El orgullo es una energía que puede sentirse como si te atara al propósito de tu vida, y se supone que el propósito de tu vida debe mantenerse incontaminado. Tememos tanto la vergüenza y la humillación que avergonzaremos o humillaremos a otros solo para proteger nuestro propio orgullo. Evitaremos intentar cualquier cosa atrevida, incluso aunque crezcamos enormemente con nuestros esfuerzos, por miedo a ser humillados. Paradójicamente, esta reticencia a intentar algo fuera de nuestra zona de confort puede hacernos sentir vergüenza por conformarnos con "menos". A pesar de todo su poder innato, nos cuesta aprender a gestionar el orgullo, y se vuelve letal cuando nos hieren.

Aprendemos a estar orgullosos de nosotros mismos gracias a nuestra tribu, pero, en la primera infancia, nuestras primeras cicatrices de humillación también proceden de la tribu. Por consiguiente, el orgullo, tanto en sus aspectos luminosos como en los sombríos, está estrechamente vinculado con el primer chakra, que yo llamo el chakra "tribal". Tradicionalmente, el primer chakra, o chakra "raíz", se asocia con la base de la columna vertebral, la parte del cuerpo que entra en contacto con el suelo cuando se medita sentado. Representa lo que nos aterriza, y su elemento correspondiente es la tierra. Pero también considero que este chakra nos conecta con nuestra familia y con los grupos étnicos, sociales, religiosos y de clase más cercanos a nosotros. Así como esos grupos pueden inculcarnos sentimientos positivos de lealtad y autoestima, también pueden crearnos profundas cicatrices al imponernos sus diversos tabúes y estigmas por comportamientos que son inaceptables para ellos. Estas pueden ser algunas de las cicatrices más dolorosas y, en consecuencia, las que pueden hacer que hagamos daño a los demás.

El orgullo es la causa de las guerras tribales, de las heridas de odio que se transmiten de generación en generación. En las culturas más antiguas de Europa, Asia y Oriente Medio, muchas venganzas étnicas se han prolongado durante tanto tiempo que los participantes no siempre recuerdan la herida original. Como individuos, destruimos a nuestras propias familias por orgullo. Pocos pueden controlar esta oscura pasión y, cuando la arrogancia controla a una persona, es como estar poseído.

- ¿Qué eres capaz de hacer cuando tu orgullo está herido?
- ¿Con cuánta facilidad se ofende tu ego o tu orgullo?
- ¿Te has preguntado alguna vez por qué tu orgullo es tan frágil?
- ¿Qué hace falta para que recuperes el "bienestar" cuando tu orgullo se ha visto ofendido o has sido humillado?
- ¿Qué dolor has causado a otros como resultado de tu orgullo herido?
- ¿Qué has aprendido de ti mismo a través de esta oscura pasión?

LA SEGUNDA PASIÓN: LA AVARICIA

Codiciar los bienes ajenos es una forma de describir la esencia de la avaricia. La avaricia es una pasión oscura y despiadada que puede apoderarse de ti con la fuerza de un tsunami. Es una pasión oscura a la que todo el mundo tiene que enfrentarse, y tiene muchas formas, pasando hábilmente de una a otra. Algunas personas codician el dinero, pero también el poder, la fama, la autoridad, la atención, etc. La lista es interminable. La codicia es una forma de locura. Nunca hay "suficiente" para los codiciosos, porque la codicia no es lógica. La avaricia es el ejemplo perfecto del lado oscuro de la razón: piensa en preguntarle a un megamillonario: "¿Cuánto es suficiente?".

El segundo chakra se alinea más estrechamente con la codicia, porque es el centro de poder dentro del sistema energético humano que gobierna el dinero. Los dolores lumbares, ciáticos y los cánceres que se desarrollan en la región del segundo chakra —parte baja de la espalda y genitales— suelen estar relacionados directa o indirectamente con problemas económicos.

- ¿Qué activa tu pasión por la avaricia?
- ¿En qué área de tu vida "nunca hay suficiente"? ¿Amor? ¿Dinero? ¿Gratitud? ¿Atención? ¿Respeto? La avaricia tiene muchas caras.
- ¿Cuánto tiempo y atención dedicas a preguntarte "cómo conseguiré mi parte de esto" y "de qué temo no tener suficiente en la vida"?
- ¿Cómo ha sufrido tu salud debido a la avaricia? Entre las posibilidades se incluyen los dolores de espalda, la ciática, el reflujo ácido, problemas estomacales y digestivos, trastornos relacionados con el estrés, como ansiedad y problemas de sueño, el estrés que contamina las relaciones y los problemas de ira.
- ¿Qué has aprendido de ti mismo a través de esta oscura pasión?

TERCERA PASIÓN: LUJURIA (AUTOCOMPLACENCIA Y SEXUALIDAD)

Juan de la Cruz interpretó el pecado de la lujuria como un pecado de sensualidad, con connotaciones sexuales y de autocomplacencia. Reconociendo que escribía para monjes de hace 500 años, he reinterpretado la oscura pasión de la lujuria para reflejar los desafíos del ego. La autocomplacencia te hace creer que la vida gira en torno a ti. Esta creencia tiene cientos de ramificaciones, como creer que todas las cosas deberían salir a tu favor, que siempre tienes razón, que la justicia lleva tu nombre escrito, que las cosas malas solo les ocurren a los demás y que los demás han nacido para cuidar de ti. La autocomplacencia te predispone a tener expectativas poco realistas de los demás y a sentirte infinitamente decepcionado, por no decir amargado. En su forma exagerada, la autocomplacencia se convierte en el derecho a utilizar a los demás, o cualquier cosa que desees, para conseguir tus propios fines, ya sean el placer o el poder.

La mayoría de las personas nunca llegan a sentirse realmente cómodas con su propia sexualidad. El sexo y la sexualidad se convierten en una parte sombría de sus vidas, quizás la causa de la desesperación en sus relaciones. La lujuria es la pasión oscura del tercer chakra, que es el centro de la autoestima y del poder personal, y se corresponde con el plexo solar. Numerosas disfunciones físicas y emocionales surgen del estrés relacionado con la falta de autoestima, como los trastornos alimentarios, los problemas gástricos y de colon, la diabetes y las afecciones pancreáticas. La autoestima es la piedra angular del poder personal, sin la cual caminamos sin zapatos por los ásperos senderos de esta tierra todos los días de nuestra vida.

- ¿A qué crees que tienes derecho en esta vida? Todos creemos que tenemos derecho a algo, aunque sea algo tan mundano como no esperar en largas colas.
- ¿Qué parte de tu frustración y enfado se debe a que las cosas no salen como creías que tenías derecho, como

tener el matrimonio "perfecto" o una carrera profesional exitosa?

- ¿A qué problemas sexuales te enfrentas?
- ¿Qué te pone incómodo de tu sexualidad?
- ¿Qué has aprendido sobre ti mismo a través de esta pasión oscura?

LA CUARTA PASIÓN: LA IRA

La ira es un enfado extremo, una pasión destructiva, cruel y despiadada. La ira es una pasión oscura capaz de destruir vidas, o de destruirte a ti: puedes estar tan poseído por la ira como por la avaricia. Ambas son pasiones que pueden tomar el control de la mente "razonadora" y convertirla en un arma de destrucción masiva. A todos nos corre el enfado por las venas; sin embargo, la ira es más profunda que el enfado, porque es enfado con permiso para destruir. El enfado puede surgir en un momento, desahogarse verbalmente y luego desaparecer. En una relación amorosa, los miembros de la pareja dicen que no pueden seguir estando enfadados el uno con el otro. Pero la ira empieza a hablar con una voz santurrona, construyendo un caso en tu mente —tu racionalidad— y diciéndote que tienes "razón" y por tanto está justificado actuar. Tu razón se niega a ceder, avivando constantemente las llamas de la ira, porque se necesita mucho combustible para mantener encendido este fuego de justificarse a uno mismo. La ira acaba consumiéndote en tu propia pira.

El cuarto chakra es el centro corazón, y un corazón enfadado es un corazón trágico y peligroso, que no perdona. Un corazón enfadado convierte el amor en tormento, castigando a quienes pensamos que no nos aman lo suficiente o de la manera correcta. Pero no hay forma correcta de amar a un corazón enfadado, así que el amor siempre es inútil cuando se mezcla con la ira. En último término, el enfado acaba expulsando el amor, una y otra vez.

¿Cuántas veces has hecho o dicho algo que ha sido un acto espontáneo de enfado, en el que no has podido detenerte porque la ira era más fuerte que tu capacidad de controlarte a ti mismo?

- ¿Usas la ira para controlar a otros?
- ¿Con qué frecuencia y de qué manera has dañado a los demás con tu ira?
- ¿Has reparado en el daño que has hecho a otros con tu ira?
- ¿Exculpas tu propio comportamiento basándote en tu infancia o te haces responsable como adulto?
- ¿Qué has aprendido sobre ti mismo a través de esta pasión oscura?

QUINTA PASIÓN: LA GULA

Juan de la Cruz identificó la gula espiritual para sus monjes como el llegar a extremos espirituales, por ejemplo, el ayuno extremo o la piedad extrema. Para nuestro propósito, la oscura pasión de la gula consiste en el consumo sin sentido, ya sea de comida, drogas, alcohol, ideas negativas, de la influencia de pensamientos de otras personas, bienes materiales o cualquier cosa fuera de ti que se apodere de tu voluntad. Consumir sin conciencia, solo por el placer de consumir, te hace inconsciente de tus propios actos o de tu propio poder de elección. Se suele decir que una persona es "glotona de castigos". Se refiere a alguien que no es consciente del abuso extremo hacia sí mismo o hacia otra persona. El abuso es aparente para todos los demás, como también lo es la incapacidad de esa persona para declararlo y detenerlo.

El quinto chakra, que es el poder de la voluntad y corresponde a la garganta, se alinea con la oscura pasión de la gula. Tomar el mando de tu voluntad y mantenerlo contra la influencia controladora de otras personas, de los miedos externos, de todas las ilusiones que nos convierten en sus presas, es el significado de "volverse consciente". Tomar el mando de tu voluntad significa que has tomado el control consciente de las elecciones que haces; que eres lo suficientemente consciente como para no comprometer el poder de tu mente, tu integridad, tu cuerpo y tu alma por miedo a no sentirte seguro en este mundo. La oscura pasión de la gula representa la ausencia de control sobre tu voluntad, lo contrario de lo que significa ser consciente. El cuerpo, la mente, las emociones y toda tu vida sufren cuando cedes la fuerza de voluntad a las drogas, la comida, la influencia de los demás, la necesidad de aprobación o cualquier fuente externa. Tomar las riendas de tu propia fuerza de voluntad, de tus propias elecciones, encarna el reto de hacerte consciente.

- Te resultaría difícil abstenerte de tus hábitos de gula porque _____ .
- La gula representa el abuso de uno mismo, a diferencia de las otras pasiones oscuras, que tienden a darnos permiso para abusar de los demás. ¿Es el abuso de ti mismo algo que apruebas?
- ¿Cuáles son tus mejores excusas para permitirte tomar malas decisiones personales o de salud?
- ¿Qué te enseña esta pasión oscura sobre ti mismo?

LA SEXTA PASIÓN: ENVIDIA

La oscura pasión de la envidia no ha cambiado en los siglos transcurridos desde que Juan de la Cruz escribió sobre ella, ni tampoco antes de que pusiera la pluma sobre el papel. La envidia puede destruir la mente, poseyéndola como una fiebre. La envidia hace que la gente piense que le han quitado oportunidades o que debería tener lo que otro tiene. La persona puede llegar casi a la locura cuando la envidia se apodera de su razón. De repente, lo único que ve o en lo que piensa es en la persona o la situación que es el centro de su obsesión, que se convierte en una visualización retorcida y tóxica que reproduce y repite constantemente. No puedes razonar con la envidia porque es una enfermedad enraizada en la ilusión de que te han engañado o de que alguien ha conseguido algo que debería ser tuyo. Esta oscura pasión nos lleva a menospreciar todo lo bueno que hay en nuestra vida. La toxina de la envidia viola el mandamiento inherente de que cada uno de nosotros tiene que amar y apreciar su propia vida, y hace que solo veamos callejones sin salida.

El sexto chakra es la mente, que comprende el intelecto y la intuición, un centro de poder que la oscura pasión de la envidia contamina. La envidia bloquea tu capacidad de ver oportunidades; hace imposible que aprecies nada maravilloso con respecto a lo que eres.

- ¿Eres envidioso por naturaleza?
- Todo el mundo ha tenido al menos un encuentro con la envidia a otra persona. ¿Qué te hizo vivir esa experiencia? ¿Qué aprendiste de ti mismo?
- ¿Envidias a los demás por sus logros espirituales?

LA SÉPTIMA PASIÓN: LA PEREZA

La pereza se refiere a la tendencia a dejar las cosas para mañana. Esta palabra también es el nombre de un mamífero tropical, el oso perezoso, que cuelga boca abajo de las ramas y se alimenta perezosamente de frutas y vegetación, dándonos una potente imagen visual de la pereza. Que sea tan fácil ser perezoso no parece correcto ni justo, pero de algún modo forma parte del juego de la vida. Muchas personas sufren de vivir en su mente, de imaginar todo lo que sus vidas podrían o deberían ser, pero se encuentran con que no pueden hacer que sus cuerpos cooperen realizando las acciones necesarias para que sus ambiciones se conviertan en realidad. Levantarse del sofá, ir al gimnasio, responder a llamadas y mensajes, y desarrollar hábitos de trabajo disciplinados es todo lo que se interpone entre nosotros y hacer realidad esos sueños. He escuchado a mucha gente decirme que "saben" que están hechos para algo grande, pero que no pueden averiguar lo que es. Yo sí. Esperan que otro haga realidad sus sueños, alguien que no tenga miedo de trabajar duro y asumir las responsabilidades que conlleva la toma de decisiones. Algunas personas prefieren vivir "en la mente", donde todo es fácil y seguro y no pasa nada verdadero. Esa es la sombra de la pasión de la pereza. La vida pasa y en realidad no ocurre nada.

- Como uno de los pecados capitales, la pereza implica falta de actividad en la práctica de la virtud. Que sea la pasión oscura del séptimo chakra me parece extraordinariamente perfecto. El séptimo chakra corresponde a la coronilla, el "loto de mil pétalos", del que se dice que estalla como una fuente de luz en el momento de la iluminación. Pero la mente espiritual perezosa mantiene la conciencia de Dios a través de los libros y el pensamiento más que a través de la acción espiritual; la mente perezosa no empuja más allá de la razón hacia las aguas profundas del alma, sino que se rinde al primer indicio de incomodidad. Puede que sepa qué es lo correcto, pero no procede a hacerlo realmente.

- ¿En qué área de tu vida es más destructiva la pereza?
- ¿Dónde te rindes espiritualmente? ¿Prefieres encontrarte con tu vida espiritual en los libros o también incluye la devoción del alma?
- ¿Cómo afecta la pereza a tu salud?
- ¿Sientes alguna vez que tu vida se te escapa de las manos sin que ocurra nada? Revisa las elecciones que haces cada día que contribuyen a la falta de movimiento en tu vida, frente a las elecciones que provocan cambios.
- ¿Qué has aprendido de ti mismo a través de esta oscura pasión?

DE LA OSCURIDAD A LA LUZ

La noche oscura del alma es un viaje hacia la luz, un viaje desde la oscuridad hacia la fuerza y los recursos ocultos de tu alma. Navegar por la noche oscura requiere diálogo interior, contemplación, oración, tiempo de silencio y compartir con quienes comprenden la profunda naturaleza de la transformación interior. Cuando estás en este lugar interno, te encuentras en la encrucijada de tu poder, entre el ego y el alma, entre el tiempo y la intemporalidad. Se trata de un viaje en el que aprendes a ver el mundo como lo hace un místico, a través de una lente intemporal que percibe más allá de la razón. Sin embargo, como aprende el viajero místico, solo puedes vencer el poder de tus pasiones oscuras enfrentándote a ellas. En consecuencia, de la oscuridad surgen los siete "dones del espíritu", gracias iluminadas que curan de forma natural lo que está enfermo o sufre. Aunque estas gracias no son el resultado, a modo de recompensa, de superar las pasiones oscuras, son las fuerzas equilibradoras que gobiernan el poder de elección en todos los actos de creación, desde el más grandioso que inicias hasta el pensamiento más sutil que solo tú escuchas y, sin embargo, de alguna manera inconmensurable, hay consecuencias creativas incluso en esas palabras no dichas. Estas gracias están presentes en cada persona y, sin embargo, aunque se revelan de manera sutil a lo largo de nuestras vidas, son las pasiones oscuras las que tienden a dominar nuestras elecciones cotidianas. Puede que quieras llamar a alguien a quien amas y disculparte por haber dicho una palabra cruel, pero el orgullo y la ira hacen que decidas: "No, no llamaré". Al final, se acumulan años de dolor del corazón, todo porque la oscura pasión del orgullo eclipsa la abundancia de amor que también está presente, pero que reprimimos sin darnos cuenta.

La curación completa requiere que ni siquiera miremos las acciones de los demás, sino solo la influencia controladora de nuestro propio orgullo e ira, porque ese poder es la verdadera fuente de nuestro sufrimiento. Cuando soltamos el miedo a amar, lo único que queda es el deseo de amar. Al liberarnos del falso orgullo que nos impide acercarnos a otra persona, liberamos la capacidad de actuar según nuestros instintos fundamentales de ayudar a los demás. Al enfrentarte al miedo que te lleva a creer que tú debes ser lo primero, que no habrá suficiente riqueza, atención o amor para todos si otros reciben más que tú, descubres la abundante generosidad que hay en tu corazón.

No hay nada sencillo con respecto a este viaje y, sin embargo, como todos los grandes místicos han intentado comunicar con tanto entusiasmo, actuar desde tus numerosos dones de gracia es mucho más natural para lo que realmente eres que actuar desde tu sombra. Cuánto más natural y acorde con tus instintos profundos es actuar desde el amor que actuar desde el miedo, la codicia o la ira. En verdad, es antinatural actuar desde nuestras heridas y, así, herir a los demás por el mero hecho de sentir dolor; es antinatural porque estamos cediendo al poder de nuestra sombra en lugar de al poder de nuestra luz.

Una de las expresiones de esperanza más comunes es "Hay luz al final del túnel". Al final de la noche oscura, esa luz es un vibrante despertar a una psique y un alma empoderadas que reconocen los dones del espíritu como la esencia de nuestro mayor potencial. Y, como aprenderás en el próximo capítulo, estas gracias tienen tanta fuerza para curar y transformar, si no más, como las pasiones sombrías para destruir.

Capítulo V

LA CUARTA VERDAD

Confía en el poder de tus gracias

Una escuela de pensamiento que domina el enfoque occidental de la curación asume que, una vez que las personas afrontan su historia de traumas o secretos dolorosos, o reconocen áreas de subdesarrollo emocional, el estado de salud aparece de forma natural para llenar el vacío que han dejado las heridas desalojadas. Esta suposición está tan extendida que muchos de nosotros hemos llegado a creer que el simple hecho de "hablar de nuestras heridas" es lo mismo que curarlas. La idea que subyace a esta práctica es que la salud se mantiene expresando las heridas y las necesidades actuales, que han surgido como consecuencia de ellas. Como resultado de este enfoque, las prácticas de curación a menudo se centran en lo negativo, y dudan de animar a la gente a buscar activamente las cualidades más ricas de su naturaleza interior, como la creatividad y la capacidad de iniciar cambios dinámicos en la vida. No es que estas prácticas nieguen las cualidades más positivas; es solo que las cualidades positivas no pueden competir con el poder de la vulnerabilidad y el consiguiente apoyo emocional que se concede al individuo herido, como se mencionó en el capítulo 2.

El énfasis en lo negativo proviene de una serie de creencias, entre las que se encuentra la idea de que cada situación dolorosa esconde una lección. Una vez que descubrimos esta lección y cumplimos sus requisitos, el dolor y la enfermedad —o la crisis— se desvanecen. Y así perseguimos al dolor como si fuera el culpable, y raras veces ampliamos nuestra visión para considerar la verdad más madura de que la vida incluye transiciones dolorosas. No todo dolor indica que algo está mal, ya sea en tu cuerpo físico o en tu vida. A menudo sensaciones de enorme incomodidad nos alertan de un ciclo de transición, como si nuestros huesos hubieran crecido demasiado para que nuestra piel pudiera contenerlos. Este malestar es natural. Deberíamos sentir, por ejemplo, como si no pudiéramos respirar a menos que saliéramos de casa y nos pusiéramos a vivir nuestra propia vida.

Y luego está el tipo de dolor del fuego-dolor interno, que proviene del anhelo de producir algo original. Esta pasión conlleva su propia agonía y éxtasis, una fusión de sublime deleite y desdichada angustia cuando el escritor, artista o místico se esfuerza por ver, escuchar o encontrar la forma adecuada de captar las inspiraciones que se presentan ante los ojos interiores del alma como mensajeros sagrados. La angustia que siente una persona cuando se da cuenta de que no ha encontrado el medio perfecto que permita que la niebla mística se deslice hacia un pensamiento comprensible es indescriptible, pero no es un dolor que quiera anestesiar.

Por lo tanto, la negatividad y el dolor no han sido bien comprendidos en términos del propósito al que sirven dentro del gran esquema de nuestra vida. Nos engañamos al asumir que todo malestar debe convertirse inmediatamente en comodidad y que el orden debe introducirse rápidamente en todas las situaciones caóticas, como si eso fuera posible. Este tipo de pensamiento surge del miedo al daño personal y a la pérdida, y de la necesidad de restablecer el control. Así que retirarse al mundo familiar lo antes posible parece lo más razonable. Sin embargo, cuando tomamos este tipo de decisiones, deshacemos la razón por la que se produjo originalmente la crisis o la enfermedad. Una mujer llamada Jean me contó que tenía una larga historia de migrañas insoportables. Con el tiempo, se dio cuenta de que sus migrañas aparecían a las pocas horas de discutir con su marido. Durante estas discusiones, ella expresaba su descontento hacia algo y él ponía fin a la conversación diciendo: "No hablemos más de esto. Ya has dicho lo que tenías que decir. Ahora volvamos a como eran las cosas".

Jean comprendió que seguiría teniendo migrañas hasta que hiciera algo más que acatar las órdenes de "volver a como eran las cosas". Se dio cuenta de que, aunque podía seguir medicándose para la migraña y continuar con los tratamientos de acupuntura, todas esas estrategias curativas eran inútiles una vez que había reconocido que su dolor procedía de la rabia reprimida por haber traicionado su dignidad. A través de sus conversaciones, su marido se dio cuenta de que ella necesitaba una dinámica mucho más respetuosa en su relación, una dinámica que él no era capaz de proporcionarle sin sentirse desempoderado. Él quería restablecer el control volviendo a viejos patrones familiares, que solo intensificaban la crisis, aunque él los veía como su forma de superarla.

En realidad, Jean y su marido necesitaban, cada uno, su propio camino de curación, que iba mucho más allá del diagnóstico de migrañas. Como muchas personas descubren, la enfermedad física en sí no representa más que una parte del reto que supone la curación. Más allá de las dolencias corporales y de las heridas interiores, existen dinámicas psicológicas, emocionales y espirituales mucho más complejas que requieren una excavación exhaustiva, entre ellas las pasiones oscuras. Aún nos queda más por descubrir de un yo interior que no está moldeado por una historia que necesita reparación, sino por un empoderamiento místico potencialmente profundo que aún no se ha realizado. Sin embargo, rara vez descubrimos el camino hacia esa realización porque tendemos a creer que el viaje de curación termina una vez que nos liberamos de la última herida.

Consideremos que, a medida que el yo herido se disuelve a través del proceso de curación, experimentamos una pérdida no solo de nuestra "identidad herida", sino también de la sensación de poder que ha acompañado a esa identidad. Sal pasó muchos años haciendo psicoanálisis para superar su infancia difícil, que le había hecho incapaz de establecer relaciones sanas con las mujeres. Había construido su vida en torno a la autoprotección, una estructura que quería cambiar desesperadamente. Al mismo tiempo, había desarrollado un estilo de vida bastante cómodo, pero que le dejaba solo. Una parte importante de su terapia giró en torno a la idea de tener un objetivo y cumplirlo. En su caso, el objetivo era perdonar a sus padres por criarlo en tal aislamiento. A través de la terapia, se dio cuenta de que sus padres no lo aislaron por crueldad; fue una pena que no pudieran prestarle más atención porque trabajaban muchas horas y él no tenía amigos. Pero, finalmente, comprendió que nada de eso se debía a que sus padres quisieran que estuviera solo.

Sal sintió un gran alivio al darse cuenta de ello, lo que significó, tanto para él como para su terapeuta, que había alcanzado su objetivo. La ausencia de esta herida y la declaración de que estaba curado también suponían la promesa de que su vida social cambiaría inmediatamente. Para Sal, alcanzar un objetivo con éxito siempre significaba obtener la recompensa prometida. Creía sinceramente que ese día saldría de la consulta del terapeuta y, de camino a casa, se encontraría con la chica de sus sueños. Pero al llegar a casa descubrió que nada había cambiado. El apartamento seguía vacío. Seguía sintiéndose solo. Y seguía sin tener un lugar adonde ir por las noches. Su única compañía continuaba siendo el televisor y el ordenador. Para Sal era aún más chocante que ahora no tuviera ni siquiera la compañía de los recuerdos heridos de su infancia, ya que había madurado hasta comprender que no podía culpar a sus padres de su timidez. Al mismo tiempo, carecía de una imagen de sí mismo como varón sano y social, de un sentido de sí mismo que fuera más allá del hijo que necesita perdonar a sus padres. Al final, el peso del vacío fue demasiado y se vio arrastrado de nuevo a la oscuridad, un lugar con el que estaba íntimamente familiarizado.

Todo el mundo puede identificarse de alguna manera con la historia de Sal, porque todos estamos orientados hacia un objetivo, especialmente cuando se trata de empresas rigurosas como reconstruir nuestra salud física, emocional o mental. Sin embargo, la mayoría de la gente también puede identificarse con su extraordinaria experiencia de entrar en el vacío, de sentir que, después de todo el trabajo interior, la calidad de su vida emocional seguía siendo la misma. Podemos identificarnos con esta sensación de vacío porque todos sabemos lo que es detectar la pérdida de poder y emprender expediciones psicológicas para recuperarnos de la sensación de no tener una dirección. La mayoría de las veces, volvemos de esas expediciones sintiéndonos un poco defraudados, no tan transformados como habíamos previsto.

Pero estas expediciones para descubrir dónde, cuándo, cómo y quién nos hirió en realidad no tienen que ver con el autoempoderamiento, sino con descubrir por qué nos sentimos desempoderados. El empoderamiento, que es fundamental para tu curación y para tu vida, viene de avanzar por las aguas profundas de tus pasiones oscuras y seguir adelante hasta descubrir no lo que te han quitado, sino lo que aún tienes que dar y en quién tienes que convertirte. Quedarte en el vacío como punto final de tu curación es quedarte en la oscuridad, sin la sensación de que una nueva vida crece dentro de ti. La sustancia de esa nueva vida se basa en siete gracias, todas las cuales deben explorarse con el mismo vigor con el que se examinaría una herida enterrada, ya que estas gracias son poderes que han estado tan reprimidos como las heridas ocultas, aunque por razones diferentes. En primer lugar, la mayoría de nosotros vemos la gracia como una fuerza imaginaria o quizá como una vaga sustancia divina. En nuestro mundo de los cinco sentidos, atado a la razón y que tanto valora el control, si no podemos ver algo o controlarlo, embotellarlo o comercializarlo, ¿de qué sirve? Desde luego, no es "real" según la definición dominante de lo real. Así que, ¿hasta qué punto es práctico decir que el tú oculto, el tú verdaderamente empoderado, el tú plenamente sano, necesita de tus gracias para completar la transformación?

Para obtener una respuesta precisa a lo anterior, te remito a tu propia guía interna. Los que saben lo que es luchar por convertirse en una persona honesta e integrada saben que la batalla se libra en el paisaje interior, en algún lugar entre el ego y el alma. También saben que ser incongruente, decir una cosa pero hacer otra, es una forma segura de sabotear su calidad de vida, porque el engaño es una pasión oscura y poderosa. Luchar contra el engaño o la avaricia, la envidia o la lujuria no es algo que la mente pueda hacer por sí misma. No puedes "imponer tu voluntad" de no ser avaricioso. No puedes "imponer tu voluntad" de decir la verdad si eres, por naturaleza, propenso a decir a la gente lo que quiere oír porque quieres ser aceptado. La decisión de luchar contra esas fuerzas internas requiere algo más que fuerza de voluntad: requiere gracia.

Entonces, ¿la gracia es real? En una palabra: sí. ¿Cómo serías si reconocieras el poder de tus gracias internas y supieras utilizarlas en tu vida cotidiana? La gracia no es solo una sustancia emergente, una especie de remedio, de rescate divino. La gracia resalta cualidades en ti, realza tus puntos fuertes, agudiza tus sentidos internos y a veces te da ganas de estar en silencio para poder escuchar profundamente.

Conocerte a ti mismo a través de tus gracias es volver a conocerte. Tal vez por primera vez llegues a amarte de verdad. No puedes ser una persona completamente curada, o incluso ligeramente sana, sin que fluyan tus gracias. Esto plantea la pregunta de si tienes que conocer tus gracias para que fluyan a través de tu ser. No creo que sea necesario, pero creo que conocerlas puede ayudarte a alcanzar nuevos niveles de conciencia. Imagina lo diferente que sería tu vida si tuvieras un intelecto lleno de conocimiento ordinario combinado con un alma viviente y con conciencia mística de sus cualidades inherentes.

ENTONCES, ¿QUÉ ES LA GRACIA?

La gracia no es solo una vaga sustancia divina o una idea poética que se les ocurrió a los místicos locos en un estado alterado. La gracia es una fuerza sutil que, una vez más, está más allá del alcance de la razón. No es lógica, ni racional, ni un poder intelectual que pueda encerrarse en una definición clara. Necesita ser experimentada, reconocida por el individuo desde dentro, del mismo modo que una auténtica guía interior, para ser genuina, es profundamente comprendida por el receptor. Es un poder divino, una fuerza a la que a menudo se someten las leyes de la naturaleza y no al revés, como en el caso de los milagros.

La gracia está asociada a muchas tradiciones espirituales, pero en particular al cristianismo, y concretamente al catolicismo, por su larga tradición mística y teológica. Pero también se encuentran referencias a la gracia en el hinduismo, especialmente en el *vedanta,* en el que la gracia está siempre presente para todos los que recurren a ella. W.W. Meissner, sacerdote católico, sostiene que una "psicología de la gracia" ayudará al individuo moderno a darse cuenta de la relación entre la vida espiritual y el proceso de desarrollo y maduración personal. Abraham Maslow llegó a la conclusión de que la persona plenamente desarrollada es capaz de ver lo sagrado, lo eterno y lo simbólico en el mundo. El místico indio del siglo XX Sri Aurobindo describió que el viaje espiritual es similar al significado místico de la Trinidad: en primer lugar, debemos darnos cuenta de que cada uno de nosotros tiene un alma. A continuación, debemos tomar conciencia de una guía interior que es portadora de una verdad que absorbemos a través de la experiencia, la reflexión y la meditación. Por último, tenemos que llegar a ser lo suficientemente humildes y robustos como para ascender a una relación con lo Divino. Un viaje así depende de una infusión continua de las gracias.

Sin duda, la vida de cada uno ha sido tocada por la gracia más veces y de más maneras que las que se pueden contar. Se puede decir que son obra de la gracia los pensamientos y las ideas que te asaltan "de improviso", que cambian tu programación o te obligan a hacer algo inusual, y que, en general, tienen un fin positivo que no podrías haber planeado. Cualquiera que haya estado alguna vez en una discusión acalorada conoce la serena voz de la cautela que le advierte: "¿Estás seguro de que quieres decir eso?". Escuchar ese susurro lleno de gracia salva las relaciones, pero negarse a escucharlo por orgullo causa un dolor tan grande que la herida resultante se abre una y otra vez.

La gracia tiene muchas expresiones, y Teresa de Ávila ofrece una sabiduría soberbia sobre cómo funciona. A menudo, utilizaba el agua como metáfora de la gracia; en un ejemplo escribe que uno puede cavar su propio pozo en busca de agua y, de hecho, encontrarla. El agua será ciertamente pura y saciará tu sed, pero, como tú mismo has cavado el pozo, tendrás que reponer el suministro de agua buscando continuamente nuevas fuentes. Como ejemplo de esto, veamos cómo puedes utilizar la gracia de la Comprensión. Daré una definición amplia de ella más adelante en este capítulo, pero a efectos de este ejemplo, permíteme decir que, como todas las gracias iluminadas de tu alma, esta gracia de la Comprensión tiene un significado mucho más rico que la definición convencional de "comprender o escuchar con atención". Por ejemplo, la gracia de la Comprensión abre tu campo de visión no solo para comprender lo que otro comunica, sino también para profundizar en tu capacidad de apreciar lo que se te está diciendo. Se trata de una gracia que crea un campo de comprensión unificado, mejorando la capacidad de compartir información difícil y, a menudo, transformadora.

Por ejemplo, digamos que reconoces que, para llegar a una solución en una conversación, es necesario introducir un nivel de comprensión diferente. Tal vez, por tu naturaleza, no se te dé bien escuchar y lo sabes. Lo sientes en cada uno de tus huesos. También sabes que eres capaz de escuchar con más atención y respeto lo que dice la otra persona. Pero dudas. Tal vez pienses que la otra persona no se merece esa atención extra, o quizá estés buscando una respuesta parecida a la pregunta. Desde otra perspectiva, puede que dudes de ofrecerle un hombro comprensivo en el que apoyarse porque temes que te rechace. O puede que, al ofrecerte a ayudar, realmente quieras que te admiren por ser tan considerado, y te preocupa que tus motivos sean obvios. El ego a menudo entra en conflicto con respecto a cómo manejar el poder de la gracia, porque el ego está motivado por intenciones personales.

Todas estas situaciones representan ejemplos de conflictos con la guía interna en los que te sientes atraído a tender la mano a otro y, sin embargo, no estás seguro de ofrecer ayuda. Estos conflictos no reflejan tu pobreza. Por el contrario, indican que tienes un potencial de bondad que aún no has expresado. A menudo tu ego considera "poco razonable" lo que se le pide que dé porque mide con mucho cuidado lo que da. Teresa describe esta forma de dar como "cavar tu propio pozo de gracia", porque la gracia todavía no fluye "naturalmente" de ti a los demás. Esta vacilación a la hora de ser espontáneamente una persona que da existe porque, consciente o inconscientemente, reconoces que dar es una forma de empoderar a otra persona. Retener el don de empoderar a otra persona, especialmente cuando sabes que eres capaz de darlo, crea un conflicto interno automático debido a la vacilación, ya que el ego se siente naturalmente atraído por la oportunidad de actuar a partir de tus capacidades y cualidades más elevadas, que de hecho son tus gracias. Pero, por otra parte, el ego teme dar poder a otra persona, y esa es la raíz del conflicto humano: ¿te doy poder cuando intuyo que puedo, o retengo este don porque temo que puedas llegar a ser más que yo? Y, sin embargo, compruebas que el uso de estas cualidades en cualquier momento y lugar, y con cualquier persona, siempre mejora, asienta, cura o calma la situación. E incluso si la situación no requiere una resolución, tus cualidades arraigadas en las siete gracias son las que la gente más ama de ti, las que te permiten iluminar cualquier habitación en la que entras. Una de las características de la gracia es que siempre te sientes atraído espontáneamente a actuar a partir de ella, y la gracia que se te pide que utilices inevitablemente cura al otro.

El ego confía en los sentidos físicos para maniobrar en el mundo, mientras que el alma confía en sus gracias y sentidos espirituales. Por decirlo de otro modo, te apoyas en tus sentidos para controlar tu mundo externo, mientras que el poder de tus gracias trabaja para transformar tu mundo. Actuar desde la gracia debería ser nuestra segunda naturaleza, ya que esa es la llamada del verdadero yo, liberado e intuitivo. Si te despojaras de los miedos que pesan sobre tu ego, lo que quedaría sería un alma intuitiva y clara que respondería sin esfuerzo a los demás, porque los sentidos espirituales nos llevan hacia los demás en lugar de alejarnos de ellos. Teresa solía decir que, a medida que desarrollamos una rica vida espiritual, ya no tenemos que cavar en busca de nuestras propias gracias, porque se nos suministra sin cesar un caudal divino de gracia. Simplemente vivimos en un campo de gracia, generado por nuestra propia alma. La gracia se ha convertido en nuestra segunda naturaleza. Piensa en el viaje de la vida como una serie interminable de experiencias que nos llevan más profundamente a esa segunda naturaleza.

Tal descripción puede sonar inalcanzable, como si fuera un estado de perfección cuando estás a punto de alcanzar la iluminación. Pero ese es un enfoque de "todo o nada". Un enfoque más realista es reconocer que simplemente estamos haciendo un esfuerzo consciente para actuar a partir de nuestros recursos internos que están en armonía con la esencia misma de la salud y el bienestar emocional, mental y espiritual. La perfección nunca debe ser el objetivo; el objetivo es la práctica. Vive conscientemente y alimenta tu práctica.

La gracia, por tanto, tiene muchas expresiones y cualidades. Una mujer llamada Sally me contó que le llegó una guía que le instruyó "guardar silencio" en medio de una horrible discusión con su marido. Me dijo que le gustaba discutir, y que en las discusiones con su marido llegaban al punto de gritarse mutuamente. Pero esta vez, justo cuando la discusión estaba a punto de estallar en una guerra total, oyó una instrucción interna que le decía que guardara silencio, a la que ella respondió inmediatamente. Su marido siguió gritando y enfureciéndose, pero ella permaneció no solo en silencio, sino aquietada, más asombrada por la intensidad de su guía que por el dramatismo de su marido. Por fin, él se detuvo y le preguntó:

—¿Qué te pasa?

—Ya no voy a luchar más —dijo Sally—, solo sé que esto no está funcionando.

Lo que quería decir era que gritar y chillar no funcionaba como forma de resolver los problemas, pero su marido entendió que se refería a que el matrimonio no funcionaba. Inmediatamente se calmó y dijo:

—Mira, no quiero el divorcio. Solo quiero solucionar las cosas.

A partir de ese día, acordaron no volver a hablarse enfadados y, en los seis años transcurridos desde entonces, aún no han roto su promesa. Para Sally, la intervención que le dio esa instrucción de "guardar silencio" fue pura gracia, ya que la estaba guiando a actuar fuera de la tendencia de su carácter al permitirle ser vulnerable en una interacción verbalmente violenta. Me dijo que, dada su naturaleza y personalidad, nunca se le habría ocurrido actuar de esa manera. Por supuesto, Sally podría haber ignorado esa gracia, como la gente suele ignorar sus instrucciones internas. Sin embargo, los que han seguido esa guía saben exactamente lo que es tener un encuentro directo con el poder de la gracia.

ENTRAR EN TU LUZ: LLEGAR A CONOCER TUS GRACIAS

Tal como debes ser guiado en tu oscuridad, necesitas ser guiado a tu luz. Por mucho que la gracia sea una segunda naturaleza, animar tus gracias requiere algo más que ser capaz de definir el significado del nombre de cada gracia. La mente no puede comprender la esencia de la gracia como si fuera una ecuación matemática. Las palabras utilizadas para definir la gracia no pueden expresar plenamente su poder. Los momentos llenos de gracia están presentes en todas nuestras vidas. Vienen y pasan desapercibidos por lo que son en términos de la "gracia", aunque los reconocemos como especiales debido al producto final de esa gracia. Por ejemplo, una reconciliación entre tú y alguien a quien quieres y que pensabas que nunca podría darse es realmente un acto de gracia. Encontrarte con alguien a quien no ves desde hace mucho tiempo, y que es especialmente querido para ti, es mucho más que una dulce coincidencia: también es un acto de gracia. Recordar que hoy es el cumpleaños de alguien y darte cuenta de lo dolida que estaría esa persona si lo hubieras olvidado también es un acto de gracia. Estas son solo algunas pequeñas muestras del poder de la gracia, que se abre paso silenciosamente a través de tus pensamientos cotidianos, inspirándote a emprender acciones que siempre —siempre— tienen como intención sanar o mejorar la vida de otra persona, o la tuya propia. Que no atribuyas a la gracia el origen de estas inspiraciones es irrelevante.

Luego está el momento en el que rezas para que la gracia, directamente, en silencio, entre en tu vida. Por lo general, esta oración se hace en un momento de necesidad, y es entonces cuando uno se pregunta: "¿Qué es la gracia? ¿Cómo sabré que la gracia que he pedido ha llegado?". Este es el punto en el que la comprensión de la naturaleza de la gracia se convierte en una cuestión de importancia espiritual. La gracia es una sustancia mística, no un concepto mental. Como sustancia mística, debe ser experimentada para ser conocida. No se puede leer el camino que te llevará a comprender la gracia, ni discutirlo, ni encontrar una definición que finalmente te abra paso a una experiencia de iluminación interior. La gracia se te da a conocer a través de la oración, llenándote de una sensación de tranquilidad a la que no puedes llegar diciéndote a ti mismo "relájate". Para conocer la gracia de forma plena y directa debes volverte hacia dentro.

Considera, por ejemplo, la naturaleza de la alegría. Decirle a alguien que está triste que "imagine sentirse alegre" es como decirle a alguien que solo habla inglés que de repente empiece a hablar en hindi. ¿Qué debe imaginar exactamente esa persona cuando intenta "imaginarse" la alegría? ¿Poesía? ¿Puestas de sol en Malibú? ¿Recibir una avalancha de regalos de cumpleaños? ¿Es ese el significado de la alegría? Si careces de una experiencia genuina de la alegría, intentar imaginarla contando hasta tres o como ejercicio terapéutico es absurdo. No puede hacerse. La alegría es una gracia que debes experimentar en el contexto de tu vida.

Siempre has vivido en el campo de tus gracias sin ser consciente de que utilizas sus recursos tan a menudo como lo haces. Gracias como la bondad, la compasión, la paciencia y la sabiduría surgen de forma rutinaria en nuestras interacciones con los demás, pero rara vez en todo su esplendor. Estas gracias se filtran en nuestras vidas como las mejores características de nuestra personalidad. Pero, a pesar del hecho de que la gente encuentra estos rasgos más atractivos, en realidad son una dilución de la esencia pura de la gracia. Esto no es muy distinto de cómo se diluye el perfume puro para hacer colonia: la fragancia de la colonia es de la misma sustancia esencial, pero tiene mucha menos intensidad. Regalar un perfume caro a una chica que todavía es demasiado joven para comprender el valor del aceite puro de rosa contenido en el frasco, por ejemplo, es un error de juicio, porque ella todavía no ha aprendido a apreciar todo lo que implica adquirir y preparar ese aceite. No es que no quieras que tenga un tesoro así, pero el anciano sabio retiene el tesoro hasta que la niña alcanza la mayoría de edad. Entonces, con gran alegría, se le da una onza de perfume puro como un regalo que puede apreciar y utilizar adecuadamente. Mil cestas de pétalos de rosa deben ser aplastados para adquirir una onza de perfume, así de preciosa es la versión más pura de este aceite. Cada botellita de aceite puro de rosa representa siglos de magistral conocimiento de cómo cultivar rosales, de saber exactamente cuándo seleccionar las rosas adecuadas, de cómo arrancar los pétalos de las rosas para que su minúscula cantidad de aceite no se seque antes de pasar a formar parte de las mil cestas que se recogen para obtener el precioso aceite de esta flor tan exquisita.

No puedes adquirir ni gobernar una gracia tan refinada a través de los rituales de la razón o el conocimiento. Como el frasco de aceite puro de rosa, que se guarda para el momento oportuno, la "gracia perfumada" es un don, una bendición de profundo significado místico que se despierta en ti. No puedes "perseguir la gracia"; ella te persigue a ti. La gracia surge de tu trabajo interno y de la curación de las pasiones oscuras. Llega a través de la oración y del descubrimiento de que prosperas más con la verdad que con el miedo. La gracia llega a ti cuando aprendes a confiar en ella, a utilizarla como recurso primario en tus pensamientos y acciones.

A menudo pregunto a la gente en mis talleres: "Cuando no te distraes con pensamientos ordinarios, ¿sobre qué tiendes a pensar de forma natural?". La mayoría responden que sus pensamientos se desvían automáticamente hacia algún puerto negativo de su mente o su corazón, como las tensiones económicas, los problemas de pareja, las crisis emocionales no resueltas, los problemas de salud o los problemas laborales. El pensamiento de la mayoría de la gente va hacia atrás. Y si dirigen su atención hacia el futuro, suele ser para preocuparse por algo que aún no ha sucedido. No recuerdo a ninguna persona que me haya dicho que sus pensamientos se dirigían de forma natural a la gratitud o a una reserva interior de tranquilidad. Nuestra sociedad está inclinada a favor de lo que está mal, lo que duele y lo que falta en nuestras vidas, en oposición a lo que está bien y lo que es suficiente. Nunca se ha hecho un anuncio que diga al público: "Probablemente ya tienes más que suficiente. ¿Qué más necesitas?". La decisión de derivar conscientemente hacia un campo de gracia va en contra de una furiosa corriente psíquica del inconsciente colectivo que refuerza continuamente lo negativo en nuestras vidas. Como esa corriente psíquica es tan fuerte, la decisión de vivir en la gracia tiene que reforzarse una y otra vez hasta que se convierta en algo natural para ti. Y entonces tu segunda naturaleza tomará gradualmente el control y esa gracia se afianzará.

LAS SIETE GRACIAS

He asociado las siete gracias con los siete chakras, utilizando la misma estructura que creé para las siete pasiones oscuras. Al comprender las corrientes que fluyen a través de cada chakra, puedes conectar mejor la gracia con las áreas de tu vida y de tu cuerpo físico que necesitan curación. En el capítulo 4 hice hincapié en que, aunque las siete pasiones oscuras también se denominan los siete pecados capitales, las características de sombra representadas por estos "pecados" proporcionan una lista precisa de las causas profundas del sufrimiento y la injusticia humanos. Las siete gracias también tienen su origen en las Escrituras: Pablo, en 1 Corintios 12:8-10, ofrece una lista de los "dones del Espíritu", al igual que Isaías 11:2-3. Como he mencionado antes, Jesús es el maestro occidental más estrechamente asociado con la gracia, no solo porque es conocido por sus curaciones, sino también porque inició el arquetipo cósmico del Espíritu Santo. Hizo saber a sus Apóstoles que los "poderes" que él tenía estaban también dentro de ellos y que su presencia les sería conocida a través de un espíritu cósmico que encarnaba lo sagrado. La sustancia de ese espíritu se filtraría hasta ellos en forma de muchas gracias. Aunque la gracia fluye abundantemente para todos, existe una experiencia llamada "ser dotado con una gracia", en la que sientes una mayor conciencia de una gracia o gracias particulares. Con esto quiero decir que uno se siente dotado de una gracia particular, en contraposición a tener solo una comprensión o apreciación intelectual de la misma. Las personas genuinamente empoderadas o "dotadas" de una gracia no son difíciles de detectar, incluso en una sala llena de gente; todo el mundo quiere hablar con ellas porque tienen algo raro e inusual. A menudo decimos que una persona "irradia" una energía extraordinariamente tranquilizadora o cariñosa, y yo creo que esa emanación procede de la gracia.

LA PRIMERA GRACIA: LA REVERENCIA

En las escrituras, a esta gracia se la denomina "temor de Dios", aunque este no es el lenguaje más eficaz para impresionar a los intelectos modernos. "Reverencia" ofrece un sentido más preciso de todo lo que esta gracia representa; para apreciarla más plenamente, empecemos examinando el primer chakra. Como vimos en el capítulo 4, el primer chakra está relacionado con lo que yo llamo conciencia tribal, que abarca un enorme espectro de información. Situado en la base de la columna vertebral, donde entra en contacto con la tierra cuando te sientas en la postura de meditación clásica, también se le llama chakra raíz. Es el campo energético a través del cual tus circuitos de energía se "enraízan" o se conectan con la tierra en el mundo físico. A través de este chakra, tus circuitos de energía conectan con todos los asuntos relacionados con tu tribu personal, así como con las grandes tribus sociales y planetarias. Aquí, "tribu" se refiere a cualquier grupo de personas que, por sus propias razones, ya sea por religión, política, origen étnico o preferencia sexual, constituyen un clan estrechamente vinculado. El papel arquetípico de la tribu es transmitir la ley social y la sabiduría tribal en forma de tradiciones religiosas y sociales, y experiencias familiares. Las tribus enseñan lealtad y unidad: la idea de que "la sangre es más espesa que el agua". Dentro de una tribu, el respeto es la ley, y el respeto también es la forma que el ego tiene de expresar la gracia de la Reverencia. Una tribu entrará en guerra por la pérdida de respeto, por ejemplo, sobre todo si dicha pérdida se ha producido en circunstancias humillantes. La gracia de la Reverencia, por otra parte, otorga una percepción de unidad por la que se entiende que el sufrimiento de una tribu está entrelazado con el de todas las tribus. El principio místico asociado con el primer chakra puede enunciarse así: lo que está en Uno está en el Todo.

Reverencia penetrante: la reverencia es la gracia que nos permite ver que toda la vida es un campo interconectado de actividad cósmica que tiene su origen y su final en la conciencia divina. La reverencia es la gracia a través de la cual somos capaces de captar el significado de esa verdad incomprensible e interiorizarla, lo que significa que la inmensidad del universo se vuelve internamente personal mientras permanece externamente impersonal. A través de este elevado estado de conciencia te das cuenta de la diferencia entre la naturaleza de una verdad absoluta —eso que es eterno y constante— y el dominio menor de los hechos científicos cuya importancia crece y disminuye como la masa con levadura. La vida, desde una perspectiva mística, es algo más que un sistema científico de leyes impersonales que pueden reducirse a un orden comprensible para satisfacer la curiosidad del intelecto humano.

La reverencia también nos lleva cada vez más profundamente a un sentimiento de asombro. La presencia de lo sagrado se percibe como la fuente de la vida, y nuestra alma está profundamente conectada con dicha fuente. Llenarse de asombro es la respuesta de los humildes ante lo Divino, una respuesta que reconoce que el poder que gobierna la vida no está contenido ni definido por parámetros intelectuales. La vida está definida por una fuerza mucho mayor de lo que puede medir el intelecto humano.

La reverencia también puede ser la gracia raíz del sistema intuitivo, formado por sentidos espirituales que tienen dos vías de expresión distintas. Los sentidos espirituales inferiores animan tu intuición a favor de la supervivencia, que incluye tus instintos viscerales, la respuesta de lucha o huida y las leyes tribales que influyen en tu conciencia, integridad y en cómo prestas atención a ser justo con los demás. Estos sentidos intuitivos están en sintonía con el entorno exterior para autoprotegerse. Los sentidos espirituales más refinados se dirigen hacia dentro, en sintonía con el avance de tu vida espiritual. Tener la sensación de que no estás en el camino correcto, por ejemplo, o de que estás en una crisis espiritual, o de que estás despertando a un deseo apremiante de descubrir los reinos profundos de tu propia creatividad y la necesidad de expresar una visión única; todos estos son ejemplos de cómo nuestros sentidos se dirigen hacia dentro para hacer avanzar tu vida espiritual. Por último, el instinto de cuestionar el sentido y el propósito de tu vida es otro ejemplo más de cómo aparece en tu vida la gracia de la Reverencia, inspirándote a buscar tu lugar en el esquema cósmico.

No me cabe duda de que muchas personas que cuestionan el sentido y el propósito de sus vidas están, de hecho, hambrientas de la gracia de la Reverencia. La vida ha dejado de ser sagrada o santa para mucha gente. Sin embargo, necesitamos asombro en nuestras vidas. Tenemos una necesidad fundamental de buscar lo sagrado y de experimentar el contacto con una fuente de poder divino. Necesitamos la gracia de la Reverencia para rodearnos de la sensación de que estamos viviendo en el paisaje de lo sagrado.

Invocar la Gracia de la Reverencia: invocas una gracia a través de la oración, ya sea para obtener curación, fuerza, resistencia, perspicacia, otras necesidades personales o simplemente para sentarte a reflexionar en silencio. La reverencia te conecta con una sensación de unidad y totalidad. Pedir que se te conceda esta gracia en tiempos de crisis te permite percibir una situación en su conjunto, en lugar de centrarte en uno o dos aspectos cuya importancia a continuación se exagera. La reverencia enraizará tus sentidos intuitivos, ayudándote a confiar en tus instintos cuando las situaciones se vuelvan caóticas. Esta también es la gracia que eleva tu conexión con tu conciencia, para saber qué elecciones son correctas o equivocadas para ti.

La reverencia se nutre de la unidad y la humildad, cualidades del alma que alimentan la salud. Una actitud de superioridad, por ejemplo, que es la sombra de la humildad, fomenta la arrogancia. La arrogancia conduce a actos de separación que, a su vez, provocan tensiones psíquicas, emocionales y mentales. En última instancia, todo ello desemboca en trastornos físicos.

Oración para la Reverencia: Invoco la gracia de la Reverencia para poder ser uno con la totalidad de la vida y para que mi vida pueda servir al todo. Pido que esta gracia me alerte de todo lo que hago que me mantiene separado de mi fuerza vital, para que pueda hacer elecciones más sabias. Pido que esta gracia me alerte de cuando estoy desoyendo mi guía intuitiva porque no me gusta lo que oigo. Pido valor para oír lo que debo oír y para actuar según la guía que se me da.

SEGUNDA GRACIA: PIEDAD

El significado clásico de la piedad es la devoción a Dios. Pero, para nuestro propósito, debemos llevar el concepto de devoción un paso más allá y preguntarnos: "¿Cómo debería reinterpretarse la piedad para el individuo contemporáneo?". Al fin y al cabo, las expresiones de la gracia evolucionan a medida que la humanidad cambia de un siglo a otro. La definición de piedad del viejo mundo ya no es lo suficientemente amplia como para contener la psique y el alma contemporáneas. Así, nuestro examen de esta gracia comienza en el contexto del segundo chakra, que nos ofrece una ventana a los patrones de estrés de la personalidad moderna.

El segundo chakra, situado en la región genital y en la zona lumbar del cuerpo, es el centro energético que se relaciona más directamente con nuestra necesidad de crear y conectar. Todo el mundo necesita crear y todo el mundo necesita relacionarse. Este es el centro energético del cuerpo que resuena más íntimamente con la necesidad de compañía, romántica o de otro tipo. Como es el centro de mando de las relaciones personales, el segundo chakra también alberga todos los instintos competitivos, algunos de los cuales pueden llegar a ser muy negativos, cuando no despiadados. Los juegos de poder que llevan al enfrentamiento mutuo figuran entre las relaciones humanas más destructivas, del mismo modo que las amistades y las uniones románticas entre dos personas son las más satisfactorias. En el segundo chakra comienzan a formarse diversas enfermedades que tienen su origen en el estrés relacionado con las finanzas, los conflictos sexuales, las luchas de poder y los actos de traición. Estos demostrarán ser significativos para la gracia de la piedad.

El segundo chakra alberga el miedo a la violación, así como el deseo de violar. Este es uno de esos deseos que revelan los aspectos sombríos de la razón; es decir, la violación es un deseo situado más allá de la razón, en la zona oscura de la psique. Como instinto oscuro, el deseo de violar necesita una definición más amplia que la violación del cuerpo. Desde una perspectiva más amplia, la violación incluye el oscuro deseo de tomar por la fuerza la propiedad de otro, su dinero, poder, estatus, logros, fama o cualquier otro objetivo que queramos. Este impulso oscuro se equilibra con el instinto de lucha o huida, que nos alerta cuando nos encontramos en una circunstancia que nos hace vulnerables a algún tipo de violación, ya sea de nuestro poder o de nuestro cuerpo físico. La idea de "levantar las defensas" se refiere a poner el segundo chakra en alerta roja, lo que significa que estás con una persona o en una circunstancia que percibes como de alto riesgo.

La piedad puede parecer una gracia extraña para ser asociada con el segundo chakra, dada la descripción de este centro de energía como un hervidero de actividad conectada con el mundo exterior. Sin embargo, eso es precisamente lo que hace del segundo chakra el lugar más apropiado para esta gracia especial. El respeto derivado de la humildad es una cualidad crucial con la que impregnar todas nuestras relaciones.

Piedad penetrante: mientras que la reacción instintiva del segundo chakra es desconfiar de otra persona, buscar defectos o entrar en un juego de poder, la gracia de la piedad busca lo que hay de divino en los demás. Para decirlo en un lenguaje menos elevado, la piedad es una gracia que hace aflorar nuestros instintos espirituales, como percibir que alguien necesita bondad o cariño. Es una gracia que nos lleva a relacionarnos con los necesitados y a dar generosamente a quienes en otro tiempo habríamos considerado nuestros competidores.

Teresa de Ávila utiliza un nombre especial para cierto tipo de relación en la que los individuos son capaces de apoyarse mutuamente en el camino de la vida con gran generosidad de corazón y alma. Dice que es raro encontrar a otra persona que entienda lo que significa estar dedicado a "iluminarse", a ver con claridad la verdad sobre uno mismo y sobre Dios. A medida que avanzamos en este camino de iluminación, a veces encontramos en el camino a otros que, según Teresa, calificamos como "compañeros del alma", individuos que tienen la profundidad de conocimiento y experiencia para entender nuestro viaje personal. Otra expresión de la gracia de la piedad es querer dar lo mejor de tus recursos internos para ayudar a "iluminar" a otro que acude a ti en busca de guía.

Para muchas personas los asuntos del segundo chakra están entre los más abrumadores: la economía, las relaciones, la sexualidad y todos los temas relacionados con la supervivencia. Este chakra también se corresponde con los instintos viscerales y la intuición aterrizada, pero a los temerosos a menudo les resulta difícil seguir la guía interna. Se trata de una gracia que puede ayudarnos a reconocer fácilmente cuándo tenemos miedo con respecto a nuestra supervivencia y no sabemos por dónde tirar. Otros gravitan hacia esta gracia, como si reconocieran instintivamente que la piedad nos permite ver a "Dios en los detalles" de la vida, lo que significa que la naturaleza de lo Divino es una constante expresión creativa, exactamente igual que el segundo chakra.

Invocar la Gracia de la Piedad: invocas la piedad cuando sientes que estás cayendo en un oscuro juego de poder con otra persona, o cuando temes que te estás contaminando con pensamientos negativos sobre los demás. Recuerda que estas energías negativas dañan tu mente, tu corazón y tu espíritu, no los de otra persona. La gracia de la piedad cambia inmediatamente tu forma de ver al otro, permitiéndote contemplarlo con un corazón más amable. O, para decirlo en términos más clásicos, te permite mirar más allá del ego de las personas y centrarte en lo que hay de divino en ellas. Esta práctica toma las enseñanzas de las grandes tradiciones espirituales y las traslada a la vida cotidiana, donde nuestras decisiones importan.

Oración para la Piedad: la piedad es la gracia de Dios en constante creatividad, que abastece continuamente mi vida y la totalidad de la vida con infinitos recursos físicos y energéticos. Si no veo esos recursos es porque estoy mirando a través de la lente del miedo. Pido que la gracia de la piedad me rodee y fluya sin cesar desde mi segundo chakra, restaurando todo lo que necesita curación. Que esta gracia desmantele mi miedo a los demás, a no tener suficiente y a las dificultades, y que esos miedos sean sustituidos por esta gracia que ilumina mi forma de ver a los demás. Permíteme estar disponible para cuidar de los demás y ser una fuente de bondad para los seres humanos. Esta es la gracia de la piedad en acción.

LA TERCERA GRACIA: ENTENDIMIENTO O COMPRENSIÓN

El ego considera la "comprensión", a un nivel personal, como la capacidad de escuchar claramente lo que alguien dice o, a la inversa, la necesidad de ser escuchado claramente por los demás. También puede referirse a un acuerdo mutuo, como en la afirmación: "Hemos llegado a un entendimiento sobre este asunto". La gracia del entendimiento, por el contrario, nos otorga la capacidad de trascender los asuntos personales. Esta gracia nos abre a la capacidad de ver más allá de la ilusión de una circunstancia y a comprender la verdad profunda de lo que realmente ocurre. Dos personas que se pelean a gritos por una plaza de aparcamiento pueden alegar que su discusión empezó por quién llegó primero, pero la verdad de ese conflicto va más allá de la plaza de aparcamiento. Se trata de dos personas con un historial de necesidad de ganar a toda costa. Ya se trate de una plaza de aparcamiento o de un partido de fútbol, ambos "contendientes" comparten la feroz necesidad de ser los primeros. Aunque haya otras plazas de aparcamiento disponibles, la persona que no consiga la plaza ni siquiera las tendrá en cuenta, porque eso significaría ser el "perdedor", y en su mente queda en segundo lugar y es humillado. Una segunda plaza de aparcamiento nunca "satisfaría" a ninguno de los dos conductores, porque el origen del conflicto debe entenderse en el contexto de cómo se comportan las personas cuando carecen de una autoestima sana. El papel que desempeña el poder se convierte en un factor crítico a medida que se desarrolla

LA CUARTA VERDAD

el drama entre dos personas, y con un ojo entrenado se puede ver que incluso los coches y el aparcamiento tienen un papel simbólico. No hay nada en tu vida que esté ahí por accidente, pero necesitas la gracia del entendimiento para ver esto con claridad.

El tercer chakra resuena más intensamente con la gracia del entendimiento, que incluye el sentido común. Aunque, en este caso, el sentido común tiene una solidez poco común. Nacemos con unos instintos equivalentes al ADN de nuestra especie y nos proporcionan una comprensión arquetípica de las leyes naturales que rigen el orden de la vida. Esto es una expresión de la divinidad orgánica —Dios en nuestros huesos y sangre— y es la esencia del sentido común, un sentido que nos orienta para saber qué hacer en una crisis, para ayudar a dar a luz a un bebé o para arreglar una estructura a fin de sobrevivir a una tormenta. El sentido común es el hilo que conecta a la especie con sus avances colectivos, como una línea telefónica vibratoria que nos avisa de que el mono número 100 por fin ha aprendido una habilidad nueva, que puede entrar oficialmente en el acervo del conocimiento colectivo. Y toda la humanidad se beneficia, porque esa es la naturaleza del sentido común. Así, podemos pensar en el sentido común como en el fruto del árbol de la gracia de la comprensión.

El tercer chakra, que se encuentra en el plexo solar, es el centro de la identidad personal y, por tanto, del sentido del yo. La autoestima, el respeto hacia uno mismo y la responsabilidad personal se centran directamente en el plexo solar. Sin embargo, no cabe duda de que la autoestima es el epicentro de este chakra, como el poste de mayo en torno al cual giran todos los demás asuntos.

Los "ingredientes" que configuran la autoestima son, en esencia, los mismos que más contribuyen energéticamente a

188

tu salud. La autoestima es un conjunto integrado de cualidades que actúan como líneas de suministro de energía positiva a tus principales órganos. La ausencia de estas cualidades te hace emocional y psíquicamente impotente, independientemente de la educación, el estatus, la riqueza o el poder externo que hayas adquirido. Ninguno de esos apoyos y protectores externos sirve de nada porque no pueden proteger ni siquiera a las personas más poderosas de su mayor temor, que es que alguien o algo tenga la capacidad de humillarlas. Mientras suframos de baja autoestima, y es algo que se sufre, temeremos a los demás y ansiaremos su aprobación.

Cada habilidad interior, desde la capacidad de curarse a uno mismo hasta la de escuchar profundamente y recibir guía interna, y luego actuar en consecuencia, requiere que desarrollemos la autoestima con el máximo vigor del alma, empezando por las gracias de este chakra. La ausencia de autoestima nos lleva a comprometer nuestro poder personal y, a menudo, a traicionarnos a nosotros mismos por falta de valor o integridad. Y el estrés de estas acciones se convierte en las corrientes de energía negativa que alimentan la enfermedad. Todas las técnicas de curación disponibles solo pueden proporcionarnos un consuelo temporal cuando carecemos del ingrediente esencial de la autoestima, que en última instancia es necesario para iniciar cambios que transformen nuestra vida. Sin autoestima, volvemos a caer en los patrones de comportamiento que crearon las enfermedades.

Comprensión penetrante: siempre estamos buscando razones de por qué las cosas suceden como suceden, pero como ya sabes, los acontecimientos no pueden razonarse. Puedes mirar al mismo objeto o situación de distintas maneras. Está tu manera y está mi manera. Y luego está la forma en que percibirías algo si comprendieras profundamente que todos los acontecimientos son al mismo tiempo personales e impersonales. Un acontecimiento es personal para el individuo que se encuentra en medio de una situación, pero también es una reunión de fuerzas impersonales regidas por las leyes del movimiento y la energía. Algunas de estas leyes están ligeramente influenciadas por el individuo, pero la mayoría tienen su origen en patrones de energía que no podemos identificar. Sin embargo, las leyes impersonales contienen la clave del significado y el propósito superior de un acontecimiento. Esto es diferente de buscar la razón del sufrimiento personal. Intentar comprender el propósito y el significado superior que está presente en cada experiencia eleva tu enfoque hacia la sabiduría y el empoderamiento personal.

Una vez recibí una llamada de un hombre que se había trasladado a Oriente Medio para dirigir la oficina financiera de una empresa de inversiones en expansión. Atrapados por las ganancias inesperadas de los mercados petrolíferos y las empresas inmobiliarias, Lanny y sus socios dejaron de lado el sentido común e invirtieron en exceso en acciones y fondos de alto riesgo. Uno de los socios, sabiendo que las inversiones iban mal, abandonó rápidamente la empresa y el país, dejando a Lanny toda la responsabilidad de unas pérdidas multimillonarias tan enormes que la empresa se quedó sin un céntimo. Cuando me llamó, Lanny aún no había informado a los socios principales de que su empresa estaba en quiebra. Me preguntó: "¿Qué debo hacer?". Le dije que lo único que podía ofrecerle era una guía hacia una perspectiva más profunda del caos que ahora amenazaba su vida, y que realmente estaba en juego. Tenía que liberarse de las garras del miedo o nunca vería la salida.

Recé conscientemente pidiendo la gracia de la comprensión y el sentido común —y todas las demás gracias— que pudieran concedérseme mientras hablaba con Lanny. A pesar de lo poco que había averiguado sobre su situación durante nuestra conversación telefónica, sentí que su única salida era la vía de la sabiduría. Esto significaba convocar una reunión con sus superiores y revelarles la situación financiera de la empresa, explicando por qué había hecho esas inversiones, que habían ido mal cuando el mercado mundial se desplomó. El sentido común establece que alguien que entre hasta en el entorno más hostil con dignidad y autoestima se hará respetar. Es una de las leyes naturales inscritas en nuestro ADN. Lanny tenía que confiar en esta gracia ahora más que nunca, ya que estaba a punto de dar la peor noticia que un consejo de administración puede escuchar. Sabía que, si realmente comprendía lo que yo le estaba diciendo —no intelectualmente, sino en lo más profundo de su alma—, se dejaría guiar por esta gracia.

Finalmente, tras una larga conversación con Lanny y su esposa, le pregunté qué pensaba hacer.

—No lo sé —me dijo—. No estoy seguro. Creo que lo único que puedo hacer es convocar una reunión e informarles directamente de la situación de la empresa. No veo otra alternativa.

Es difícil apreciar cómo actúa la gracia en nuestra vida, pero, según mi experiencia, a menudo nos marca el camino a seguir porque no hay alternativa. La gracia de la comprensión es una fuerza trascendente que dirige nuestra atención hacia lo que es necesario y útil. En esta crisis concreta, a Lanny no le habría servido de nada mirar hacia atrás para comprender qué había ido mal con todas las inversiones que había hecho. La búsqueda de ese tipo de información está impulsada por el ego; su propósito es culpar a otra persona de que las cosas vayan mal. Puede que una parte de él quisiera hacer eso, pero la gracia te dirige hacia lo que necesitas hacer. Él necesitaba encontrar la manera de sobrevivir a lo que tenía por delante, no por detrás. Necesitaba una perspectiva impersonal sobre los cambios globales que se estaban produciendo, de los que su empresa formaba parte. Necesitaba comprender que ningún organismo —u organización— existe al margen de la dinámica de cambio que se produce, por muchas salvaguardas que se pongan. El poder del todo siempre domina sobre las partes individuales.

Debes recurrir a las gracias de la comprensión y el sentido común para iluminar las profundidades de tus propios misterios personales. La búsqueda del autoconocimiento, por ejemplo, es interminable. Siempre habrá algo más que comprender sobre la naturaleza de tu propia alma y los numerosos dones que aún tienes que descubrir en ti mismo. Mientras estés vivo, te encontrarás con otras encrucijadas y oportunidades. Te debes a ti mismo el excavar tan profundo como puedas en por qué piensas como piensas y en por qué crees lo que crees. Cada año, el día de tu cumpleaños, debes preguntarte: "¿Qué haré este año que me enseñe algo nuevo sobre mí mismo?". Nunca dejes de buscar en las profundidades de tu alma.

De igual modo, estas gracias nos conceden la capacidad de ayudar a otras personas a comprender lo que necesitan entender de sí mismas. Ofrecer la gracia de la comprensión a otra persona debe considerarse, con razón, un acto de curación, porque al ser capaz de ayudar a los demás, a menudo les liberas de un profundo sufrimiento.

Invocar la gracia de la Comprensión: como todas las gracias, la comprensión y su fruto, el sentido común, no son egoístas, sino que fomentan tu capacidad de servir a los demás. Son fuerzas que reconstruyen tu vida para que puedas ayudar a otros a sanar. La influencia de la gracia en tu vida no tiene fin, pero no es posible dar órdenes a las gracias. Invocas su poder a través de la oración, y la gracia se libera en tu vida para penetrar en tu situación, no para hacer que esta desaparezca, sino para agudizar tus sentidos espirituales en tu respuesta a ella.

La comprensión y el sentido común te ayudan a comprender cómo funciona el universo y cómo puedes razonar como un místico mientras te disfrazas hábilmente de mortal ordinario. El universo está regido por leyes, pero esas leyes, a su vez, están regidas por lo Divino. Si puedes entender ese sistema, comprenderás la esencia de la curación. Persigue tus propios misterios. Nunca huyas de lo que no comprendes de ti mismo; esa parte de ti no se evapora solo porque no quieras mirarla. Lo que no te gusta o lo que temes se convierte en un radical libre psíquico en tu sistema. Y del mismo modo que los radicales libres físicos conducen a enfermedades devastadoras, esos miedos en la sombra acaban convirtiéndose en un trastorno psíquico y quizás en un patrón destructivo en otras áreas de tu cuerpo o de tu vida. Utiliza la gracia de la comprensión para verte a ti mismo con claridad y poder servir a los demás con esta misma gracia.

Oración para la Comprensión: Pido la gracia de la comprensión en todos los asuntos de mi vida para que pueda ver con claridad más allá de lo obvio y de lo personal. Pido ver el camino de la sabiduría y comprender las verdades más profundas sobre mi propia naturaleza. Que pueda usar siempre las gracias de la comprensión y el sentido común al servicio de los demás, y que pueda actuar siempre según los instintos fluidos que me guían, incluso sin necesidad de pedirlo, desde la gracia del sentido común.

CUARTA GRACIA: LA FORTALEZA

La gracia de la Fortaleza se refiere a una cualidad del coraje que va mucho más allá del valernos por nosotros mismos, o incluso, tal como el diccionario define la fortaleza, la fuerza para soportar la desgracia o el dolor con calma y paciencia. La gracia de la fortaleza es esencial para quienes han despertado, por ejemplo, a los desafíos de su máximo potencial espiritual. Me doy cuenta de que "máximo potencial espiritual" es una frase que hay que definir, y probablemente esta sea la mejor manera de llegar al núcleo de la Fortaleza.

Fortaleza penetrante: el ego asocia el "máximo potencial" con el trabajo perfecto que no solo garantizará nuestro éxito, sino también que seremos admirados sin posibilidad de humillación. El ego imagina que su máximo potencial es la plena realización de sus fantasías, algunas generadas por la ambición, pero muchas surgidas del deseo de demostrar nuestra valía ante quienes nos han ignorado o han abusado emocionalmente de nosotros. Al escuchar durante tanto tiempo las descripciones de las personas sobre su fantasía ideal del máximo potencial, he llegado a la conclusión de que la mayoría de nosotros imaginamos ambiciones egoístas de alto nivel que representan esencialmente el fin de nuestros problemas terrenales. Rara vez alguien ha imaginado que su mayor potencial podría ser un camino de servicio que también incluya un medio de vida correcto, como crear una forma económicamente viable de cuidar a los ancianos o nuevas formas de utilizar tierras de cultivo estériles. Algunas personas pueden descubrir que su mayor potencial es invisible, que ofrecen su mayor servicio a los demás rezando por ellos en tiempos difíciles.

Con frecuencia pongo a grupos enteros en un aprieto haciéndoles esta pregunta: "¿Qué pasaría si un ángel bajara y te ofreciera dos opciones? La primera es el máximo potencial que tu ego desea, con todas las campanas, silbatos, aplausos y admiración que anhelas, excepto que en realidad ese no es tu máximo potencial. La otra opción es mucho menos grandiosa en apariencia, pero mucho más potente a la hora de marcar la diferencia en el mundo: convertirte en un receptáculo de gracia al servicio de los demás, aunque muchos de ellos ni siquiera te tengan en cuenta. ¿Qué elegirías?". Después de emplear mis métodos habituales de presionar al público para que se sincere, la mayoría de la gente admite que elegiría la fantasía de su máximo potencial —incluso cuando se les ofrece la alternativa auténtica— porque quieren vivir la experiencia de la abundancia, la seguridad, la admiración y la fama. En ocasiones, algunas personas incluso admiten que les gustaría tener el poder de hacer que los demás se sintieran mal por haberles humillado.

El potencial, por definición, es algo que nos lleva a crecer. En este contexto, nuestro máximo potencial "espiritual" no es algo que un ego frágil pueda valorar, porque el ego frágil solo puede tratar de servirse a sí mismo. Hasta que no emprendamos la tarea de investigar nuestra fragilidad, no podremos empezar a construir un andamiaje interior lo bastante sólido como para resistir las batallas que libramos continuamente entre lo que somos dentro de nuestro ego y lo que anhelamos ser dentro de nuestra alma. Incluso la necesidad de buscar nuestro máximo potencial es una batalla a la que estamos destinados entre nuestro ego y nuestra alma, batalla que está codificada en nuestro ADN espiritual. No podemos evitar preguntarnos si hay "más" para nosotros "ahí fuera", en alguna parte. Pero nuestro ego a menudo interviene y confunde el proceso, corrompiendo la búsqueda genuina de la identidad espiritual con la búsqueda de una situación física ideal acompañada de la promesa de seguridad económica. Tal vez ese Santo Grial, dice el ego, se encuentre en la próxima relación romántica, o en la próxima ciudad, o en el próximo trabajo. Nuestras experiencias nos van llevando por este camino, entretejido con logros y decepciones, dolores e impulsos del corazón. La vida siempre nos lleva hacia delante, por la senda de descubrir más sobre nuestro potencial.

Pero ¿qué es exactamente este potencial? La palabra se refiere a nuestra capacidad de iluminarnos espiritualmente y, por tanto, de empoderarnos espiritualmente. El objetivo de la vida es el empoderamiento espiritual: aprender a utilizar el poder de nuestras almas en actos de creación guiados por instrucciones divinas. Esta es una perspectiva mística, no una perspectiva religiosa. Tu alma no pertenece a una religión; solo tu cuerpo y tu mente participan en rituales religiosos, si es que lo hacen. Tu alma es una fuerza cósmica que crea con cada respiración que tomas. El objetivo es darte cuenta de lo que estás haciendo con tu respiración, de la calidad de tus pensamientos, de tus emociones y de lo que crees que es verdad sobre la vida. La respiración, los pensamientos, las emociones y las ideas son tus herramientas de poder. Tu potencial crece a medida que ejerces un dominio consciente sobre estas fuerzas y sobre todo lo que te influye, bloqueando lo negativo y abrazando la verdad. Puedes saber esto miles de veces, puedes haber leído cómo bloquear los pensamientos negativos y abrirte a los positivos un millón de veces, pero no es nada comparado con experimentar realmente el poder de uno solo de tus pensamientos en un verdadero acto de creación. Experimentar tu propio yo a cámara lenta, recibiendo una inspiración, y luego formando un pensamiento, transformando ese pensamiento en una elección, haciendo esa elección y viéndola fluir de tu campo de energía personal hacia el campo de la vida, influyendo en toda la vida: eso es realmente un momento de despertar místico. Entonces empiezas a comprender lo que significa iluminarse, llenarse de verdad, que es otra palabra para la luz —La tradición islámica incluye los 99 Hermosos Nombres de Alá, dos de los cuales son Haqq y Nur, que significan respectivamente "Verdad" y "Luz"—. La verdad es poder, y hacerse lo bastante fuerte como alma para comprender conscientemente la verdad cósmica mientras vivimos en la tierra de la ilusión —como diría Buda— es el reto supremo para el ser humano. Esta es la prueba que afrontamos en el viaje de la vida: ¿Cuánta verdad puedes absorber en la ilusión mientras estás viviendo dentro de ella?

La progresión de las experiencias vitales nos lleva por un camino con un único objetivo: empoderar nuestro espíritu. Cabe pensar en este viaje en términos de cómo progresamos a lo largo de las etapas de poder que experimentamos: comenzamos formándonos para tener un trabajo; pasamos a construir una carrera profesional y luego a tener la experiencia mística de ser llamados a una vocación, que representa nuestro potencial espiritual más elevado. Esta analogía explica con elegancia las diferentes expresiones de la gracia de la fortaleza. Cada uno de nosotros hemos tenido la experiencia de conseguir nuestro primer trabajo, normalmente en la adolescencia. Los retos a los que nos enfrentamos para mantener ese trabajo son mínimos porque, en ese nivel, no somos responsables de dirigir la empresa, de pagar las nóminas o de planificar el futuro. Nuestro "potencial" para desarrollar el poder de efectuar un cambio real es mínimo en el mejor de los casos y, en tales circunstancias, el mundo exterior tiene más poder potencial.

Cuando tienes un trabajo, al menos al principio, es poco probable que tus preocupaciones se centren en mejorar la vida de los demás empleados. El equilibrio de poder es tal que tenderás a "ocuparte de tus propios asuntos". A este nivel, se necesita bastante valor para ir a trabajar y mezclarse con los compañeros. En esta fase, el tipo de valor en el que hay que confiar es el valor de supervivencia: saber en quién confiar, cuándo hablar, cómo funcionar dentro del grupo y cómo proteger las responsabilidades personales. Este tipo de coraje es sin duda una gracia, pero es fortaleza diluida, por así decirlo.

Sin embargo, en un momento dado empiezas a querer tener más influencia sobre tu entorno. Para ampliar tu campo de influencia, debes pasar a la siguiente etapa, que es una carrera profesional. Una carrera requiere que enfoques tu poder en los recursos internos. El intelecto debe perfeccionarse y avanzar junto con otras habilidades. Tienes que desarrollar el pensamiento estratégico y una capacidad de observación más refinada. Ahora son más importantes el tratamiento de los datos, la reflexión sobre los problemas y la búsqueda de soluciones, porque las consecuencias son mucho mayores en la carrera profesional que en el puesto de trabajo. Ahora tienes que pensar en cómo afectan tus decisiones al bienestar de los demás. Para ascender a esta posición, necesitas otro tipo de valentía, una que empiece a conectar con la gracia de la fortaleza. Cuando actúas al servicio de los demás, la gracia se intensifica, tal como la fragancia del perfume es una versión más intensa de la colonia.

Para apreciar lo que significa ser llamado a una vocación, que es la siguiente etapa, tenemos que abordar otra característica de la fortaleza. Recuerda lo que he dicho antes sobre la gracia de la comprensión, en concreto que te otorga la capacidad de percibir más allá del razonamiento ordinario y ver las leyes de la naturaleza que están presentes en cualquier situación. Ahora recuerda los acontecimientos o los momentos de tu vida en los que hayas necesitado ser valiente. Las situaciones que requieren valor suelen estar relacionadas con la polaridad entre el bien y el mal. Vivimos en un universo arquetípico que funciona con innumerables polaridades, como hombre y mujer, día y noche, cerebro izquierdo y derecho, lo correcto y lo incorrecto, el bien y el mal. La raíz de todo miedo es precisamente esta polaridad. A lo largo de los años he conocido a muchas personas que llevan talismanes alrededor del cuello para "protegerse" y, aunque se resisten a pronunciar la palabra "demonio", también llevan cristales, patas de conejo y otros amuletos de la buena suerte como forma de luchar contra el mal.

No me malinterpretes. Creo que el mal es real, igual que lo es la bondad. La fortaleza es la gracia que nos protege específicamente de los encuentros con el mal en cualquiera de sus formas. Y el mal tiene muchas manifestaciones, desde el maltrato infantil al abuso de los animales y del medio ambiente, desde los gobiernos corruptos al genocidio. La ausencia de derechos civiles en el conjunto de la sociedad es un mal. Se necesita una enorme fortaleza para enfrentarse a los autores de políticas institucionales que abusan de personas inocentes, porque estás luchando contra el mal en nombre de quienes no pueden hacerlo por sí mismos sin un gran líder. Entre los héroes que han luchado por este tipo de causas se encuentran Gandhi, Martin Luther King Jr. y Susan B. Anthony.

Cuando trabajas dentro del campo de la fortaleza, puede que te encuentres en una situación en la que no tengas más remedio que echar una mano. Puedes crear una organización en nombre de una causa concreta, aunque nunca hayas tenido intención de hacerlo. A menudo, algún tipo de humillación forma parte de la situación, por lo que es posible que te enfrentes a obstáculos que te humillen mientras intentas plasmar tu visión en la realidad cotidiana. El motivo de la humillación es místico en el sentido de que te ves obligado a renunciar a tu visión personal de cómo debería realizarse algo, lo que permite que el plan divino se ponga en marcha. Por último, a través de un giro imprevisto de los acontecimientos que suele marcar el comienzo de la intervención divina, algo o alguien te ayudará a tener éxito de una forma que nunca habrías anticipado. Puede que no tengas un éxito enorme según los criterios terrenales, pero tras la humillación, si continúas con fortaleza ante la adversidad, se desplegará inevitablemente la expresión más apropiada del éxito.

Un ejemplo sorprendente de esta gracia en acción es el trabajo medioambiental de Al Gore. Mientras Gore se dedicaba a la política, también participaba en causas medioambientales, aunque la mayor parte de su país lo ignoraba durante sus años de vicepresidente y su candidatura a la presidencia en 2000. Aunque Gore ganó el voto popular contra George W. Bush en varios estados clave, Bush y la administración republicana consiguieron maniobrar para ganar, y Gore aceptó los resultados y se retiró a su trabajo de ecologista. Ello mermó el valor político de Gore en aquel momento —de hecho, a menudo se le criticó por conceder la victoria tan fácilmente en lugar de luchar hasta el final—, pero su "retirada" debe reconocerse como lo que realmente fue, un retorno a su máximo potencial espiritual.

El estreno de su documental *Una verdad incómoda* situó al movimiento ecologista en el primer plano de la comunidad internacional como ningún otro acontecimiento lo había hecho. Al transmitir este mensaje, Gore tuvo que hacer frente a las críticas y a la falta de apoyo de colegas celosos y de los grupos de presión que se sentían amenazados, aunque inspiró a millones de personas de todo el mundo a cambiar su estilo de vida hacia otro más respetuoso con el medio ambiente. Después de ganar el Oscar por su película y el Premio Nobel de la Paz por su trabajo, Al Gore ha proseguido sus esfuerzos para llevar al mundo a una nueva era de conciencia medioambiental, logrando mucho más como lo que yo llamaría un "místico medioambiental" de lo que jamás podría haber logrado en el ámbito de la política, donde su mensaje habría tenido que ser cuidadosamente editado, cuando no reprimido por completo.

Al progresar del empleo a la carrera profesional, entramos en nuestra "llamada", en la vocación de nuestra alma. Pero hay que tener en cuenta que una vocación es precisamente eso: te llaman, como indica la raíz latina de la palabra. La vocación no es algo que se pueda forzar o a lo que se pueda acceder intelectualmente. Aparece cuando —y si— estás preparado. Pero una carrera con fortaleza, por así decirlo, es un objetivo que todos podemos alcanzar. Servir a los demás a través de nuestros dones internos, intuición, valor, talentos y creatividad es posible para todos los que estén dispuestos a responder a las necesidades de los demás. Para ello, debes considerarte curado, como si ya hubieras concluido los asuntos pendientes de tu pasado. Aunque puedes visitar tus heridas de vez en cuando, ya no puedes residir emocional o mentalmente en ese campo psíquico contaminado, procesando continuamente dolores que tienen décadas de antigüedad. Debes centrarte en el momento presente. Ahí es donde está tu poder, y tu salud también requiere que estés en el presente.

Invocar la Gracia de la Fortaleza: todo el mundo necesita valentía. Se necesita coraje para gestionar el miedo, que puede llenar la intimidad de nuestros pensamientos y emociones. Pero más allá de los meros pensamientos y emociones, está la guía intuitiva en la que debemos confiar para negociar las múltiples opciones que trazan el curso de nuestra vida diaria. La mayoría de las personas que lean este libro se considerarán intuitivamente despiertas. Por su propia naturaleza, la guía intuitiva es una guía que "desafía la gravedad"; es decir, una instrucción que procede del reino místico y suplanta a las leyes de la lógica y la razón. Hay que ser muy valiente para seguirla, porque a menudo no es razonable ni lógica, e incluso puede parecer temeraria. Es entonces cuando tienes que confiar más en tus sentidos espirituales y encontrar un nivel de valentía que vaya más allá de tu razonamiento habitual y entre en el dominio interno de la fe y la gracia, los instrumentos del místico.

Oración para la fortaleza: Pido la gracia de la fortaleza para mantenerme firme en tiempos de caos e incertidumbre. Es fácil dejarse seducir por el miedo y, una vez que el miedo se apodera del pensamiento, es difícil liberarse de su influencia. Es, como lo describía Teresa de Ávila, un reptil en mi castillo interior. Pido que esta gracia me mantenga alerta y me rodee, como la muralla de un castillo, con un campo de gracia lo suficientemente poderoso como para ayudarme a permanecer centrado, ya sea en la privacidad de mis propios pensamientos o en mis interacciones con los demás. Que el miedo nunca se apodere de mis pensamientos, de mi corazón, de mis acciones o de mi alma.

LA QUINTA GRACIA: EL CONSEJO

Todos sabemos lo que significa pedir consejo a un amigo o acudir a un consejero para resolver problemas emocionales o psicológicos que no somos capaces de resolver por nosotros mismos. Estos ejemplos de consejos básicos no son perfumes puros, sino *eau de toilette* o colonia. Por ejemplo, los consejos pueden ser bienintencionados, pero carecer de sabiduría. Un consejero puede estar bien formado académicamente, pero no ser capaz de superar sus sesgos personales en ciertos asuntos. La gracia del consejo está presente en todos estos casos, pero no con la fuerza de un perfume.

En su nivel más alto, la gracia del consejo asienta las verdades místicas en la razón humana. Esto es lo que Buda y Jesús intentaron hacer a través de sus enseñanzas: revelar verdades que la persona ordinaria pudiera comprender y, a partir de ahí, empezar a trabajar hacia ellas. Por ejemplo, la enseñanza de Buda de que "todo es ilusión" es una verdad mística, no literal. Si te cayera un libro grande en el pie, no sería una ilusión. Sentirías el dolor de un diccionario sin abreviar, porque es grande y pesado. Decirte que un tomo tan pesado es una ilusión sería ridículo, al menos en el nivel literal del significado.

Pero, en el nivel místico, debemos enfocar el escenario desde un ángulo completamente diferente. Cuando Buda hablaba de ilusión, no se refería a realidades físicas como el peso de un objeto con relación a otro. El elemento específico al que creo que se refería es el poder. Como siempre, volvemos al ingrediente fundamental de la experiencia humana, que es el poder de tu alma y cómo gestionas ese poder a través de lo que crees. La búsqueda de la verdad cósmica adquiere un enorme significado cuando te das cuenta de que los grandes maestros espirituales enseñaban que las verdades místicas son el medio definitivo para el empoderamiento personal y la liberación interior. Una verdad mística no es algo que "aprendes", sino algo que se te revela; y en el proceso de revelación, eres transformado por el poder de esa verdad. Se convierte en parte de tu propia conciencia. Ya no estás separado de la verdad divina, ya no te limitas a buscar la verdad divina; la verdad te ha encontrado y te ha transformado. Esa verdad rompe las limitaciones de la razón ordinaria.

Por ejemplo, puedes estudiar la verdad mística de que "Todo es uno" durante años. Pero un día, mientras estás sentado en el escritorio, puedes encontrarte de repente elevado a un estado alterado de conciencia, elevado a un vasto dominio del cosmos en el que el universo entero parece caber dentro de ti al mismo tiempo que lo ves a tu alrededor. Estás lleno de una conciencia-experiencia de la verdad de que "Todo es Uno", una verdad que está literalmente —divinamente— encarnada en tu sangre y huesos, en tu psique y alma. En ese microsegundo de experiencia mística te das cuenta de que una gran verdad cósmica te ha visitado y ha transformado tu ser para siempre. Nada puede ni volverá a ser igual. En todos los granos de arena ves el universo. Y en el universo, puedes imaginar cada grano de arena. Ningún rostro humano volverá a parecer ordinario. Sin embargo, tu razón no puede convertir esta experiencia en palabras que puedan transmitir la fuerza, el poder, o la majestuosidad de la visita de la Verdad misma.

La verdad mística te da los medios para aprender a razonar como un místico, combinando el brillo de la sabiduría cósmica con las capacidades estratégicas del intelecto humano. Sí, el libro te dio en el pie. Pero lo que realmente importa es si perdiste algún poder emocional o psicológico como resultado de que yo dejara caer el libro sobre tu pie. ¿Pudiste permanecer ajeno a la experiencia, como enseñó Buda a sus discípulos? ¿O la experiencia te resultó tan humillante que ahora tienes que "procesarla" para poder perdonar, lo que indica que te "apegaste" a ella? En ese caso, ahora la experiencia se ha adueñado de parte de tu espíritu y controla tus emociones. Si, por el contrario, hubieras permanecido desapegado y en control de tus percepciones y emociones, podrías haber experimentado una sensación física de dolor, pero no te lo tomarías como algo personal. El verdadero secreto de la salud no consiste en recuperar tu poder de todas las heridas del pasado, sino en volverte tan claro y sabio como alma que, en primer lugar, no pierdas tu poder debido a las ilusiones. Ve con claridad. Reconoce las ilusiones. Mantén tu alma intacta en todo momento. Busca a Dios en los detalles más pequeños de la vida, no en el gran esquema. No puedes comprender el gran esquema, así que no vayas allí. Quédate donde debes estar: claramente centrado en el presente y en el viaje espiritual que es tu vida.

Consejo penetrante: la gracia del consejo busca la verdad, así que debemos preguntarnos qué entendemos por verdad. De nuevo, permíteme referirme al ejemplo del perfume. En el nivel de la colonia, la verdad se diluye en "lo que es verdad para mí pero no para ti". Falta el ingrediente crítico que hace de algo una verdad universal. Yo nací en Chicago; eso es verdad para mí. Pero como no es cierto que toda la gente haya nacido en Chicago, entra en la categoría de la colonia. De hecho, cualquier cosa que sea personalmente cierta entra en esa categoría, en particular los sentimientos subjetivos, porque los sentimientos son especialmente mutables y cambian de un día para otro. Son el contenedor menos fiable de la verdad.

Los hechos científicos e históricos tienen casi la misma falta de fiabilidad, porque siempre estamos descubriendo nuevos hechos que cuestionan o cambian por completo lo que antes creíamos. Lo que ayer era una verdad innegable en ciencia se convierte rápidamente en falsedad tras un nuevo descubrimiento. El vino es malo para la salud un día y bueno al siguiente. Plutón es un planeta para algunos astrónomos, pero ya no lo es para otros. ¿Cuántos científicos del mismo campo discuten constantemente sobre los hechos? El calentamiento global, por ejemplo, es un mito para algunas de las facciones menos esclarecidas de la comunidad científica. Y, por eso incluyo ciencias como la biología, la química, la farmacología e incluso la astronomía en la categoría de "verdades de colonia", porque la verdad que producen es solo temporal.

Luego están las "verdades de perfume". Estas verdades son constantes y universales, no cambian nunca y son aplicables a todos de manera igualitaria. Las matemáticas son una ciencia universal cuyos fundamentos son constantes y universales. Las leyes de la física y la naturaleza, como la gravedad, la ley de causa y efecto, el magnetismo y el ritmo de las mareas son constantes. En esta categoría se incluyen las verdades místicas que también son constantes y universales, como los principios energéticos del yin y el yang, y también los siguientes:

- Lo que está en Uno está en el Todo.
- Como arriba, así abajo. Dentro de cada acontecimiento físico se esconde una contrapartida simbólica que representa el propósito superior o cósmico del acontecimiento.
- Lo que va, vuelve, una verdad también conocida como la ley del karma.
- El perdón es el gran sanador del alma.
- La verdad os hará libres.
- La energía precede a la creación de la materia.
- El pensamiento precede a la forma.
- El arquetipo de la muerte y el renacimiento, reconocido en el mito del ave fénix que resurge de sus cenizas es una fuerza formativa en la vida de cada persona.
- Toda experiencia es impersonal. Nuestra manera de interpretar nuestras experiencias, si las vemos como negativas o positivas, fracasos o éxitos, es lo que personaliza los acontecimientos de nuestras vidas.
- Cada vida tiene un propósito que se despliega en medio de un viaje en el que se presentan interminables opor-

tunidades. Las decisiones que tomamos, y las motivaciones subyacentes que las determinan influyen en la calidad de la siguiente oportunidad.

Nadie vive fuera de la fuerza gobernadora de estas leyes. Además, estas verdades místicas no pertenecen a ninguna religión. Son universales y trascienden cualquier tradición religiosa. Estas verdades siguen siendo válidas con o sin las políticas de la religión hecha por el hombre. Son principios cósmicos que rigen la evolución del espíritu humano. No son verdades "razonables", en el sentido de que la mente humana es incapaz de comprender su pleno significado. Son verdades que deben experimentarse personalmente a través de un acto de revelación mística. Cuando se tiene un encuentro personal con el poder de una de estas verdades, es como si el poder de esa verdad y todo lo que representa se fundiera directamente en tu alma. Una experiencia así rompe la visión limitada de tus cinco sentidos y, en consecuencia, puede hacerte incapaz de ofrecer una descripción razonable o inteligente de lo que has visto que es verdad sobre la vida. Imagina, por ejemplo, que tuviste una experiencia fuera del cuerpo o una experiencia cercana a la muerte hace un siglo, antes de que la humanidad supiera de la existencia de los más de 200 millones de galaxias que pueblan nuestro universo infinito. Por aquel entonces, la Vía Láctea era la única galaxia, el centro del Universo. Ahora imagina que regresas de esta experiencia cósmica —de hecho, místicamente galáctica— con la comprensión de que la Tierra no es más que una pequeñísima parte de un enorme manto cósmico de galaxias, soles, planetas y estrellas. Tu sentido de la proporción —del tamaño, las dimensiones, la vida, e incluso cómo te ves a ti mismo— cambiaría instantáneamente. Pero ¿cómo se lo comunicarías a los demás? ¿Podrías? ¿Lo intentarías siquiera?

Los místicos también tienen este tipo de dificultades para interpretar cómo una verdad cósmica puede tomar el mando de tus sentidos inferiores y, sin embargo, lo hace. Después de una de estas experiencias, Teresa de Ávila dijo que su cerebro y sus sentidos querían unirse a esa experiencia para comprender la medida completa del dominio místico, pero descubrió que "eran incapaces de unirse a mí". Solo podía decir que esas experiencias la llenaban de una sensación de amor cada vez más profunda, no de un amor ordinario, sino de un vasto amor cósmico que, una vez más, era indescriptible.

Muchos místicos de las tradiciones oriental y occidental han experimentado encuentros extraordinarios con fenómenos internos divinos, como ya he mencionado. Aunque sus experiencias pueden variar según las tradiciones, lo que tienen en común es que han pasado un tiempo en el reino espiritual, un reino que la mayoría de los seres humanos solo visitan a través de los libros o la fe. Estos místicos dan testimonio de la verdad de la existencia de una presencia divina que participa en nuestras vidas de formas que nunca seremos capaces de comprender. Esto también es una verdad mística. Algunos místicos han descrito la expresión de esta presencia divina diciendo que se dieron cuenta de que el universo se rige por leyes físicas y místicas. Las leyes físicas rigen el orden del mundo físico, como la ley de la gravedad, el movimiento de las mareas, la velocidad a la que giran los planetas, los ciclos de la naturaleza, todas las constantes que rigen los sistemas de la vida.

Las leyes místicas, por otra parte, son porosas y al mismo tiempo constantes y siempre presentes. Son "verdades" más que "leyes" propiamente dichas y, sin embargo, nos rigen. La ley del karma es una de ellas: somos responsables de las causas y los efectos de nuestros actos, pero —según muchos místicos que comprenden el significado del Buda cósmico de la Compasión y del Sagrado Corazón de Jesús, o el "corazón cósmico de lo sagrado"— un acto sincero de amor o generosidad puede hacer borrón y cuenta nueva de mil pecados oscuros.

Decir que la verdad puede liberarte, o que la verdad cura, puede sonar vago, y sin embargo esas leyes místicas son una verdad literal. En uno de mis talleres, un hombre enfadado me dijo:

—Mientras pueda decir mi verdad, estoy bien.

Le pedí que compartiera una de sus verdades conmigo.

—Necesito que la gente entienda de dónde vengo —dijo— y cuáles son mis necesidades emocionales.

Este hombre ardía de rabia, no de verdad, y se le notaba en las manos y los pies, desfigurados por la artritis.

—Parece que tus manos están doloridas —le dije—, ¿por qué no intentas perdonar a todas las personas con las que estás tan enfadado? ¿Por qué no dejas que esa verdad te cure?

Se enfureció por lo que le dije. Dejó claro que yo no había oído ni una palabra de lo que había dicho y, además, que no tenía ni idea de lo que le había pasado, así que, ¿cómo podía sugerirle que de repente se volviera indulgente? Esto puso fin a nuestra conversación, pero yo no podía dejar de pensar en ello. ¿Qué le habría pasado a su mente, a su cuerpo y a su espíritu si se hubiera liberado de sus ilusiones sobre sus heridas y su "verdad", y se hubiera aferrado al poder místico del perdón? Ese poder le habría liberado y sanado, acabando con su fuego y su rabia, y curando el ardor en sus articulaciones y en su corazón. La verdad te hace libre, pero tienes que ser capaz de escucharla, asimilarla y utilizarla.

No resulta fácil estar dotado de la gracia del consejo, ni siquiera cuando es ligera. Con frecuencia los grandes místicos han escrito que el suyo es un viaje doloroso. El tipo de dolor del que hablan no es físico, sino en cierta medida cósmico, un profundo dolor interno que surge al saber que la verdad es incomprensible para la mente ordinaria. Por ejemplo, se dan cuenta de que "Todo es Uno" no solo intelectualmente, sino a través de los ojos del alma: esta "unidad" es una verdad cósmica que algunos, como Francisco de Asís, han podido sentir. Imagina tener una sensibilidad que te permite, que te obliga, a sentir el miedo de los animales o la conciencia de los árboles. O tener tal comprensión de la naturaleza humana que entiendas cómo afectará un acontecimiento a la sociedad, no porque seas psíquico, sino porque tienes un profundo conocimiento de cómo se comportan los grupos de personas cuando están paralizados por el miedo. Serías capaz de ver los inevitables ciclos de destrucción que tienen que ocurrir para restablecer el equilibrio, pero si ofrecieras ese consejo a la sociedad en su conjunto, caería en saco roto. A menudo la destrucción y el miedo podrían evitarse si la gente escuchara los consejos de los que saben leer los patrones, pero esa información resulta inútil y poco práctica, o incluso absurda, para la mente ordinaria. ¿Cuánta gente está dispuesta a creer que los animales tienen sentimientos y que ellos también están asustados con respecto a la situación del medio ambiente? Frente a una verdad tan grande, escriben muchos místicos, el dolor de tener que callar y guardar el propio consejo es enorme.

Reduzcamos ahora las proporciones del "consejo" de la gran escala de recibir revelaciones cósmicas, al nivel local de ser el receptor del secreto de un amigo. Piensa en las veces que te han pedido que guardes el secreto de alguien. Miras a tu amigo a los ojos y dices: "Oh, no, no se lo diré a nadie". Pero, si eres como la mayoría de la gente, se lo cuentas inmediatamente a otra persona, haciéndole jurar que no dirá nada sobre lo que acabas de compartir. En ese momento, pocas personas se paran y admiten: "Acabo de traicionar a mi buen amigo, porque le di mi palabra de no contárselo a nadie y acabo de faltar a ella".

Conservar el secreto de alguien requiere gracia, porque el ego quiere cotillear, especialmente si la noticia es trágica o implica la ruptura de una pareja. Los cotilleos hacen que la gente sienta que forma parte de una sociedad secreta, que sabe algo que nadie más sabe y que la vida de algún otro está en peor situación que la suya. Eso es lo que vende millones de periódicos sensacionalistas cada semana.

La verdad, por otra parte, es una fuerza de transformación, y por eso la gente la teme. La verdad siempre provoca cambios. No existe tal cosa como absorber el poder de una verdad y que tu vida siga siendo la misma. De alguna manera, en algún nivel, cada verdad cambia tu vida. Este fenómeno místico es también la razón por la que la verdad tiene el poder de curar y limpiar el alma. Por eso hay que armarse de resistencia para manejar el poder de la verdad. La tentación de aconsejar a los demás en beneficio propio es precisamente lo que nos obliga a revisar continuamente nuestras pasiones oscuras y a trabajar con las gracias. No puedes reflexionar una sola vez sobre las influencias de tus pasiones oscuras y pensar que ya has acabado con ellas, y que ahora pasas a las gracias. Una vez que eres consciente de estas fuerzas sombrías, debes permanecer en contacto íntimo con ellas, del mismo modo que te mantienes en una relación cada vez más profunda con tus gracias. Nadie vive solo en la luz, como tampoco vive solo en la oscuridad. El día contiene a la noche y la noche siempre se desplaza hacia el día, como el punto negro dentro del remolino blanco en el símbolo del yin-yang. Lo mismo es verdad de nuestra naturaleza.

Debemos aprender a absorber el poder de la verdad, empezando por examinar qué hay de cierto en nuestras oscuras pasiones. El descubrimiento de tus gracias interiores está contenido en este proceso, ya que simultáneamente empiezas a desprenderte de creencias o actitudes negativas al darte cuenta de que simplemente no son ciertas. Esto no es fácil de hacer. Empezamos con nuestras creencias personales y continuamos con creencias que son más impersonales y, por tanto, tienen una mayor capacidad para cambiar el campo de nuestra realidad. A menudo pregunto a mis alumnos: "¿Qué necesitas creer en tu versión de Dios? ¿Necesitas que Dios nazca el 25 de diciembre? ¿Necesitas que tu Dios adopte la imagen de un hombre y sea una figura paterna? ¿O prefieres la imagen de una diosa como madre y dadora de vida? ¿Estás más en el panteísmo? Si es así, ¿qué pasaría si tuvieras una experiencia mística y de repente te encontraras flotando fuera de tu cuerpo físico, lejos de este planeta, en algún lugar de la inmensidad del espacio universal, comprendiendo que los numerosos dioses del planeta Tierra no existen en ningún otro lugar? ¿Y si te saturaras de la verdad de que, en la inmensidad del espacio eterno, la única fuerza que existe es una sensación de Luz divina sin nombre: sin disfraces, sin iglesias ni sinagogas, *ashrams,* mezquitas, nada, solo Luz?

Para algunos de los asistentes a mis talleres —de hecho, bastantes— esta revelación es demasiado para asimilarla. Siguen necesitando los disfraces que les proporcionan sus respectivas religiones, lo cual está bien. Pero la luz divina no tiene religión, y esa es la verdad cósmica.

Invocar la Gracia del Consejo: introduce las prácticas de la reflexión y el autoexamen en tu vida diaria, centrándote en tu capacidad para identificar y articular percepciones cada vez más profundas sobre cuál es la verdad acerca de quién eres y cómo ves el campo de tu vida. Empieza preguntándote:

- ¿Has dejado de decir la verdad de alguna manera hoy, y si es así, cómo y por qué? Observa cuántas veces te excusas por no decir la verdad porque no quieres incomodar a otra persona. Al hacer este ejercicio empezarás a darte cuenta de que la gente teme el más mínimo uso de la verdad, porque es muy poderosa. Responder directamente a una pregunta intimida a la mayoría de la gente, incluso en algo tan simple como: "¿Te parece bien que cenemos en el restaurante italiano esta noche?".

- Examina tus creencias personales con regularidad, por ejemplo, lo que aceptas como verdad sobre ti mismo, la vida o Dios. "Siempre tengo mala suerte en el amor", "siempre tengo mala suerte en mis inversiones": esto son ilusiones, no verdades. Aconséjate a ti mismo mediante la práctica de la reflexión interna, examinando tus creencias y tomando nota de las que son ilusiones. Sustituye esas ilusiones por una verdad cósmica, como "Todo es posible con Dios" o "El miedo es la ausencia de fe en el propósito de mi vida. Mientras tenga vida, tendré un propósito".

- ¿Tienes miedo a la verdad? ¿Le cuesta a la gente compartir sus comprensiones sobre ti?

- ¿Qué crees que no es verdad pero te aferras a ello? ¿Por qué esas ilusiones tienen tanto poder sobre ti?

- ¿Qué verdades te gustaría que formaran parte de tu vida interna? Tómalas una por una y reflexiona sobre su significado durante un mes. Busca esa verdad en acción en tu vida. Vive de acuerdo con ella. Vive en ella. Vive con ella.

- Busca la presencia de la verdad cuando aconsejes a otros. Mira más allá de la ilusión. Sé consciente de tu verdad, de la verdad de la otra persona y de la presencia gobernante de la verdad mística.

Oración para aconsejar: Pido que se me muestre la verdad dentro de mí para no dañar a los demás con mis ilusiones. Pido el vigor del espíritu para contener el poder transformador de las verdades cósmicas a medida que llego a comprenderlas. Que la verdad sea la fuerza que guíe mi vida. Que la gracia de la verdad continúe sosteniéndome y curándome cuando caiga en la ilusión.

LA SEXTA GRACIA: EL CONOCIMIENTO

La gracia del conocimiento en su forma más pura se manifiesta a través de nosotros como una revelación sobre la naturaleza de lo Divino. En raras ocasiones uno puede tener una revelación directamente de Dios, como ocurrió en las transmisiones de Rumi, de quien se decía que expresaba su poesía mística en estado de éxtasis. Teresa de Ávila comenzó a escribir su obra maestra, *El castillo interior*, después de tener la visión de un cristal que contenía las siete mansiones del alma. A veces, la transmisión puede venir a través de un intermediario, como cuando el profeta Mahoma recibió la palabra de Dios, que se convertiría en el Corán, a través del ángel Gabriel. Los científicos que son capaces de combinar lo mejor de su genio con sus habilidades intuitivas receptivas para lograr avances en la medicina también están trabajando con el conocimiento revelado en un esfuerzo por ayudar a la humanidad. El conocimiento revelado no solo viene a través de santos y místicos, aunque me refiero a ellos continuamente porque su trabajo es muy conocido. El conocimiento revelado se da a quienes se dedican a servir a la humanidad de formas grandes y pequeñas.

Esta gracia es la puerta a ese jardín del conocimiento secretísimo que está más allá del alcance de la razón humana. Este conocimiento puede expresarse a través de una comprensión más profunda de la experiencia humana en relación con lo Divino, o del intento de comprender la esencia de Dios por el que una persona capta la revelación de una ley cósmica dentro de un campo científico. Esa fue la experiencia, por ejemplo, de Isaac Newton cuando comprendió la ley de la gravedad. Este conocimiento también puede adoptar la forma de un descubrimiento médico —una vacuna muy necesaria, quizás— que ha desconcertado al entendimiento común debido a que faltaban ciertos datos. Cuando un experimento tras otro no consigue proveer dichos datos, a veces son revelados mediante una experiencia interna.

Sin duda, las escrituras sagradas fueron inspiradas por la gracia del conocimiento, que sintetiza nuestras capacidades intelectuales con nuestros sentidos espirituales para que podamos percibir un único mensaje interno con absoluta claridad. Se trata de una gracia que nos atrae hacia dentro, hacia la búsqueda del conocimiento de Dios tal como se expresa en nuestros anhelos internos y en los misterios personales que no pueden ser resueltos ni satisfechos por las riquezas del mundo. El conocimiento nos produce un ansia feroz de intimidad con lo divino, una experiencia que está tan completamente más allá de la razón que ha llevado a muchos místicos a usar una sola palabra para describirla: éxtasis.

Conocimiento penetrante: la gracia del conocimiento comparte la ubicación del sexto chakra, que es el centro energético del intelecto, la mente, el cerebro y la intuición. Este chakra es la sede de las percepciones, los mitos, las creencias y las actitudes que, con cuidado o sin él, entretejes para formar el tejido-realidad de tu vida. Aunque los sentidos espirituales son muy importantes para todos los chakras y todas las gracias, el sexto chakra constituye un punto de inflexión místico. Para apreciar la evolución interna de tus sentidos espirituales o intuitivos bajo el paraguas de esta gracia, debemos separar lo que se considera "conocimiento" en nuestras ya familiares categorías de *eau de toilette*, colonia y perfume.

Las tres categorías de conocimiento son información, conocimiento activo y gnosis, o conocimiento revelado a través de la gracia. Los sentidos espirituales se desarrollan a lo largo de estos tres niveles, pasando de los instintos viscerales de supervivencia orgánica a la conciencia de la guía interna motivada por la necesidad personal y, por último, a la devoción por la iluminación mística. Para apreciar la elegancia con la que se produce esta evolución usamos la analogía de tres hombres, cada uno procedente de uno de estos niveles de conciencia, que interactúan en el mismo jardín.

Alguien que solo se centre en la información sabrá, sin duda, cuándo está madura la vegetación, lo que cada planta necesita del entorno y si es comestible. Si la planta produjera frutas o verduras comestibles, se nutriría de ellas y sabría cómo prepararlas. Sabría qué fertilizantes y plantas antiparasitarias utilizar para sacar el máximo partido a la tierra, porque el instinto de supervivencia sitúa la practicidad y la productividad en lo más alto de la escala de valores. Es importante ver, sentir, tocar, saborear y oler la madurez de los propios esfuerzos para saber que todo va bien en el jardín de la vida.

La siguiente persona contempla el mismo jardín conociendo la misma información medioambiental, pero además conoce la naturaleza interna de las plantas. Este hombre sabe con claridad que algunas plantas no solo son comestibles, sino también medicinales. Sabe qué hierbas y plantas son útiles para curar resfriados, indigestiones y fiebres, o reducir inflamaciones. Ha aprendido a preparar infusiones medicinales que alivian los dolores del cuerpo o ayudan a relajarse. Para este hombre, un jardín no es solo un medio de alimentación, sino también una farmacia viviente.

El tercer hombre sabe cómo atender las necesidades terrenales de las plantas y es consciente de que su jardín es una farmacia viviente. Pero, más allá de eso, es humilde y consciente de que, al tratarse de criaturas vivas, forman parte del alma colectiva de la naturaleza. También ellas tienen una conciencia sagrada. Reza en su jardín y habla a sus compañeras. Mientras observa la planta de eucalipto, sabiendo que contiene propiedades mentoladas que son curativas para el resfriado, también está conectado con el poder de la gnosis o conocimiento sagrado. Sabe que el espíritu de la planta es más poderoso que la sustancia. El espíritu de la planta anima la sustancia en un acto de alquimia divina, convirtiendo la sustancia en un recipiente a través del cual una energía sutil se funde con ella, produciendo una fuerza curativa refinada similar a la homeopatía. Sabe que, si se lo contara al primer hombre, este pensaría que se trata de magia y superstición. El segundo hombre estaría abierto a este conocimiento, pero, falto de humildad, sería "ruidoso y arrogante" con esta verdad sagrada, y le parecería una tontería. Todavía no ha aprendido el valor del silencio. Y es necesario aprender a escuchar en la dicha del silencio sin distracciones y en la comodidad de la humildad interna para el don de la revelación.

El jardín alimenta a cada hombre en abundancia. Nadie pasa hambre por ausencia de los demás reinos del conocimiento ni es castigado por acciones que podrían envenenar el jardín. La motivación para fertilizar viene de los instintos de supervivencia, y estos instintos también son una expresión de la gracia del conocimiento, pero sentida a nivel orgánico, es decir: Dios manifestado en nuestra sangre y huesos. Un día la tierra estará

envenenada, el jardín dejará de producir vida y la gracia del conocimiento nos llevará a darnos cuenta al instante: "Estás en-
venenando tu propia tierra". La gracia nunca castiga; siempre
nos dirige a despertar. Hacemos elecciones que tienen consecuencias. No estamos a salvo de las consecuencias de nuestras
elecciones, por eso tenemos un miedo inherente a elegir. Los
abogados prosperan en su práctica porque queremos obligar
a otros a ser responsables de nuestras decisiones, así que les
hacemos firmar contratos para responsabilizarles de las consecuencias de nuestros propios miedos. En última instancia, sabemos que somos responsables de nuestros actos y decisiones.
Nacemos sabiendo esta verdad, igual que nacemos sabiendo
que matar a otro ser humano es un mal moral. Nacemos ya
alineados con una ley natural que rige nuestros instintos fundamentales como especie, y esta ley natural también es una
expresión del conocimiento interno que está profundamente
arraigado en nuestro ADN espiritual.

Un conocimiento más profundo de nosotros mismos: nuestros sentidos espirituales son mucho más poderosos que la
mente racional, y con sus impulsos internos naturales nos dirigen continuamente a alinearnos conscientemente con nuestras almas; es decir, a reconocer que solo vivimos un camino y
que ese camino es solo espiritual. Tenemos la sensación, por
mínima que sea, de que existe un poder supremo en alguna
parte, pero ¿dónde? No podemos dejar de buscarlo, aunque
esa búsqueda puede adoptar muchas formas, como la fama,
los bienes, el dinero, las emociones y las drogas, por nombrar
algunas. Los mitos inmortales, las leyendas e incluso algunos
cuentos de hadas recuerdan a sus lectores que el camino que
buscan siempre ha estado dentro de ellos. Nuestras vidas son
esta búsqueda espiritual, ni más ni menos. Y nuestros sentidos

espirituales tiran de nosotros a lo largo de nuestra ruta interior, transmitiéndonos impulsos que maduran a medida que nosotros lo hacemos, pasando de los instintos de supervivencia a un deseo egocéntrico de conocer secretos sobre nosotros mismos, y finalmente —esperamos— a descubrir el anhelo de experimentar el conocimiento de Dios.

La gracia no es un misterio para mí. Las personas somos mucho más misteriosas, porque no nos vemos como realmente somos. Pensamos que somos una especie racional, cuando en realidad somos fundamentalmente una especie intuitiva que utiliza sus habilidades racionales para reprimir las altas capacidades de sus sentidos espirituales. En lugar de permitir que nuestros sentidos espirituales se desarrollen naturalmente junto con nuestras otras habilidades, los reprimimos en la primera infancia, dirigiendo toda nuestra atención hacia el intelecto racional como base de poder. Sin embargo, los impulsos derivados de esta gracia tienen una forma de expresarse. Pero, al haber reprimido estos instintos intuitivos durante mucho tiempo, es más probable que los expresemos de una forma negativa surgida de nuestros bajos instintos de la búsqueda de poder.

El ansia de conocimiento secreto reside en nuestro ADN espiritual, porque en su forma más pura, es un ansia de conocer a Dios. Sin embargo, sin sentidos espirituales desarrollados, la gente llenará el vacío en el nivel de la sombra del ego —o *eau de toilette*— con una miríada de secretos sociales, políticos o sexuales, chismes, sectas y organizaciones secretas, porque los secretos representan el contacto con el conocimiento que tiene el poder de transformar nuestras vidas. En muchas escuelas de conocimiento, desde las religiones mistéricas de Egipto y el Mediterráneo hasta las primeras enseñanzas de la Cábala, había razones legítimas para mantener el secreto. Tal vez la más urgente era proteger a los miembros de la oposición, potencialmente letal, de los extraños. Pero también había serias preocupaciones por proteger a los no iniciados de la posibilidad de infligirse daño a sí mismos y a los demás mediante el uso, deliberado o involuntario, de prácticas y técnicas espirituales avanzadas.

Cuando el secreto que guardas es algo oscuro e implacable, o cuando un grupo mantiene el secreto para ocultar actividades basadas en el ego que benefician a sus miembros a expensas de otros, existe un gran peligro. Los secretos —especialmente los oscuros— pueden darte una sombría muestra del poder del conocimiento para transformar la vida de otra persona. Los secretos oscuros representan el arquetipo de la Verdad Oscura, por lo que la necesidad de "decir la verdad" o de "confesar" es más místicamente liberadora y psíquicamente esencial de lo que puedas haber considerado. Nadie puede tener tu vida en la palma de su mano cuando tu historia no alberga secretos.

Aunque en realidad la gracia nunca está ausente de tu campo, tú puedes estar intuitivamente entumecido. Pero la incapacidad de percibir o sentir la influencia de la gracia no eclipsa su necesidad. En ausencia de la gracia del conocimiento, por ejemplo, puedes experimentar una falta de discernimiento, una vulnerabilidad que te lleva a negociar con tu integridad y sentido común. En otras palabras, estamos dispuestos a poner en peligro la integridad de nuestra alma a cambio de entrar en un oscuro círculo de poder que da la apariencia de una red de seguridad social, como una sociedad secreta o incluso un plan para "hacerse rico rápidamente". Muchos grupos se presentan de una manera, pero en realidad operan entre bastidores con principios oscuros, es decir, sin principios.

La gracia del conocimiento se manifiesta positivamente en el nivel del ego, como todas las demás. Por ejemplo, esta gracia se expresa en las innumerables formas en que las personas buscan información para mejorar la humanidad. El deseo de mejorar la vida de los demás es una expresión de esta gracia que se manifiesta en los laboratorios de investigación, en los centros de tratamiento del cáncer, en los proyectos medioambientales y en todas las demás áreas en las que las personas se adentran en territorios de datos inexplorados para beneficiar la vida. Es irrelevante que seamos conscientes de estar motivados por la gracia, la bondad o los impulsos humanitarios. Todas estas actividades son expresiones de la gracia del conocimiento en la medida en que nos mueve un impulso interno de descubrir elementos desconocidos de este universo. El impulso de conocer lo desconocido —sea cual sea el nivel en el que se persiga— es una metáfora del conocimiento de lo Divino.

En el nivel de la colonia, la búsqueda se convierte en un esfuerzo más consciente por adquirir un conocimiento de naturaleza transformadora. Dicho conocimiento puede estar asociado con códigos secretos que requieren que el estudiante encuentre un maestro instructor capaz de transmitir los secretos del código. El *Zohar,* utilizado en la Cábala, es la más conocida de estas escrituras codificadas. Los estudiosos de estos textos creen que, dado que las antiguas letras hebreas también representaban números, existe un código numérico oculto en las letras de las palabras. El código numérico traduce el significado cósmico del texto, dejando sitio para múltiples dimensiones de interpretación.

La astrología, la numerología, el tarot y el eneagrama son otras artes ocultas —es decir, secretas— que ofrecen al estudiante un medio para descifrar los códigos cósmicos. El objetivo del estudiante, por supuesto, es encontrar un sistema avanzado o místico de lógica y orden en el universo, otra forma de acceder a la Mente Divina. El objetivo de un estudiante dedicado al estudio de la sabiduría mística contenida en estos campos de la alquimia espiritual es tomar decisiones personales en armonía con los ciclos de cambio, comprender los grandes patrones cósmicos de transición que guían la evolución humana y examinar continuamente la interacción entre las dimensiones personales e impersonales de los dominios personal y cósmico.

En general, recurrimos a las artes ocultas para encontrar el modo de burlar el caos terrenal. Rara vez se acude a un tarotista para encontrar la forma de avanzar en el camino espiritual. Las preguntas que la mayoría de la gente hace guardan relación con las finanzas, las relaciones y la ocupación. Mi experiencia personal como médica intuitiva durante 25 años corrobora esta afirmación. Antes de escribir *El castillo interior*, rara vez me hacían preguntas directamente relacionadas con la espiritualidad. Muchas personas que exploran la conciencia a través de esta puerta están tratando de comprender la relación práctica entre el poder del cielo y cómo dirigirlo para influir en los acontecimientos —sobre todo personales— aquí en la Tierra.

Pero, desde otra perspectiva, el deseo de dedicarse a las artes esotéricas es un indicio claro de que buscamos una forma de encontrarnos con lo divino a través de la red de seguridad de la lógica y la razón. Desde la perspectiva de un astrólogo, esto es completamente racional. Después de todo, los ciclos planetarios existen dentro de las leyes coherentes de las matemáticas, lo que sugiere la posibilidad, incluso la probabilidad, de que el creador de este vasto universo tenga una naturaleza lógica y coherente que pueda descifrarse de algún modo. El secreto debe residir en la comprensión de las relaciones entre las fuerzas planetarias y sus características individuales, que operan dentro y fuera de patrones orbitales sincronizados, al igual que nuestras vidas. Queremos descifrar este código porque en lo más profundo de nuestro ADN espiritual sabemos que nuestras vidas están influidas por los ciclos de estos planetas. Sin embargo, esto no sucede exactamente de una forma lógica. Tenemos una conexión mística con las fuerzas planetarias a través de la ley mística que sostiene: "Lo que está en Uno está en el Todo". La mecánica de esa ley reside más allá de la razón humana, aunque el funcionamiento de la ley gobierne nuestras vidas. Por eso buscamos este y otros conocimientos esotéricos, porque sabemos que es el camino lógico hacia lo que no es lógico, es decir, hacia la naturaleza de Dios.

Las obras de la literatura esotérica reflejan la gracia del conocimiento de manera poco convencional. Un ejemplo es *Un curso de milagros,* que fue canalizado por Helen Schucman, y también las obras de Alice Bailey, una mujer inglesa que canalizó toda una biblioteca de literatura espiritual a lo largo de treinta años. El fenómeno de la canalización es otra forma de diálogo espiritual que no solo desafía la gravedad de la razón, también cuestiona la forma en que concebimos la distancia externa o interna entre las dimensiones física y divina. Sin duda, un gran porcentaje de las obras canalizadas es producto de la imaginación de los autores, como aprendí en mis años en la industria editorial. Como editora, recibía montones de manuscritos de personas que decían canalizar un espíritu u otro, incluidos los extraterrestres y los espíritus de antiguos faraones egipcios. Comparando esos manuscritos con *Un curso de milagros* o la obra de Alice Bailey, me parece evidente que Schucman y Bailey trabajaron con una cualidad de la gracia que no era egoísta. Más bien, sus obras vinieron a través de ellas para beneficiar a otros.

Y hay muchas otras expresiones extraordinarias del deseo interno de encontrar un camino secreto hacia Dios. Los guaraníes sudamericanos, por ejemplo, creían en una Tierra sin Mal, donde el mundo seguía existiendo tal como era en los primeros días de la creación. En ese lugar la gente mantenía buenas relaciones con los dioses. Los guaraníes creían que esa tierra era su patria perdida, su lugar de origen, y emprendieron una búsqueda para encontrarlo en el siglo XVI, justo cuando Sudamérica estaba siendo asolada por la invasión de los conquistadores españoles. Aunque no sabían con exactitud cómo encontrar la Tierra sin Mal, los guaraníes estaban seguros de que ese conocimiento requeriría rituales sagrados: bailes nocturnos y diurnos en estado de trance y oraciones constantes, con la esperanza de que alguien fuera agraciado con la revelación del mapa hacia la patria mítica.

Invocar la Gracia del Conocimiento: una persona "razonable" podría preguntarse cómo es posible que un grupo de personas crea en algo como la tierra mítica de los guaraníes, pero lo cierto es que todos creemos en cosas así. Por muy razonables que nos creamos, nuestro ADN espiritual es más fuerte que nuestra mente racional y nos mantiene en la búsqueda de lo sagrado, aunque no lo llamemos por su nombre. De hecho, esa búsqueda nos llama. Somos la encarnación de la propia búsqueda de lo sagrado. No podemos dejar de buscar lo divino. Quizá la única elección que tengamos sea hasta qué punto queremos ser conscientes de este viaje de toma de conciencia. Y cuando lleguemos al punto de hacernos esa pregunta, tal vez estemos dispuestos a abandonar el lenguaje neutro de la "conciencia" y cambiar al vocabulario del alma. La experiencia humana no consiste solo en tomar conciencia; consiste en iluminarse, en convertirse en una persona que ha llegado al conocimiento de sus gracias y ha despertado a una relación íntima con lo Divino.

Oración por el Conocimiento: Pido que la gracia del conocimiento guíe mis pensamientos e ilumine mi conciencia de todo lo que ocurre dentro de los vastos recursos de mi mente. Concédeme la luz interior para entrar en un conocimiento más profundo de lo que soy y ayúdame a escuchar esa pequeña voz aquietada que no se parece a ninguna otra, para que pueda reconocer la verdad cuando me sea revelada.

LA SÉPTIMA GRACIA: LA GRACIA DE LA SABIDURÍA

Con la gracia de la sabiduría, volvemos a la frase comúnmente utilizada: "Dios debe tener una razón para que me haya sucedido esto". Esa razón no se puede encontrar en la lógica o en la racionalidad humana, pero sí buscando la gracia de la sabiduría. Esta gracia, en su forma más pura, revela una guía interna que te dice quién eres, cómo estás viviendo y cómo estás usando el poder de tu alma creativa, que es una perspectiva muy diferente a la de la razón humana. La razón busca la justicia personal, como si de alguna manera hubiéramos sido agraviados. La sabiduría asume que ninguna acción de la Divinidad tiene la intención de dañarnos; sin embargo, todas las acciones deben incluir los ingredientes activos de la conciencia humana en el equilibrio constante del yin y el yang, lo positivo y lo negativo.

Sabiduría penetrante: la gracia de la sabiduría coincide con el séptimo chakra, el más etérico de ellos. El séptimo chakra está vinculado a las glándulas pituitaria o pineal en varios sistemas yóguicos y se corresponde con la coronilla. Se describe como el centro energético más receptivo al reino del espíritu y a nuestra vida espiritual. La sabiduría es la verdad adquirida a través de la experiencia; es la capacidad de considerar las consecuencias de nuestros actos mirando siete generaciones hacia el futuro. La sabiduría nos da fuerza para reconocer que la vida no puede vivirse sin dolor, pero podemos minimizar el sufrimiento aprendiendo a tomar decisiones sabias. Si no aprendemos de nuestras experiencias, somos tontos y, como advierte el adagio, estamos destinados a repetir nuestros errores. Las experiencias están pensadas para ser nuestros maestros, acontecimientos de los que extraemos lecciones sobre las decisiones que tomamos.

Crecí en una familia unida por tradiciones étnicas, por la religión y el gobierno de ancianos sabios. Todos mis abuelos llegaron de Europa siendo adolescentes, emigrando a través de la isla de Ellis a comienzos del siglo xx. Hicieron lo que todos los inmigrantes de entonces: se instalaron en sus enclaves étnicos, se pusieron a trabajar inmediatamente y, poco después, se casaron. El trabajo duro y la familia, junto con el ahorro, formaban la columna vertebral de sus vidas. Comprar a crédito era algo inaudito para estos sabios ancianos, excepto, por supuesto, una casa. Su filosofía era: "Si no puedes pagarlo por adelantado, no lo necesitas". Nos inculcaron esta sabiduría a todos los nietos desde que empezamos a andar.

—Pero los quiero ahora —le dije una vez a mi abuela en nuestro día de compras anual en el centro de Chicago.

Estaba en Marshall Fields, los grandes almacenes que marcaron mi infancia. Mi abuela tenía la tradición de llevar a cada una de sus nietas a pasar un día especial en el centro de la ciudad, con almuerzo, cine y la compra de un capricho especial. Y este era mi día. Había visto unos zapatos de tacón demasiado alto, demasiado "adultos" para mí, una niña de 13 años. Estos zapatos de cuatro centímetros de tacón eran los más bonitos que había visto en mi vida y tenía que comprarlos o me moría. Sabía que lo haría, allí mismo, en la tienda. La forzaría; estaba dispuesta a aguantar la respiración hasta ponerme azul.

Mi abuela se mantuvo firme.

—No —me dijo—, llegará el momento en que puedas comprarte esos zapatos o los que quieras, pero ahora no. Eres demasiado joven. Cómprate otro par.

—No, los quiero —dije—, no soy demasiado joven. Ahora soy una adolescente. Soy casi una adulta.

Pero los ojos se me llenaron de lágrimas porque sabía que ella había ganado la discusión. Entonces me preguntó:

—¿Por qué quieres crecer tan rápido? ¿Crees que es fácil ser adulta? Serás adulta más rápido de lo que imaginas y lo seguirás siendo el resto de tu vida, pero nunca volverás a ser joven. Es maravilloso tener tu edad y tener una abuela que te saque un día de compras. No me quites eso, Carol. Sigue siendo joven un poco más. Te prometo que no te arrepentirás.

Después de eso salimos de la zapatería y fuimos a ver la película *Flipper,* que acababa de estrenarse, sobre un niño y su delfín mascota. Cuando llegamos al cine, ya me había olvidado por completo de los zapatos y me había puesto a comer palomitas con mantequilla caliente. Mantente joven un poco más y no apresures tu vida. Mi abuela tenía razón. Aquellos años pasaron más deprisa de lo que creía posible, y aprecio su sabiduría. Lo de joven, bueno, ahora joven tiene un nuevo significado, ya que todos tendemos a redefinirlo con cada década que pasa. Adoraba a mi abuela y siempre la adoraré. Por cierto, a los 16 años ya era oficialmente lo bastante mayor para llevar "tacones altos", ¿y quién me los compró? La abuela, por supuesto.

Mi abuela no era la única anciana sabia de la familia. Todos mis abuelos tenían ese sabio sentido común que nace de darse cuenta de que se necesitan los unos a los otros para sobrevivir, como inmigrantes pero también como familia. Se unían a través del amor, el humor, la música y los banquetes de fin de semana. Tenían una forma de juzgar si un desencuentro merecía un enfado o no; observar su metodología era ver la sabiduría en acción. A menos que un acto fuera engañoso o deshonesto, cruel o abusivo, pues bueno, todo el mundo tenía derecho a tener un mal día. "No merece la pena", era una de las expresiones favoritas de mis mayores, que sopesaban las consecuencias de tener un carácter crítico y la sabiduría de aprender a pasar por alto las disputas sin sentido.

Casi todo el mundo está familiarizado con la sabiduría de los grandes ancianos de las tradiciones nativas americanas, como el jefe Joseph o el jefe Seattle, quien advirtió, al observar el inevitable futuro del hombre rojo, que también llegaría el momento del declive de las tribus del hombre blanco. Las palabras de este sabio anciano presagiaban el fin de su pueblo, un pueblo que se relacionaba con la tierra como con un pariente, y su sustitución por quienes no tenían conciencia de que la vida es un tapiz sagrado. Sabía que el hombre blanco pagaría el precio de su arrogancia, aunque esa factura tardase generaciones en llegar a su vencimiento.

Existen múltiples versiones de su famosa Oración del Tratado de 1854, pero está ampliamente aceptado que estas son las palabras del jefe Seattle: "Pero ¿por qué debo lamentar el destino prematuro de mi pueblo? Una tribu sigue a otra, y una nación a otra, como las olas del mar. Es el orden de la naturaleza y lamentarse es inútil. Puede que tu tiempo de decadencia esté lejano, pero sin duda llegará, porque incluso el hombre blanco, cuyo Dios caminó y habló con él como un amigo con otro, no puede estar exento del destino común. Después de todo, puede que seamos hermanos. Ya veremos".

He aquí una sabiduría que va mucho más allá de la orientación terrenal práctica de los ancianos a los niños, que trasciende lo personal y recurre a la sabiduría cósmica. El jefe Seattle no habla por sí mismo, sino por su pueblo. Habla como alguien que ha aceptado una decisión que, según él, no tiene su origen en "nuestro buen padre de Washington", como se refirió al presidente estadounidense, sino en las fuerzas divinas que dirigen el destino de la humanidad. El hombre rojo y el hombre blanco son actores en un drama cósmico mayor, y en ese día —dice el jefe Seattle—, es el turno para que su tribu comience el viaje del declive. Pero nadie puede escapar de ese viaje de decadencia —señala—, y esta verdad no está en manos de ningún mortal. Es un destino común, y él fue capaz de ver que la fuerza arquetípica del destino común había descendido sobre su pueblo. Esta perspicacia visionaria es la gracia de la sabiduría en un verdadero acto de revelación, evidenciado aún más por el hecho de que el contenido completo de su discurso ha continuado inspirando a incontables personas más allá de su audiencia prevista. De hecho, es muy posible que estas profundas palabras estén a punto de cobrar toda su relevancia cuando "el hombre blanco" entre ahora en este mismo ciclo de decadencia, compartiendo el destino común de todas las tribus a las que se refería el jefe Seattle, en esta ocasión provocado por la destrucción medioambiental y ecológica.

Mucha gente puede resistirse a la idea de que la fuerza divina incluya en su plan de evolución orgánica de la vida la desaparición despiadada de los pueblos de la Tierra. Sin embargo, a este hombre —un jefe visionario— se le dio la gracia de percibir que, de algún modo que está más allá del alcance de la razón ordinaria, ningún pueblo, individuo o nación existe fuera de los ciclos que gobiernan la muerte y renacimiento.

¿Podrían las palabras del jefe Seattle haber cambiado la crisis medioambiental de nuestro mundo contemporáneo? En un universo ideal, podríamos imaginar a los líderes expresando palabras de sabiduría en el mismo aliento que los asuntos prácticos de cada día, pero el nuestro está lejos de ser un mundo ideal.

Es un mundo práctico alimentado más por el miedo que por la fe y la bondad. Por regla general, la bondad recoge los pedazos después de que las decisiones basadas en el miedo hayan hecho el daño. Pregúntate cuántas veces has detenido tu actuación para posicionar la opción sabia frente a la temerosa o insensata. Y luego pregúntate: ¿cuál de ellas ganó? Eso sí, una elección sabia no significa una elección segura, porque la sabiduría a menudo dicta que camines por la senda que presenta más riesgos, precisamente porque necesitas librarte de tus miedos en lugar de dejarte controlar por ellos.

Nadie existe fuera del ciclo de muerte y renacimiento. Cuando es necesario que comience un ciclo de nueva vida, el viejo camino debe morir, y esto no es cruel, sino esencial. El sufrimiento y el dolor forman parte del ciclo del cambio porque, como Buda enseñó tan sabiamente, nos aferramos a lo que no queremos soltar y tememos lo desconocido. La sabiduría es la gracia de ver lo que tiene que suceder porque no hay otra manera de que la vida entera se renueve. La sabiduría es la gracia de vislumbrar la compasión cósmica, que es la naturaleza de lo Divino. Pensamos en lo inmediato, en cómo los acontecimientos de hoy afectan a las cosas que poseemos y a los planes inmediatos que tenemos para nuestras vidas; pero las fuerzas celestiales mueven la totalidad de la vida. Si se destruye un bosque no es una tragedia, porque la naturaleza puede repoblar un bosque o un lago, o crear uno nuevo, aunque tarde siglos. Sin embargo, si se interrumpe la capacidad de la naturaleza para renovarse, toda la vida disminuirá. El todo percibe distinto que la partícula. Una partícula debe aprender a pensar como si fuera todo ese ser, porque está gobernada por el todo en virtud de que está contenida en él.

La gracia de la Sabiduría también se expresa a través de la experiencia personal de revelación. Teresa de Ávila fue particularmente conocida por sus numerosas experiencias de revelación directa. Sentía que podía revelar el contenido de algunos de estos diálogos internos con Dios, pero otros eran solo para ella. Señaló, sin embargo, que los diálogos con la Divinidad no se producían en el contexto de una conversación propiamente dicha. Por el contrario, eran sucesos multisensoriales, experienciales, para los que los sentidos humanos no tenían referencia. Pero aunque estas experiencias místicas eran indescriptibles con las limitaciones del vocabulario ordinario, dejaron huella. Teresa experimentó saltos cuánticos en la profundidad de sus percepciones sobre la naturaleza humana. Su comprensión del arquetipo del viaje místico del alma pasó de católica a cósmica, lo que significa que adquirió fluidez en la naturaleza del ámbito místico, más allá de cualquier tradición religiosa. Y su capacidad de amar se profundizó sin esfuerzo, incluso cuando se convirtió en el blanco del resentimiento y los celos de los miembros de su propia comunidad religiosa, así como de las autoridades de la ciudad de Ávila (España), donde tenía su convento principal.

El Dalai Lama es un ejemplo actual de alguien que se nutre de la gracia de la sabiduría, como demuestran sus enseñanzas y escritos. Pero quizá esta gracia sea más evidente en la sabiduría que derrama a través de las respuestas que ofrece a preguntas provocadoras sobre la invasión china de su nación natal, el Tíbet. Muchas veces le han preguntado qué opina de los chinos después de saber que muchos de sus monjes y compatriotas han sido golpeados o asesinados como consecuencia de la ocupación. Su respuesta ha sido siempre: "Compasión. Siento compasión por ellos y por mi pueblo".

La compasión es una respuesta desconcertante para quienes viven de acuerdo con la razón, porque la razón nos dice que los tibetanos han sufrido décadas de brutalidad y abusos que han sido ignorados por las autoridades mundiales, que deben haber decidido que tiene poco valor práctico defender el Tíbet contra una potencia militar como China. Este gran maestro espiritual, que es la reencarnación del Buda de la Compasión, es quizá la encarnación viviente de esta gracia, si no de todas las gracias. Para él, los efectos de la compasión no necesitan verse para conocerse. En su sabiduría, la compasión es una respuesta del alma perfeccionada, un ejemplo de poner la otra mejilla ante la violencia y absorber el dolor del agresor. ¿Quién conoce la profundidad del dolor personal del Dalai Lama? La gracia no borra en absoluto el dolor personal. Pero concede el don de una perspectiva más elevada que la que podemos alcanzar con las limitadas habilidades de la razón. En estas experiencias de comprensión que están más allá de los límites del paisaje mortal, es la gracia la que te ayuda a desafiar la gravedad de la tierra para que puedas tener una visión iluminada del todo.

Utilizar ejemplos de santos como Teresa de Ávila y el Dalai Lama puede parecer que pone esta gracia fuera del alcance de la gente corriente, pero no es así. Lo que quiero decir es que esta gracia está muy presente en nuestras vidas. Utilizo a los santos como modelos porque sus vidas contienen ejemplos extremos de esta gracia, y porque ellos tienen el único ingrediente que a muchos de nosotros nos falta para acceder a ella: son lo suficientemente humildes como para rezar por ella. La gracia de la sabiduría nos llega a todos, no solo a las almas muy evolucionadas con numerosos seguidores. Si hay dos personas que hubieran podido permitirse la arrogancia intelectual, esas serían Teresa y Su Santidad. Pero la fama hizo a Teresa más reticente y ha hecho al Dalai Lama más humilde y amoroso. La gracia de la sabiduría es evidente en los escritos tanto de Teresa como del Dalai Lama, porque sus enseñanzas llevan a sus alumnos a olvidar las influencias destructivas de este mundo y a guardar silencio sobre los poderes interiores que se despliegan al seguir el camino de la verdad interior.

Invocar la Gracia de la Sabiduría: tal vez no estés acostumbrado a pensar: "¿Qué es lo más sabio en este caso?". Puede que lo familiar sea basar tus decisiones en lo mejor que se pueda hacer, o en lo correcto, o en lo más práctico, pero es posible que "sabio" no sea un valor que haya intervenido mucho en tus ecuaciones de toma de decisiones. Considera ahora lo que representa la gracia de la sabiduría: la presencia de Dios que despliega su guía en los acontecimientos de tu vida mientras tratas de responder con sabiduría en medio de los cambios. La sabiduría dicta que reconozcas que no puedes pedir ver lo que nunca se te podría mostrar; es decir, no puedes preguntar: "¿Por qué me ha pasado esto a mí?". Esta es una pregunta infantil. Se la hacen las personas que creen que el mundo gira en torno a ellas. En situaciones de pérdida o dolor, esa pregunta también supone que se ha cometido una injusticia que requiere una explicación.

La sabiduría reconoce que, cuando se ha iniciado un proceso de cambio, en última instancia ninguna persona es la responsable de esa enorme empresa de transición. Todos los cambios tienen múltiples fuentes y puntos de origen, aunque puedas identificar a una o dos personas que parezcan ser las iniciadoras. La sabiduría dicta que todas las crisis tienen más de un nivel de origen: el nivel que puedes ver y muchos otros niveles de influencia que se elevan tan alto como el plan cósmico de evolución y el destino común de la humanidad. Así, la pregunta que debes hacerte es: "¿Con qué sabiduría quiero percibir esto? ¿Quiero ver esta situación a través de la sabiduría o del infortunio?". El infortunio es el resultado de tomarse los acontecimientos como algo personal, como si todo el dolor y el sufrimiento fueran solo para ti.

La sabiduría es la opción que reconoce el dolor y el sufrimiento como parte de la experiencia humana. Es inevitable que de algún modo nos causemos sufrimiento unos a otros. A veces estas acciones serán deliberadas y a veces involuntarias. Es sabio reconocerse en los demás. La sabiduría te permite fundirte con los demás, y cuanto más te fundes, más despiertas la compasión.

Busca la respuesta sabia en todos los acontecimientos de tu vida. Pregúntate:

- ¿Qué sabiduría se esconde en esto?
- ¿Cuál es la manera sabia de responder para mí?
- ¿Qué cambios de los que están ocurriendo son necesarios?
- ¿Contra qué cambios que me causan dolor estoy luchando?
- Si siento dolor, ¿me estoy tomando personalmente algo que no tiene nada que ver conmigo?
- ¿Estoy culpando a alguien por algo que hubiera ocurrido de todos modos?

Oración para la Sabiduría: *Pido que la gracia de la sabiduría me guíe en mi camino. Permíteme responder con sabiduría a los problemas y desafíos de mi vida, en lugar de hacerlo con miedo y hostilidad. Permíteme construir un alma con el vigor necesario para absorber la gracia de la sabiduría, de modo que pueda servir a toda la humanidad con las acciones de mi vida, reconociendo, como reconozco ahora, que todo lo que hago, pienso, digo y siento influye en el bienestar de la totalidad de la vida.*

VIVIR LAS GRACIAS

La vida no es solo energía activa. La vida es sagrada, y esa sacralidad tiene una fuente divina. A medida que reconoces el poder de las gracias que hay en ti, esa divinidad se hace evidente de forma sublime y sutil. Tu forma de percibir el mundo ordinario cambia, por ejemplo, porque ya nada puede volver a parecer ordinario cuando eres consciente de la presencia —o ausencia— de la gracia. Tampoco puedes volver a considerar que tus problemas son insuperables. Más bien, para alguien que sabe lo que es confiar en la gracia, la opción más irrealista se convierte en la única opción realista: la opción de desafiar a la gravedad recurriendo a tus recursos internos en combinación con tus capacidades externas. Esta es la verdadera descripción del ser humano completo.

Capítulo VI

LA QUINTA VERDAD

Desafía la gravedad y aprende a razonar como un místico

Se dice que tanto Buda como Bodhidharma, el patriarca indio asociado con el establecimiento del budismo zen en China, comentaron: "No soy más que un dedo que apunta a la luna. No me mires a mí, mira a la luna". La implicación de este dicho, a menudo repetido, es que el maestro sabio era consciente de que sus seguidores le verían como la manifestación última de la verdad, y él les advirtió que le dejaran a un lado en favor del objetivo más auténtico de su propia iluminación interior. Jesús dijo a sus seguidores, que estaban embelesados por sus milagros: "Os aseguro que cualquiera que tenga fe en mí hará lo que yo he estado haciendo. Hará cosas aún mayores que estas" (Juan 14:12). Jesús sabía que sus curaciones parecían milagrosas para el observador no iluminado, pero en realidad eran un subproducto natural de sus muchas gracias y de su entendimiento del funcionamiento íntimo de lo Divino, expresado en las leyes místicas del universo que, de forma natural, empoderan al alma totalmente despierta.

Como seres humanos, Buda y Jesús experimentaron una transformación completa, una transfiguración en la que el poder de sus almas llegó a dominar sobre el poder temporal del cuerpo. Buda alcanzó la iluminación bajo el árbol Bodhi. Jesús consiguió su autoridad a través del bautismo de Juan Bautista y más tarde a través de su transfiguración en el Monte Tabor ante tres discípulos. Aunque la iluminación plena o la realización divina pueden ser difíciles de definir, una forma de imaginar este nivel de conciencia es considerar que encarna la armonía precisa de las leyes del universo: la energía precede a la creación de la materia y la causa precede al efecto. Alcanzar esta armonía perfecta de alma y materia, de verdad libre de ilusión y de amor sin límites, transformó las almas de Buda y Jesús en fuerzas cósmicas plenamente despiertas que podían *desafiar a la gravedad*. Ellos residían en una forma física y estaban ciertamente sujetos a las vulnerabilidades del mundo físico, pero sus almas iluminadas también sabían recurrir a las leyes superiores que regían su realidad interna. Por eso, cuando Jesús decía: "Sana", la enfermedad física cedía a su mandato y el individuo se curaba de inmediato. El tiempo no era un factor, como tampoco lo era el estado crítico del paciente. Jesús fue capaz de curar leprosos y lisiados, de liberar demonios de los poseídos e incluso de resucitar a Lázaro de entre los muertos, porque la enfermedad, el miedo y la muerte no eran rivales para la fuerza de su conciencia, que no estaba anclada en la adquisición de poder terrenal. Sí, entonces estos relatos parecían milagros, como lo siguen pareciendo ahora, pero no para alguien que haya tenido la más mínima experiencia del poder interior que Jesús y Buda encarnaban plenamente. Paradójicamente, su misión en la vida no era hacer milagros, sino refutar su necesidad demostrando que puedes convertirte en una fuente de milagros en este mundo si comprendes la verdadera naturaleza de tu alma y cómo abrirte plenamente a ese poder.

Obviamente, Jesús y Buda son los modelos últimos del sanador cósmico y del alma iluminada. Pero no se encarnaron para deslumbrar a la gente con su capacidad de caminar sobre el agua y meditar durante meses sin sustento. Su tarea consistía en introducir nuevos paradigmas arquetípicos de conciencia, desentrañar la siguiente oleada de potencial humano y desafiar a la gravedad, es decir, alinear la vida física con la naturaleza espiritual. La magnificencia de Jesús y Buda se ve una y otra vez en su capacidad para ilustrar que el alma está naturalmente en armonía con un dominio de verdad que trasciende las limitaciones del mundo físico. A pesar de lo difícil que resulta comprender esta verdad mística, es cierta. Al practicar una verdad, acabas encarnándola o convirtiéndote en ella. Cuando te conviertes en una verdad, su poder anima o transforma tu alma en un receptáculo para esa verdad. Así es como Jesús podía ordenar a las fuerzas de la naturaleza que hicieran su voluntad, aunque no podía dar órdenes a la voluntad de otra persona. Jesús y Buda se convirtieron en las verdades que enseñaban; se convirtieron en fuerzas cósmicas plenamente congruentes, encarnadas como seres plenamente humanos. Jesús no solo enseñó a amar; él era amor. Buda no solo enseñó sobre la iluminación, sino que la encarnó.

Como modelos de amor incondicional, Jesús y Buda pusieron el listón muy alto para el común de los mortales. Sin embargo, sospecho que su mensaje no era tanto "Mira lo que puedo hacer", sino "Mira lo que puedes hacer tú si absorbes la verdad que yo represento". Pocas personas alcanzarán alguna vez la iluminación plena o se convertirán en santos capaces de manifestar amor incondicional. Sin embargo, para la mayoría de nosotros puede bastar un despertar interior para desafiar a la gravedad, incluso a pequeña escala, quizás durante una crisis curativa o un periodo de profunda transformación personal. Curiosamente, la mayoría de nosotros no somos muy conscientes de que, cada vez que rezamos, estamos intentando desafiar a la gravedad al pedir alguna forma de intervención divina, o de que, cada vez que confiamos en nuestra intuición para que nos guíe, estamos desafiando a la gravedad al obtener información del dominio energético, es decir, información que es "ingrávida", ya que tiene una cualidad predictiva o directiva, en lugar de histórica.

No obstante, aprender a desafiar a la gravedad requiere más que un brote de intuición ocasional. Debes ascender a una refinada realidad de la conciencia espiritual en la que se aprende a trabajar en armonía con las leyes que rigen la naturaleza sutil y silenciosa del alma. Las leyes místicas no existen como reglas independientes que ordenan la estructura de nuestra vida externa. Por el contrario, son leyes que influyen en nuestra vida interna o espiritual, como un universo paralelo que contiene la misma información, pero carece de la influencia del tiempo, el peso, el espacio y la gravedad. La siguiente etapa de este viaje te presenta leyes que, como las leyes físicas de la naturaleza, forman un sistema de verdades integrado. Mientras que las leyes físicas gobiernan lo que ha venido a la existencia física, estas leyes gobiernan la dinámica de la creación misma. Los dos conjuntos de leyes funcionan en tándem, ya que la energía fluye hasta convertirse en materia y la materia, a su vez, influye en el flujo de energía.

Cuando un sistema de vida carece del conocimiento de uno de estos ámbitos de la ley, ese sistema cae automáticamente en patrones de disfunción. No darte cuenta de que tus actitudes influyen en tu comportamiento, por ejemplo, tiene un efecto directo en la calidad de tus relaciones, que a su vez afecta a tu calidad de vida. Para reparar las relaciones dañadas tienes que empezar por la causa raíz, lo que nos lleva a las influencias energéticas de tus patrones de miedo o de tus heridas. Vivir conscientemente estas verdades no es tarea fácil, pero tampoco lo es sanar o reconstruir una vida tras una crisis devastadora.

La renovación de lo que uno es no ocurre dentro de la mente. La curación es una empresa demasiado grande como para que la mente pueda afrontarla por sí sola. La renovación de tu vida, de tu salud o de todo tu ser es una empresa mística, y tienes que estar dispuesto a trabajar con verdades de proporción cósmica para lograr una transformación tan profunda.

EL REINO DE LA LEY MÍSTICA

Un examen de las vidas de Buda y Jesús ilustra que hay tres conjuntos de leyes que rigen la existencia humana: las leyes físicas, las leyes sociales y religiosas, y las leyes místicas. Nuestras vidas físicas se rigen por las leyes de la gravedad, el tiempo y el espacio, la ley de causa y efecto, y la atracción magnética, entre otras. Vemos estas leyes en acción y podemos comprobar su autenticidad. Así, lo que consideramos "real" se deriva de la coherencia que proporcionan las leyes físicas del universo. Es incomprensible que un día funcionen y al siguiente no. Son como son, punto.

Las leyes sociales y religiosas, como los Diez Mandamientos o la Sharía del Islam, estructuran el orden social. Estas leyes representan otro tipo de orden completamente distinto del dominio de las leyes físicas que gobiernan a toda la humanidad sin que tengamos ninguna opción en el asunto. Aunque estas leyes se presentan como absolutos religiosos dados a los seres humanos por Dios, en la práctica resultan ser leyes que o bien elegimos cumplir, como no robar o asesinar, o bien nos arriesgamos a ser castigados por infringirlas. Como sabemos muy bien, muchas personas infringen ciertas leyes sociales o religiosas sin ser descubiertas y sin pagar ningún precio material.

En un universo paralelo existen las leyes místicas que operan dentro de la misma armonía esencial, pero fuera de la ecuación del tiempo, el espacio y la materia, y fuera de las convenciones sociales y religiosas. Nacemos sintiendo una resonancia con este reino de verdad. Nuestro yo más íntimo no aprende estas verdades, sino que despierta a ellas, lo que significa que tomamos conciencia de lo que siempre hemos sabido. El verdadero significado del camino espiritual es volver a casa, a estas verdades, despertar de nuevo a lo que ya está dentro de ti: el conocimiento del reino místico.

Encarnar una ley mística es encarnarlas todas. Cada verdad refuerza a las demás sin entrar en conflicto. Puedes elegir desobedecer las leyes, pero, si lo haces, una parte de ti sabrá inmediatamente que has violado algo profundo dentro de ti. Es posible que no seas capaz de dar un nombre a esa violación, pero puedes sentir de inmediato una sensación de falta de poder y de que te has traicionado a ti mismo. La mayoría de la gente recuerda la primera vez que mintió porque representa una especie de ritual cósmico oscuro en el que se traspasa una línea que sabíamos que no debíamos cruzar. Si tu conciencia funcionaba, todos los sistemas te alertaron de la violación de un profundo código de honor dentro de ti. Traicionaste tu relación con tu propia conciencia, una voz que podías escuchar alto y claro. Y al decir esa primera mentira, también te diste cuenta de que, si seguías mintiendo, tu capacidad para escuchar esa clara voz de tu conciencia disminuiría. Durante ese oscuro ritual de la primera mentira, te invade un feroz sentimiento de culpa, ya que el alma lucha por hacer que la voz de la conciencia sea más fuerte que los instintos del miedo y las demás pasiones oscuras. Recuerdas ese momento precisamente porque ocurrió una transición cósmica: la primera vez que manipulaste esa preciosa y delicada conexión entre tu conciencia, tu consciencia y la voz de tu alma. Y también recuerdas si, después de esa primera mentira, hiciste las cosas bien o no. Con esa primera mentira trascendental comprometiste tu integridad o bien la honestidad se convirtió en tu credo personal.

Que las leyes místicas ya gobiernan la naturaleza de tu alma es un hecho; lo que debes desarrollar es tu capacidad para utilizar conscientemente su poder, y esto define el aprender a razonar, pensar, percibir y actuar con conciencia dentro del mundo físico. Esta es la definición de tu potencial más elevado en el sentido más espiritualmente evolucionado de ese concepto. El alma trata de estar en armonía con las leyes místicas porque crear en armonía con la conciencia mística da como resultado una vida gobernada por el amor y no por el miedo, una vida en la que tu trabajo refleja tus fortalezas y talentos, en lugar de tus limitaciones. Si estás en armonía con la verdad, no hay nada con respecto a ti mismo que debas ocultar.

No es necesario estar profundamente involucrado en una tradición espiritual para tener una fuerte conexión mística con tu alma. La mayoría de los místicos de la historia que pertenecieron a tradiciones espirituales concretas, como Rumi o Hafiz, Swami Yogananda o Bede Griffiths, situaron a Dios y al alma en el centro de su búsqueda por elección propia. Sin embargo, esta elección no es necesaria para alcanzar la conciencia y, de hecho, la mayoría de los místicos de hoy surgen de las filas de la vida ordinaria. Entre los que han sido místicos fuera del entorno monástico se encuentran Emily Dickinson, Abraham Lincoln, Albert Einstein y Helen Keller. La conciencia mística significa encontrar la forma de ver la verdad con claridad en el mundo, trascendiendo las limitaciones y cargas de los miedos, supersticiones y creencias sociales convencionales. La gran poetisa estadounidense Emily Dickinson consideró que la naturaleza era la expresión de Dios, y lo celebró en cientos de poemas breves que pueden leerse con connotaciones tanto seculares como espirituales. Einstein encontró su conciencia trascendente al final del universo, que según descubrió no tenía fin. Su búsqueda de la verdad le llevó a plantearse cuestiones cada vez mayores y más elevadas, como hace todo peregrino que sigue buscando la naturaleza de la verdad. En primer lugar, te ves obligado a preguntarte qué es verdad en tu propia vida, y eso te lleva inevitablemente a la pregunta: "¿Qué hay que sea cierto en la vida?". Al final, todos los místicos, independientemente de lo que haya motivado su búsqueda de la verdad, se encuentran en el mismo terreno cósmico.

No se aprenden las leyes místicas para un único propósito específico, como la necesidad de curarse, porque eso supone que, una vez alcanzado el objetivo, toda la disciplina y el aprendizaje invertidos en la curación pueden descartarse. Esa es la misma mentalidad que comparte la gente que se pone a dieta para perder peso, y vuelve a recuperarlo todo porque se recompensan a sí mismos al final de su logro, abandonando la disciplina y el conocimiento de la buena nutrición y volviendo a sus viejos hábitos alimenticios. Aprendes estas leyes porque representan un nivel superior de conciencia que redefine tu relación básica con el poder y, en particular, con tu poder de elegir. En algún momento, el objetivo de la curación, por ejemplo, se sustituye por la búsqueda de la verdad. Sabrás que has realizado un profundo cambio de conciencia cuando ya no sea necesaria una crisis para motivar el cambio, y la atracción de la verdad sea suficiente para llevarte a la siguiente etapa de la vida.

Por ejemplo, Janis, una mujer que conozco, se acercaba a su 60 cumpleaños con un cierto temor. Esos cumpleaños con "ceros" son encrucijadas significativas en nuestras vidas, y el número 60 señala el comienzo del último tercio de tu vida. Al acercarse a este punto de inflexión, Janis pudo intuir que se avecinaba una posible crisis psicológica, así que, en lugar de dejarse abrumar por la desesperación de la edad, eligió la opción creativa. Ocurrió que al mismo tiempo se estaba replanteando su carrera profesional, y no tuvo miedo de reinventarse y dar un nuevo rumbo a su trabajo, aunque tal decisión supusiera un riesgo económico. Así que antes de cumplir 60 años, Janis hizo algo que no es típico en la mayoría de la gente, pero sí en ella: pensó en lo que debía hacer en lugar de en lo que le gustaría hacer. Decidió que debía afrontar la verdad de que le asustaba envejecer y lo que representaba cumplir 60 años. En respuesta, se matriculó en una clase de *clown* como regalo de cumpleaños, porque hacer el payaso la ayudaría a afrontar sus miedos a expresarse y a disolver sus máscaras.

Janis se dio a sí misma el regalo de una verdad y, a partir de ese regalo, se le abrieron puertas de autorrealización diferentes y más dinámicas. De hecho, Janis se empapó de las gracias de la revelación, el consejo y el conocimiento como parte del regalo que se hizo a sí misma por haber recorrido 60 años en esta Tierra. La verdad siempre trae alguna forma de liberación a tu vida. A veces, el descubrimiento de una verdad personal puede liberarte de una relación u ocupación desalentadora, aunque, en el proceso, puede destrozar tu mundo familiar. Sin embargo, pocos dirán que sus vidas no se han enriquecido por haber pasado por la destrucción de ilusiones personales para llegar a saber quiénes son de verdad. Tememos la verdad no solo porque hace añicos nuestras ilusiones, sino también porque de esos añicos viene el cambio. La verdad y el cambio van de la mano.

Una de las ventajas de elegir ser más conscientes es el poder del pensar hacia adelante. Estamos mucho más acostumbrados a utilizar la herramienta del pensamiento consciente para reparaciones, analizando lo que ha ido mal en nuestra vida en el pasado. Con ese conocimiento, intentamos crear a nuestro alrededor en el presente un campo de gravedad que incluya el compromiso de no repetir los mismos errores y curar las viejas heridas. Aunque ese tipo de evaluación retrospectiva es natural en nuestra forma de pensar, introducir una visión orientada hacia delante que evalúe lo que tenemos que hacer para satisfacer las exigencias del futuro representa la esencia de la sabiduría intuitiva. Las madres que prevén el síndrome del nido vacío responden intuitivamente a señales emocionales que les indican que se van a hundir si no encuentran algo que llene ese vacío cuando todos sus hijos se hayan ido. Deberías pensar en la voz sutil de tu intuición que te alerta para que te prepares para los cambios vitales que se avecinan como una especie de experiencia mística: tu alma está dirigiendo tu mente consciente hacia lo que pronto se manifestará en tu mundo físico.

DE LA ENERGÍA A LA CONSCIENCIA MÍSTICA

La energía es la primera forma de identificar el poder en el reino místico. Los pensamientos y las intenciones son expresiones de energía que se mueven a la velocidad de la luz. Los físicos se adentraron en esta dimensión de la conciencia energética al entrar en el campo de la física cuántica, que reveló gradualmente la relación entre el pensamiento y su influencia en las partículas de luz. Pero desde una perspectiva mística, esta luz o energía, que es la contrapartida de la materia, no es solo "energía consciente", sino también una expresión de lo sagrado. Es la manifestación de una fuerza de vida divina que vivifica toda la creación.

El estado trascendente a menudo se describe como carente de las limitaciones físicas del tiempo y el espacio. Algunos místicos han dicho que durante sus experiencias aprecian una sensación de intemporalidad, tal vez en un instante de quietud espiritual en el que reciben la gracia del consuelo durante un momento de gran dificultad. Muchas personas cuentan que "les invade una sensación de conocimiento" que las deja inmediatamente tranquilas y llenas de fuerza interior. Esta no es una experiencia mística rara, sino común. Lo raro es reconocer que se trata de un auténtico acontecimiento místico. Aunque solo dure un momento, la conciencia entra de lleno en un reino atemporal en el que de repente, casi por arte de magia, todos los ingredientes de la vida se ven mejor.

Para ti las experiencias místicas no son extrañas. Estos incidentes místicos afectan a todo el mundo de distintas maneras. En pocas palabras, son acontecimientos que te llevan más allá de las limitaciones de los cinco sentidos, aumentando la intensidad con la que eres capaz de relacionarte con la profunda belleza o el significado de algo. Con frecuencia, en ese momento de mayor sensibilidad te sientes en unidad con la "otra persona" con la que te estés relacionando. Esta unión puede darse entre tú y la naturaleza, o entre una persona y otra —como una madre y su recién nacido— o entre un individuo y Dios. A veces, una idea original puede elevarte a los reinos místicos, ya que el poder de una percepción nueva tiene la capacidad de reordenar toda tu realidad en un instante. Elimina todo lo que creías oscuro e irresoluble y te deja con una profunda sensación de optimismo y esperanza. Eres elevado más allá de las limitaciones del pensamiento ordinario, más allá de los límites de la lógica y la razón, en el aire fresco cósmico, donde te sientes suspendido en la ingravidez creada por una ausencia temporal de miedo: estas son las señales de la experiencia mística. Y también combina fácilmente con la vida cotidiana. Todo el mundo ha tenido al menos una de estas preciosas experiencias, cuya potencia nunca se disipa.

Los místicos, como Teresa de Ávila, y los santos de las tradiciones orientales eligieron deliberadamente un camino de iluminación espiritual. Sus experiencias eran de una naturaleza muy refinada; Teresa, en particular, era conocida por sus numerosos y extraordinarios encuentros místicos con Jesús. Compartió muchas de sus experiencias en *El castillo interior*, señalando a menudo que los detalles de la experiencia mística no pueden describirse con precisión, porque el nivel en el que viaja el alma está más allá de la comprensión de la razón humana. Por esta razón, William James escribió que las experiencias místicas genuinas son a la vez "inefables" —más parecidas a estados de sentimiento que de intelecto, sombreadas por matices difíciles de transmitir con el lenguaje— y "noéticas", es decir, que participan de un conocimiento, perspicacia e iluminación que están más allá del alcance de la mente racional. Tan precisa era Teresa en su conocimiento íntimo de los límites entre la psique y la imaginación, o entre la imaginación y el alma, que observó que, aunque la imaginación es capaz de construir una visión en forma de imagen mental, no puede forzar o producir un verdadero estado místico. La experiencia mística "llega a ti espontáneamente", según sus palabras, y es el alma, no la mente, la que la reconoce. En un estado profundamente místico, la mente queda completamente desconcertada por el encuentro con la conciencia trascendente.

LAS CINCO LEYES MÍSTICAS

Ciertamente Teresa no es la única mística conocida por levitar. Leí sobre un maestro de meditación que no solo podía levitar, sino también secar sábanas sumergidas en agua helada o derretir nieve por la fuerza de sus meditaciones. Tuve la oportunidad de preguntar a un *rinpoché* tibetano sobre este maestro en concreto y se rió durante toda la conversación ante la inocencia —o estupidez— de mis preguntas.

—Por supuesto que él puede hacer esas cosas —dijo—, pero ¿sabes por qué suceden?

Le respondí que no y se rió un poco más, sin contestar. Lo que se me quedó grabado fue que me preguntó si sabía por qué el maestro levitaba y no cómo. ¿Por qué levitaba y derretía la nieve? El porqué implicaba que era la consecuencia natural de algo, mientras que el cómo implicaba que era el resultado de algo que él mismo estaba iniciando. Las acciones místicas siguen su propia lógica, una lógica dictada por fuerzas que somos incapaces de comprender y que nos parecen irracionales, más allá de los límites de nuestra conciencia ordinaria. Sin embargo, lo extraordinario de tales acontecimientos no es que los místicos a quienes les suceden vivan en otro mundo más etéreo, sino que estén tan firmemente arraigados en las realidades de este mundo del aquí y ahora, sin dejarse distraer por las cosas que no importan en absoluto.

LA PRIMERA LEY MÍSTICA: SOLO EXISTE EL AHORA

El núcleo de muchas disciplinas místicas es "Mantente totalmente presente": aprende a mantener tu espíritu totalmente centrado, de modo que sepas dónde está la totalidad de ti en todo momento. Es una verdad tan profunda que la mente simplemente no puede captarla, porque el intelecto no puede llegar a este lugar llamado "ahora". Solo el alma puede viajar hasta allí. Nunca olvidé mi conversación con el lama tibetano y, a medida que me adentraba en el mundo de la sanación mística, se me fue revelando el porqué. Mi experiencia con innumerables lecturas médicas intuitivas me permitió comprender mejor el sistema energético humano. Al hacer una lectura, podía determinar dónde y por qué una persona había perdido tanta energía en una crisis pasada, o por qué la estaba perdiendo en una situación específica; pérdidas de energía que, a su vez, influían en la salud del cuerpo físico. La fórmula sencilla, obviamente, era identificar y desprenderse de cualquier patrón histórico que estuviera causando la hemorragia energética y seguir adelante con elecciones positivas. Algo sencillo sobre el papel, como suele decirse, pero brutalmente difícil de hacer en la vida real para la mayoría de la gente. Como ya he señalado, la necesidad de una explicación o de alguien a quien culpar, lejos de liberar, encierra a la mayoría de las personas en sus historias. Y cuando uno se siente débil y con el espíritu roto, es difícil seguir adelante con las exigencias emocionales y psíquicas que requiere la curación. Así que, aunque pueda parecer fácil decir: "Desapégate y sigue con tu vida", no hay nada fácil en ello. Sin embargo, nos guste o no, al final de cualquier crisis solo nos quedan dos opciones: podemos mejorar o amargarnos. Nadie permanece neutral. Todos elegimos uno de estos dos caminos cuando afrontamos cambios difíciles.

Hace bastantes años me di cuenta de que la necesidad de saldar nuestros asuntos pendientes con el pasado es mucho más que un ritual de sanación psicológica o emocional; también es una profunda necesidad del alma que afecta a nuestra capacidad de sanar. En pocas palabras, aferrarse a las partes amargas del pasado —reciente o lejano— es como cargar con una deuda de la tarjeta de crédito que genera un tipo de interés cada vez mayor. Con el tiempo, toda la energía que necesitas para llevar tu vida actual se desvía hacia la devolución de los intereses de tu creciente deuda emocional. Finalmente, cuando no puedes permitirte pagar tus "facturas energéticas" del presente, caes en la "bancarrota emocional"; es decir, enfermas, porque demasiada historia está chocando con la energía del momento presente. Como he señalado anteriormente, el resultado es que no puedes avanzar ni retroceder en tus decisiones vitales, porque careces de la energía necesaria para pensar con claridad, y mucho menos para tomar una decisión y llevarla a cabo. Como estás endeudado, tu energía está fragmentada a lo largo de las décadas psíquicas de tu vida, sin estar centrada en el presente ni en ningún otro lugar donde puedas encontrarla. No puedes curarte porque todavía estás más en el pasado que en el presente; en efecto, para ti, el pasado es más emocional y psíquicamente real que el ahora.

Los maestros espirituales contemporáneos, como Ram Dass y Pema Chödrön, que se han convertido en ricas fuentes de sabiduría, amor y curación, hablan con frecuencia del poder de vivir en el momento presente, sugiriendo que este logro supone ganar una gran batalla contra la ilusión de lo que consideras "el poder de tu pasado". Sin embargo, se necesita un gran vigor del alma para dominar la vida en el momento presente, y merece la pena comprender las razones. No es un estado de conciencia que pueda alcanzarse simplemente repitiendo "estoy plenamente presente" una docena de veces al día. Mantener la conciencia en el presente equivale a entrar en una dimensión de la realidad diferente, aunque paralela. El momento presente renueva continuamente las posibilidades creativas de la vida.

No es que te olvides del pasado. El pasado es difícil de olvidar. Pero estar en el presente con más plenitud que en el pasado indica dónde sitúas tu poder creativo y tu identidad primaria. Los que están heridos permanecen anclados en su pasado: esa es su identidad primaria. Un tiempo que vino y se fue sigue ensombreciendo el momento presente. Otra opción es aceptar el despertar iniciático que producen las heridas, soltar el resentimiento hacia quienes desempeñaron su papel en herirte y alimentar la sabiduría y la compasión que conllevan. Es decir, del corazón roto nace un corazón capaz de reconocer el dolor ajeno y de identificarse con él. Una herida así no debe desperdiciarse ni enterrarse en la autocompasión, sino sacarse a la luz y examinarse, reflexionar sobre ella y utilizarla como una lente a través de la cual comprender mejor las vidas de los demás. Esta elección te libera del campo de gravedad de un pasado herido, cuyos recuerdos y traumas no resueltos pueden mantenerte secuestrado durante décadas. La conciencia del tiempo presente te permite conservar tus recuerdos, pero ya no pueden tenerte como rehén ni drenar tu energía, lo que inevitablemente drenaría tu salud.

He dado conferencias sobre el poder de vivir en el momento presente y, como es lógico, casi todo el mundo me pregunta: "¿Pero cómo? ¿Cómo dejo atrás el pasado?". En realidad, es sencillo, pero no es fácil, y aunque ya he comentado este punto, merece la pena darle otra vuelta con un enfoque diferente, porque el tema de "dejar ir" es muy difícil. Tienes que renunciar a la necesidad de castigar a quienes te han hecho daño. El deseo de vengarte de las personas que te han humillado o herido es una verdad oscura; aunque rara vez lo admitimos, debajo de todas las demás razones por las que nos resulta difícil perdonar solo está esta: el deseo de venganza. Esta oscura necesidad puede mantenerte atado a tu pasado con más fuerza que cualquier otro trauma que hayas sufrido, porque hay algo en la naturaleza humana que necesita equilibrar la balanza. Puede que no te guste admitirlo, pero debes hacerlo. Y más que admitirlo, debes superarlo y ascender a una verdad superior que te permita centrarte en lo que estás destinado a aprender sobre ti mismo a través de cada crisis.

Además de superar la necesidad de vengarte, tienes que estar dispuesto a renunciar a estar herido o traumatizado como identidad de poder primaria. El "yo sufriente" puede ser una poderosa máscara social que en nuestra cultura terapéutica viene acompañada de un tipo peculiar de privilegio. Ser capaz de decir "he terminado con el sufrimiento" no es tan fácil como puedas pensar. Sin embargo, es esencial si quieres liberarte de los mecanismos de control que has asociado a tu curación a través del motivo del sufrimiento. Por ejemplo, el deseo de herir a otro porque tú estás sufriendo es un juego de poder al que es muy difícil renunciar. La necesidad de hacer saber a los demás que te sientes con derecho a que te presten atención por tu dolor y sufrimiento es muy seductora, y liberarse del derecho del yo sufriente es más una batalla con la sombra de tu propio orgullo que con cualquier otra persona. Lo repito con una gran compasión: nada de esto es fácil, pero tampoco lo es vivir en el pasado, lo que equivale a vivir en un cementerio psíquico donde te reúnes regularmente con cadáveres problemáticos.

Aunque nada de esto es fácil, a veces la transformación puede ocurrir en un instante. He observado una curación milagrosa como resultado de un cambio instantáneo de vivir en el pasado a vivir en el presente. Sharon batallaba contra un tumor vertebral que le causaba un dolor constante e implacable. El domingo por la mañana, en uno de mis talleres de sanación, se dio cuenta de que su nivel de dolor se había reducido a la mitad, algo extraordinario para ella. Me envió un correo electrónico tres semanas más tarde para decirme que el martes siguiente ya no le dolía nada, lo que hizo que quisiera ver a su médico. Se hizo varias pruebas, incluida una resonancia magnética de la espalda, y descubrió que todos los signos del cáncer habían desaparecido.

—Recé: "Ahora, Dios. Te entrego toda mi vida" —me explicó Sharon—. Me sentí como en caída libre, como si no tuviera nada. Sentí que no tenía pasado ni nada que perder. Solo tenía vida que ganar. Me quedé dormida después de esa oración y, cuando me desperté, la mitad de mi dolor había desaparecido y mi curación había comenzado.

Sharon creía que el catalizador de su curación fue que abandonó por completo cualquier apego a lo que la curación requeriría de ella o a cómo tendría que cambiar su vida. Con esa única oración, abandonó todo apego a lo familiar. Antes había pausado el ritmo de su curación para no sentirse abrumada. Ahora se daba cuenta de que ya estaba abrumada y que más de lo mismo no importaría, porque ¿qué podría ser más abrumador que morir? Esta oración de Sharon la abrió al poder curativo de la gracia, que antes solo había experimentado en pequeñas dosis debido a su necesidad de curarse de un modo que mantuviera intacto su mundo familiar. La oración "Ahora, Dios, te entrego toda mi vida" funcionó como una válvula de escape cósmica, abriéndola a una intensidad de gracia que la curó fuera de los límites del tiempo y el espacio, renovando su fuerza vital.

Armonizarse con el "Aquí y Ahora": ¿Cómo logras estar plenamente presente en el "ahora" de tu vida? ¿Hay que esperar a una situación desesperada de vida o muerte para romper el bloqueo de la razón que te impide ascender a ese lugar interior de rendición? No, en absoluto. He aquí un método sencillo que te ayudará a permanecer en el presente: cambia de vocabulario. En concreto, abandona el uso de los siguientes términos y todo lo que implican: culpar, merecer, culpabilidad, justo, falta. Si eliminas esas cinco palabras de tu vocabulario, tanto en tus pensamientos privados como en tu comunicación con los demás, notarás casi de inmediato que es mucho más difícil caer en patrones emocionales negativos. También descubrirás lo habituales que se habían vuelto.

Además de esa sencilla sugerencia, las enseñanzas de los grandes maestros espirituales contienen toda la sabiduría y la orientación que necesitas, enseñanzas tan sencillas que deberían ser fáciles de seguir. Pero, en consonancia con la naturaleza paradójica de lo Divino, en su sencillez se oculta la ardua naturaleza del viaje. Las leyes místicas interactúan entre sí como un mandala energético y fluido de la verdad. Una ley o verdad apoya a otra. Se consigue vivir el momento presente creando una práctica espiritual y una vida basada en la sabiduría y las verdades místicas. Se aprende, por ejemplo, que para vivir en el presente es esencial practicar el perdón. Sin perdón, permaneces anclado en el pasado, siempre con una deuda emocional.

SEGUNDA LEY MÍSTICA: LA NECESIDAD DEL PERDÓN

Ya he hablado del papel del perdón como factor de la consciencia y como etapa necesaria para la curación. Pero el perdón es también una ley mística. A diferencia de otras leyes místicas, se ha abierto camino en la vida humana gracias a Jesús, de quien recibimos el mandato místico de perdonar, y también porque ahora, en el campo de la salud integral, se reconoce que el perdón tiene una aplicación práctica en el proceso de curación. Aunque hasta ahora otras leyes místicas no han tenido una influencia mensurable en la disminución del estrés o en favorecer la curación, los científicos, médicos y psicólogos que han investigado la relación entre el estrés y la enfermedad han llegado a la conclusión de que la capacidad o incapacidad de perdonar afecta al resultado de una enfermedad grave. Las personas que tienen un carácter indulgente aumentan sus posibilidades de recuperarse.

Por encima de todo, quiero subrayar que el perdón es un mandato místico, y no está asociado con la lógica. No tiene sentido para la mente razonadora, porque la mente razonadora es incapaz de perdonar. El perdón genuino es un acto místico autoiniciado que requiere la ayuda de la gracia para liberarte del parloteo compulsivo del ego, tendente a justificarse y a imponer continuamente su posición "legítima" de ira o dolor. En términos de la metáfora financiera que he venido utilizando, un auténtico acto de perdón elimina por completo la deuda de tu tarjeta de crédito, liberando tu alma de la prisión del deudor.

El perdón no es el acto de liberar al agresor, aunque normalmente se interpreta así. Tampoco es un modo de decir a otros que lo que han hecho está "bien" para ti y que "ahora todo está perdonado". Ninguna de esas interpretaciones se acerca siquiera a la esencia mística del perdón, que es algo que ocurre fundamentalmente entre tú y Dios. Un auténtico acto de perdón tiene lugar en el paisaje interior, donde tu ego decepcionado, herido, maltratado o enfadado se enfrenta a tu alma, que se rige por un modelo de justicia cósmico.

El ego quiere hacer responsable a otra persona de por qué ciertos acontecimientos de tu vida salieron como salieron o de por qué te hirieron o te trataron injustamente. Siempre queremos que la justicia nos sirva a nosotros y no al "otro", lo que, por supuesto, significa que siempre queremos tener razón. Otra forma de traducir esto es que queremos que nuestra versión de Dios apoye siempre nuestro bando, como señalan los credos de todas las religiones del mundo: Dios está de nuestro lado. Todas estas cuestiones se reducen a la creencia de que, si no consigues lo que quieres, el destino no te ha tratado como te mereces. En última instancia, el perdón es una batalla entre la rectitud moral de tu ego y tu capacidad de trascender cualquier situación que hayas vivido y que ha derribado los mitos que mantienen que el sufrimiento merece reconocimiento, recompensa o justa venganza:

- Dios está de tu lado y solo de tu lado.
- La justicia debe ser lógica y razonable, y servir siempre a tu versión de los hechos.
- Dios sigue el código de la ley humana. Si solo haces cosas buenas, nunca te pasarán cosas malas, y, por supuesto, tú nunca haces cosas malas.
- Después de todo, tienes derecho a que todo te salga bien.

No podemos perdonar a los demás cuando estos mitos nos fallan, y nos fallan en medio de las relaciones y los acontecimientos que conforman el tapiz de nuestras vidas. Comprender la esencia del perdón es uno de los regalos más sanadores y liberadores que puedes hacerte a ti mismo. Una de las muchas maneras de abordarlo es considerarlo un enfrentamiento entre tú y las fuerzas que rigen tu destino. Por ejemplo, a menudo no puedes perdonar a otra persona porque crees que te ha arruinado la vida. Suelo oír a la gente hablar de sus padres de esta manera, señalando que, si hubieran tenido unos padres más comprensivos, habrían ido a la universidad y cumplido sus sueños de convertirse en empresarios, artistas o eruditos. Gran parte del dolor en la vida de las personas tiene su origen en la verdad de que son incapaces de tomar una sola decisión personal que les fortalezca y no les cueste el matrimonio o el trabajo. Proyectan su resentimiento por estar silenciados sobre las personas que tenían o tienen influencia sobre ellos —sus "captores", por así decirlo— cuando en realidad son sus propios miedos los que les hacen traicionarse una y otra vez.

Entonces, ¿quién es responsable de la elección de permanecer en cautiverio, y quién debería ser realmente el objeto del perdón en estas situaciones? Tanto si consideras que esas fuerzas son el Destino o Dios, o simplemente la suerte que te ha tocado en la vida, tus argumentos de que ciertas cosas de tu existencia deberían haber sucedido de otra manera son asuntos de proporción cósmica. Nada es tan sencillo u obvio como parece. Puedes fijar tu mirada en otra persona y creer con todas tus fuerzas que esa persona destruyó tu vida, pero, desde una perspectiva cósmica, tu vida es mucho más compleja de lo que puedes medir por la influencia de una o dos relaciones.

Yo tuve mis propias discusiones con mi destino, que al final me abrieron al poder místico contenido en un acto de auténtico perdón. Las discusiones duraron bastantes años, por lo que requieren un poco de historia. Aunque fui criada en el catolicismo romano, a la edad de 12 años mis luchas con las doctrinas de la Iglesia Católica ya habían empezado. Cuando llegué a la escuela secundaria, estaba en una verdadera crisis espiritual con las enseñanzas centrales del catolicismo, en particular con la noción de que Jesús murió por nuestros pecados debido a algo que Adán y Eva habían hecho en un jardín. La idea de que un Dios situado fuera del planeta requería el sacrificio de su hijo divino a fin de enderezar las cosas para la raza humana me parecía completamente equivocada. Conociendo la historia de las religiones romana, griega y mitraica, era consciente de que, después de la muerte del Jesús histórico, el modo en que las creencias cristianas se desarrollaron implicaba una mezcla de mitos.

Estos mitos involucraban sacrificios de sangre en altares, junto con el simbolismo de la muerte y el renacimiento derivado de antiguos rituales agrícolas, anteriores incluso a la cultura grecorromana. Al mismo tiempo, me sentía atraída por las enseñanzas de Jesús encarnadas en los Evangelios, incluidos los Evangelios gnósticos. Nunca perdí la fe en la verdad mística de su mensaje de amor, perdón y servicio a los demás que tan elegantemente expuso en el Sermón de la Montaña.

Sin embargo, seguía sintiéndome desconcertada con el misterio de por qué tenía que "sufrir y morir por nuestros pecados" y con la noción de la salvación por la fe. Este misterio se fue haciendo intelectualmente más confuso, frustrante y enfurecedor a medida que pasaban los años y veía crecer el fundamentalismo cristiano y el evangelismo alrededor de la idea de "salvación". Esto no era un asunto menor para mí. De hecho, tratar de entender este mensaje central de Jesús se convirtió en un Santo Grial personal. No es que necesitara creer en el mito del "hijo de Dios", biológico o no. Lo que sí necesitaba era tener algún tipo de comprensión del arquetipo de la salvación, que obviamente estaba representado por la Crucifixión. No podía entender lo que esta doctrina de la salvación significaba para la gente. La idea de Jesús muriendo por los pecados de la humanidad era muy extraña. Sin embargo, de alguna manera se había arraigado y había poseído al mundo cristiano de cerca de mil millones de personas. Este era un dilema espiritual tan grande para mí que abandoné la Iglesia Católica, aunque, por extraño que esto pueda sonar, continué estudiando los escritos de los místicos católicos, a los que adoro. Pronto aprendí a discernir la diferencia entre las políticas en torno a Dios y la expresión mística de lo Divino. La política de la Iglesia Católica era lo que necesitaba dejar atrás, muy atrás.

Años después de alejarme de la Iglesia, y tras haber estado trabajando algún tiempo como médica intuitiva, me encontré haciendo una lectura a un hombre con cáncer. Mi método de lectura intuitiva es que pido en oración todo lo que se me pueda revelar para ayudar a cada persona, así que pregunté: "¿Cuál es el origen del cáncer de este hombre?". Instantáneamente me llené de imágenes sobre el significado simbólico de la historia de la crucifixión. Me sentí aturdida y repelida a la vez, porque, para mí, este simbolismo solo tenía asociaciones negativas. Repetí la oración, pero en mi campo de visión se "descargó" la misma imagen. A partir de ahí, dejé que la información fluyera hacia mí sin una respuesta personal, como si se tratara de cualquier otro tipo de datos. Creía entonces, como creo ahora, que lo que experimenté aquel día no tenía que ver con el hombre para el que estaba haciendo la lectura; era algo para mí, personalmente, aunque la información también le ayudó mucho a él.

Creo que nuestro planeta ha acogido a muchas grandes almas, y que Buda y Jesús están entre las más grandes. Considero a Buda el arquitecto cósmico y el arquetipo de la Compasión, un hombre más plenamente humano que cualquiera de los que le precedieron. Buda vio el lado oscuro de la conciencia humana como si mirara a través de una ventana recién limpiada en un día soleado. Vio cómo y por qué la gente podía encontrar, y de hecho encontraba, las ilusiones de poder más atractivas y seductoras que su verdadera naturaleza. Y considero a Jesús otro arquitecto cósmico y el arquetipo del Perdón, un hombre cuya divinidad está más allá de nuestra capacidad de comprender. Jesús se encarnó para desvelar el poder interno del espíritu humano: el poder de curar, de amar más allá de las fronteras de la propia tribu, de crear paz y de conocer a Dios directa e íntimamente. Sin embargo, este poder tiene un precio, y ese precio es pasar la prueba que opone el poder del ego al poder del alma. Para ilustrar esta prueba, el maestro Jesús tuvo que encarnar todo el viaje arquetípico que culminó con la historia de su arresto, juicio, crucifixión y resurrección.

El núcleo de este drama era el mensaje que nos transmitió Jesús para que encarnemos un nivel de conciencia que trasciende la razón humana: hay una ley superior que rige el espíritu, una ley mística que no es fiel a las leyes de la religión. Si eres capaz de encarnar esta ley, puedes curar a los enfermos, alimentar a los hambrientos, expulsar a los demonios —o la locura de la mente—, e incluso resucitar a los muertos. Pero el camino hacia esta conciencia sagrada requiere que te liberes de la creencia de que puedes conseguir un sistema de justicia que esté a tu servicio en la Tierra. Creer en cualquier sistema de justicia humana es lo mismo que creer en la venganza justa, porque la tribu que pierda siempre se sentirá abusada y querrá vengarse. Desde la perspectiva del ego, nada de la vida en esta tierra es totalmente justo o equitativo, porque el ego está dedicado fundamentalmente al servicio de sí mismo. El ego percibe cualquier cosa que no nos beneficie materialmente como muy injusta. No es solo que la gente buena sufre y la gente mala parece tenerlo todo, sino que yo sufro y no lo tengo todo.

Sin embargo, Jesús insistió en que la presencia de Abba, como llamaba al padre-Dios en su arameo natal, es una fuerza de amor tan poderosa que te permite confiar en que, independientemente de lo que tengas que soportar, existen razones cósmicas mayores para tus experiencias. Profundiza en tu alma para rendirte a lo que tu ego no puede comprender, dijo, en términos que incluso hoy en día son difíciles de alcanzar para la mente, y mucho más para el ego: "Te digo que no te resistas a una persona malvada; al que te abofetee en la mejilla derecha, vuélvele también la otra" (Mateo 5:39). El mayor reto es perdonar a aquellos contra quienes podrías justificar fácilmente las represalias, porque ¿cuándo está tu mente tan limpia de ilusiones como para comprender por qué los acontecimientos ocurren como lo hacen?

Una vez dada esta lección, Jesús la vive al máximo. Reza a Dios en el Huerto de Getsemaní para no tener que sufrir el destino que prevé para sí mismo, que "me sea quitado este cáliz". Pero no hay respuesta de Dios. Jesús no recibe ninguna guía sobre por qué tiene que soportar la pesadilla que está a punto de desencadenarse; debe rendirse con fe ciega. De hecho, es abandonado y traicionado por sus amigos; es juzgado por delitos falsos, torturado y humillado. Finalmente, colgado de la cruz, pregunta: "Padre, ¿por qué me has abandonado?". Pero, al siguiente aliento, dice: "Perdónalos, porque no saben lo que hacen", como si toda su crucifixión hubiera sido en vano si se hubiera omitido ese detalle.

Al pasar por cada una de esas pruebas de abandono, traición, acusación, humillación y tortura, Jesús soportó cada uno de los actos con los que una persona puede justificar la venganza. Su muerte encarnó la ruptura definitiva del poder del ego sobre las ilusiones del mundo físico. Al responder con perdón, estaba dando a luz un nuevo modelo de conciencia que nos muestra cómo liberarnos del infierno de la ilusión de que una injusticia cósmica haya caído sobre nosotros. La verdad mística es que el perdón no tiene nada que ver con la persona a la que perdonas; es un acto autoiniciado de transformación en el que te liberas de un nivel de conciencia que te ata a la ilusión de que estás a salvo y protegido en un mundo de caos, y de que tu Dios es el único Dios de justicia y equidad para toda la humanidad. Porque, si un pueblo tuviera tal relación con lo Divino, ¡imagínate cuán implacable sería! La justicia de lo Divino está en la igualdad del caos y de nuestra capacidad de hacernos el mal unos a otros, así como en nuestra capacidad de liberarnos unos a otros del infierno. El perdón es un acto tan poderoso que con él se produce una resurrección del yo interno, porque estás recuperando tu espíritu de la zona muerta de los traumas pasados y los asuntos pendientes.

Entrar en armonía con el perdón: ni todo el parloteo lógico puede hacernos perdonar. No estoy segura de la utilidad del diálogo terapéutico en este proceso, pero sí sé que nos ayuda a liberar la frustración de no poder perdonar. En última instancia, hay que recurrir al poder de la gracia para traspasar los límites de la razón, que puede ser implacable a la hora de producir justificaciones y orgullo herido. Reza pidiendo la gracia de perdonar y prepárate para actuar según esa gracia. Deja que derrita los recuerdos traumáticos y haz todo lo posible por no luchar contra el derretimiento, porque ocurrirá. De acuerdo con la naturaleza de las leyes místicas, recurre al poder y la sabiduría de otras leyes en busca de apoyo, en particular de la que sigue.

LA TERCERA LEY MÍSTICA: TODO ES ILUSIÓN

A menudo pienso en Jesús como el alma que abrió el corazón cósmico para la humanidad y en Buda como el alma que abrió la mente cósmica, introduciendo el camino místico de las Cuatro Nobles Verdades. Si se siguen con devoción, estas verdades pueden conducir a la iluminación espiritual. Centradas en la rica verdad mística de que "Todo es ilusión", las Cuatro Nobles Verdades son estas:

- La Primera Verdad: el sufrimiento. Buda dice que el nacimiento es sufrimiento, el envejecimiento y la enfermedad son sufrimiento, y la muerte es sufrimiento. Enfrentarse a una persona que odias es sufrimiento, tanto como estar separado de alguien a quien amas. No conseguir lo que quieres es sufrimiento.
- La Segunda Verdad: la causa del sufrimiento. Buda dice que, indudablemente, la causa del sufrimiento humano se encuentra en la sed de los cuerpos físico y mental y en sus ilusiones percibidas. Rastreadas hasta su fuente, esta sed y estas ilusiones tienen sus raíces en el ansia intensa. Y el ansia, o deseo incesante, motivado por la voluntad de vivir, solo busca lo que percibe como deseable.

- La Tercera Verdad: el fin del sufrimiento. Si el ansia o el deseo instintivo y persistente pudiera ser eliminado, la pasión se extinguiría y todo el sufrimiento humano terminaría.
- La Cuarta Verdad: el noble sendero que lleva al final del sufrimiento. El camino que conduce a la cesación del deseo y el sufrimiento es el Noble Óctuple Sendero: Ideas Correctas, Resolución Correcta, Habla Correcta, Comportamiento Correcto, Sustento Correcto, Esfuerzo Correcto, Atención Correcta, Concentración Correcta. Buda afirma que la iluminación solo puede alcanzarse mediante la disciplina del Noble Sendero, y que vivir sin entenderlo hace que nuestra vida sea un interminable laberinto de ilusiones, motivadas por miedos y deseos físicos. Todo es ilusión en la vida excepto el Noble Sendero. Solo la verdad es real.

Todo es ilusión. Esta es una de las verdades místicas más desconcertantes, porque cada uno de tus cinco sentidos te dirá lo contrario. Imagina este escenario: yo te piso el zapato. No es una ilusión que ahora te duela el pie o que tu zapato esté ligeramente marcado. Pero entramos en la ilusión cuando empezamos a preguntarnos por qué. ¿Por qué pisé tu zapato? ¿Fue porque no me gustaba? ¿O porque intentaba evitar que salieras de la habitación? O tal vez fuera porque simplemente no me gustas. Tal vez quería ese par de zapatos y tú llegaste primero. O tal vez, solo tal vez, resulta que no te vi allí y fue solo un accidente. Lo que sí sabemos es que, dejado a tu propia imaginación, es más que probable que recurras a los vastos recursos de los archivos de tu memoria y llenes el vacío de por qué te pisé el zapato con alguna asociación negativa de tu pasado o una proyección negativa sobre mí en el presente. No es nada personal, como diría el Padrino, solo negocios. Es lo que hacemos. Tendemos a llenar los vacíos con algo negativo, un miedo o una inseguridad.

Nunca se te ocurriría que mi pisotón accidental era parte de un plan mayor para retrasar tu salida del edificio, lo que a su vez hizo que tardaras unos minutos en llegar a cierto cruce de camino a casa. Y quizá esa diferencia de dos minutos te salvó la vida, porque un conductor iba a saltarse un semáforo en rojo en esa intersección y te habría atropellado. ¿Es imposible creer que un microdrama de este tipo podría suceder solo para salvarte la vida? Estos microdramas ocurren continuamente en los atascos de tráfico, los platos que se nos resbalan de las manos por la mañana y las llamadas telefónicas en el último minuto que nos impiden salir corriendo de casa a una hora determinada. ¿Cómo sabes por qué suceden las cosas como suceden? No lo sabes. No tienes ni idea y nunca la tendrás. Y mucho menos eres capaz de saber lo que debe ocurrir hoy para que determinados acontecimientos se desarrollen dentro de uno, dos o diez años. Tal vez sea necesario un accidente de coche, o que te despidan para que puedas terminar en otro puesto, porque ahí es donde conocerás a alguien a quien acabarás apreciando el resto de tu vida.

Por qué los acontecimientos de tu vida suceden como suceden, desde los más grandiosos o devastadores hasta los más aparentemente insignificantes, está más allá de tu capacidad de entender. No puedes distinguir lo que es importante de lo que es insignificante, si es que hay algo insignificante. Que algo te produzca dolor o placer, felicidad o tristeza, no es el mejor árbitro de lo que realmente importa, y esto es algo que la mayoría de nosotros ya deberíamos haber aprendido. Esos sentimientos solo son respuestas temporales a tus experiencias, e incluso tus respuestas son ilusiones. Un día estás feliz;

al siguiente, triste; el tercero, melancólico; aburrido el cuarto; extasiado el quinto; exhausto el sexto; y el séptimo día estás confundido sobre todo lo que tiene que ver con tu vida.

La verdad profunda es que no hay una sola razón por la que algo determinado ocurre como lo hace. Cada acontecimiento es el resultado de la compilación de cientos, si no miles o millones, de eventos que han estado en movimiento durante una duración de tiempo incognoscible. Tú estás vivo gracias a tus padres, y a los padres de tus padres, y así sucesivamente hasta la noche de los tiempos. Así que, ¿dónde comenzaron exactamente tus genes? No tienes ni idea y nunca la tendrás. Es una ilusión que sepas de dónde vienes o el origen del ADN psíquico que llevas dentro y en torno a ti. Y si este es el caso, en realidad no hay razón para que dediquemos energía a buscar razones de por qué ciertas experiencias o acontecimientos sucedieron como sucedieron. Esa es una búsqueda cósmica, no terrenal.

Pero, como dijo Buda hace más de 2.500 años, si quieres sufrir, persigue una ilusión, como el camino que te marca tu ego humillado y su pasión por vengarse de las personas que te han herido o abandonado. Descubrirás que ese camino solo conduce a más ilusiones. He oído muchas historias de personas que, de adultas, acudieron a terapia para curar los recuerdos de una infancia abusiva. Parte de la terapia incluía la reconciliación con los padres maltratadores. Conozco al menos tres casos en los que, después de todo el trabajo terapéutico previo y la anticipación de enfrentarse finalmente con el progenitor superviviente, la respuesta fue casi tan devastadora como las heridas originales, porque los padres negaron haber abusado de estas personas cuando eran niños. A su manera, los padres les dijeron a sus hijos adultos que sus recuerdos eran ilusiones, cuando, con toda probabilidad, eran los recuerdos de estos padres maltratadores los que eran ilusorios, basados en las mentiras que tuvieron que contarse a sí mismos. Solo hay una cosa cierta: los recuerdos de los padres no tenían nada en común con los de los adultos que regresaban a ellos decididos a salir por fin de sus mazmorras emocionales.

Entrar en armonía con la ilusión: de alguna manera, el poder de las verdades místicas se abre camino en nuestras vidas, incluso disfrazado de una sabiduría social muy común, como en "Nunca se sabe lo que pasa detrás de una puerta cerrada". La implicación más profunda de este adagio bien conocido es que lo que vemos y oímos en el mundo que nos rodea no es más que una ilusión. Sabes que esto también es verdad en tu propia vida, que es donde comienza la práctica de la Tercera Ley Mística. La práctica de la Tercera Ley Mística —que no ha de confundirse con la Tercera Noble Verdad de Buda, el Final del Sufrimiento— se ve muy reforzada por las enseñanzas del budismo. Una forma de discernir el poder de la ilusión es examinar tus acciones e intenciones en relación con las personas con las que sientes que estás en desigualdad de condiciones. Se trata de los individuos con los que negocias tu poder y que te hacen vulnerable a comportamientos surgidos de tus pasiones oscuras. Al buscar su aprobación, ajustarás tu comportamiento más de lo que crees para complacerles. Te transformarás a ti mismo, tus opiniones o tu creatividad, e incluso podrías negociar tu honor o tu integridad, solo para mantenerte en buenos términos con estas personas. Sin importar cómo justifiques tus acciones ante ti mismo, negociar tu poder en aras de la aceptación de otros es una manera de traicionarse que provoca pérdida de autoestima.

Tales acciones siempre dan como resultado un resentimiento tóxico —¿acaso lo hay de otro tipo?—, porque al negociar tu poder esperas automáticamente algún tipo de recompensa o reconocimiento, aunque no te des cuenta de ello conscientemente. Cuando no llega nada, el resentimiento aumenta y te sientes impotente. El desempoderamiento emocional, mental y psíquico durante largos periodos de tiempo se convierte inevitablemente en ciclos de depresión, desesperación y, en última instancia, en enfermedad crónica con elementos de fatiga y dolor físico. En la raíz de todo esto hay un deseo de empoderarse mediante el reconocimiento de los demás, que es un camino ilusorio. La verdad es que nadie puede empoderar a otra persona.

En lugar de eso, tienes que recurrir a las verdades superiores, recordándote a ti mismo: "Nadie ha hecho nada para herirme o rechazarme. Eso es una ilusión. Puede parecer y sentirse así debido a mis necesidades personales, pero yo estoy a cargo de mis necesidades. Así que perdono a todas esas personas que creí que me habían herido o rechazado deliberadamente. Eso también era una ilusión. Nunca conspiraron para rechazarme o hacerme daño. Proyecté en ellos expectativas basadas en mis propios deseos y ellos no cumplieron mis planes imaginarios".

Las verdades místicas te ayudan a ver con claridad, porque proporcionan orden cuando sientes la tentación de temer que en tu vida solo haya caos. Aunque puedas experimentar un gran dolor por perder un trabajo, por una crisis de salud o un divorcio, también puedes encontrar un consuelo extraordinario en la verdad mística: "El cambio es constante". Creer que algo puede permanecer perfecto, exitoso o sano para siempre es una ilusión. Es posible que no podamos conocer la verdad sobre una situación concreta, pero sí podemos conocer la verdad misma, que a menudo está envuelta en paradojas.

LA CUARTA LEY MÍSTICA: CONFÍA EN LA PARADOJA DIVINA Y EN LA SINCRONICIDAD

Una paradoja es una aparente contradicción que, sin embargo, contiene la verdad. El poder de una paradoja, por su propia naturaleza, no puede ser captado en una sola definición. Las dinámicas paradójicas son corrientes que animan a los comodines de nuestras vidas, a veces con tal fuerza dramática, que nos hacen reflexionar: "¿Quién podría haber sido el autor intelectual de semejante acontecimiento?". Estas son las experiencias que abren nuestra imaginación para que tomemos en serio una verdad que los místicos conocen desde hace mucho tiempo: la paradoja es uno de los lenguajes de lo divino. A diferencia de muchos de nosotros, que anhelamos un Ser Supremo que se comunique en códigos celestiales lógicos, los místicos ven en ciertos acontecimientos y situaciones una "paradoja divina" que tiende a ser más acorde con la naturaleza de la expresión divina. En cierto modo, las dinámicas paradójicas son perfectas para el eterno tira y afloja entre el ego y el alma, y podemos aprender mucho entrenándonos para reconocer la verdad en la paradoja divina.

Considera el nacimiento de Jesús en un pesebre, que es el símbolo de un tema siempre presente en la vida espiritual: el poder divino siempre entra en tu vida a través de la puerta más humilde. Por el contrario, Siddhartha Gautama, como se conocía a Buda antes de su iluminación, nació en la opulencia y estuvo protegido por su padre, una especie de rey, de los aspectos desagradables de la vida, como el envejecimiento, la enfermedad y la muerte. Pero el joven Siddhartha consiguió salir de su mundo perfecto para chocar con la imperfección al ver a un anciano y una procesión funeraria, y esa colisión despedazó y abrió su conciencia. La paradoja: Buda necesitó la riqueza absoluta para comprender que ninguna seguridad material podía protegerle del destino humano del sufrimiento. A partir de esa colisión de opuestos, empezó a buscar la verdad.

Los hilos energéticos que manipulan los acontecimientos paradójicos también revelan la obra de la Divinidad en nuestras vidas. Por ejemplo, supe de una mujer cuyo marido murió el día en que le tocó el premio gordo de la lotería. Él siempre le compraba la lotería, y ella comprobó ese último billete de lotería puramente por razones sentimentales. Resultó ser el billete ganador. En una entrevista, la mujer dijo con lágrimas en los ojos: "Él siempre dijo que me mantendría". Los sucesos irónicos y paradójicos destacan en nuestras vidas, llamándonos la atención. Vienen acompañados de ingredientes raros, que se presentan una vez en la vida y posiblemente no vuelvan a aparecer. Estos hechos, por sí solos, nos llaman la atención sobre las fuerzas inusuales que se han reunido conscientemente a nuestro alrededor para hacer que ese acontecimiento se produzca. La forma en que lo interpretemos, por supuesto, depende de la sofisticación de nuestras habilidades internas. Yo, por ejemplo, no le doy demasiada importancia cósmica al hecho de encontrar aparcamiento en una tarde de compras abarrotada. Simplemente me siento aliviada. En cambio, tomo nota de cuando recibo una carta de alguien en quien no había pensado en años, y me doy cuenta de que el día anterior encontré una foto suya y la dejé sobre mi mesa toda la tarde, solo por el placer de recordar tiempos pasados.

Aunque estas experiencias pueden parecer aleatorias, el elemento paradójico nos invita a considerar la posibilidad de que no lo sean en absoluto, sino que revelen otro mecanismo de causa y efecto regido por lo sagrado. Mientras que el mecanismo de la paradoja es similar en su función al concepto de sincronicidad de Jung —es decir, una función impersonal de la conciencia colectiva—, la paradoja divina es consciente y personal. ¿Cuántas veces nos ha ocurrido algo que en el momento pensamos que es devastador, para descubrir, seis meses o un año después, que era la proverbial "bendición disfrazada"? No hay nada de personal en tales acontecimientos, y aquellos de vosotros que habéis tenido la experiencia de una bendición disfrazada sabéis que eso es cierto. A veces, la bendición consiste simplemente en que estos acontecimientos nos sacan de nuestro estado habitual de "sueño"; es decir, nos hacen preguntarnos por el gran mapa cósmico, y ese es propósito suficiente.

Pero el elemento de paradoja divina está presente en cómo se produce el cambio en nuestras vidas, qué aspecto tiene y qué se pretende que estimule en nosotros. El ego siempre está asustado y no puede discernir una bendición de una tragedia porque su única brújula es su propia supervivencia. Como resultado, basa cada decisión en lo que ya conoce y en aquello con lo que está familiarizado o considera seguro, todo lo cual Buda identificó como pura ilusión. Los tiempos de cambio son exactamente eso: una necesidad de cambiar. Pero los cambios de circunstancias son la ilusión, no la intención. El objeto del cambio siempre eres tú, nunca tu situación. Cuando la vida te presenta una encrucijada y no estás seguro de qué hacer, el ego siempre recurrirá a lo que ya ha hecho. El ego saca su currículum, lo cual es, paradójicamente, exactamente lo incorrecto. El cambio llega porque hay que avanzar, no retroceder al pasado.

Muy a menudo la gente dice: "Pero no sé qué hacer" o "No sé por dónde empezar". Esto es lo que ocurre cada vez más a medida que nuestro mundo familiar se derrumba y debemos confiar en nuestros instintos creativos para construir una nueva comunidad global. Las personas que miran al pasado no lo harán bien, porque el pasado ya no es relevante. Solo podemos ir hacia adelante y hacia el hecho —y es un hecho— de que aprender a confiar en la paradoja y la sabiduría divinas se convertirá en una gran gracia de supervivencia.

Entrar en armonía con la paradoja divina:

- Lo que es grande es realmente pequeño; lo que es pequeño es realmente grande.
- Lo que da miedo es realmente el camino seguro; lo que parece seguro es tu miedo hablando.
- Lo que parece caos es, en realidad, una futura bendición disfrazada.
- Tu mayor poder es la humildad; tu mayor debilidad es la humillación.
- El grano de mostaza —un alma clara— tiene más poder que la montaña —un grupo de personas en caos—.
- El poder de la oración y la gracia —saber cómo trabajar en armonía con el cosmos— influye en la totalidad de la vida, mientras que intentar dominar a una persona te destruye.
- Tu ego —y no el de otra persona— es tu adversario más implacable.

Vive estas verdades. Asúmelas en tu vida y actúa a partir de ellas. Busca fuerzas paradójicas en tu vida y ten en cuenta que estas energías no son accidentales, sino que representan dinámicas que son causas para una respuesta consciente. Y vuelve siempre a tus gracias como una forma de recordarte a ti mismo que tu potencial más elevado merece todo este esfuerzo.

QUINTA LEY MÍSTICA: MANTENER LA CONGRUENCIA ESPIRITUAL

Ya sea que emprendas el camino de la conciencia para curarte o para comprometerte más profundamente con los asuntos del espíritu, una forma de describir tu objetivo es decir que quieres convertirte en un ser humano congruente. La congruencia puede adoptar muchas formas, pero en esencia eres congruente cuando tus creencias coinciden con tus acciones cotidianas y tu práctica espiritual. Di lo que crees y cree en lo que dices; actúa según tus creencias y sigue la guía surgida de la reflexión interior. De este modo, cuerpo, mente y alma finalmente se alinean, lo que permite que la armonía de las gracias fluya a través de ti de forma tan natural como tu respiración. Mantienes la congruencia honrando las verdades espirituales que has convertido conscientemente en parte de tu vida interna. Solo tú sabes lo que crees que es verdad sobre lo Divino. Solo tú sabes lo que crees que es verdad acerca de tu propósito en la vida y lo que consideras real o ilusión. Una vez que haces esas elecciones, no llevarlas a cabo es un acto de autotraición, porque estás violando tu verdad personal. Y la verdad es su propio dispositivo de control; es decir, nunca puedes mentirte a ti mismo sobre el hecho de no cumplir con una verdad. Además, tu biología mostrará signos de tensión cuando seas incongruente con una verdad.

La verdad es una fuerza tan poderosa que muchas personas se lo piensan a la hora de comprometerse con lo que creen que es verdad, como si estuvieran comprando filosofías políticas. En los talleres, pregunto a la gente: "¿En qué crees?". La mayoría responde: "No estoy seguro" o "No lo sé", temiendo supersticiosamente que Dios les haga responsables de sus respuestas. Y hay algo de verdad en ello, porque una parte de nosotros se da cuenta de que el reconocimiento de una creencia —sea privada o pública— supone un compromiso oficial con ella, aunque solo sea ante nuestra propia conciencia. Así que a menudo evitamos hacer tales reconocimientos, ya que el reconocimiento puede exigir una acción congruente que podría transformar nuestra vida. Es más seguro permanecer en la niebla sobre lo que finalmente se califica como una verdad digna de compromiso; sin embargo, una conciencia que permanece en la niebla es incapaz de crear un camino claro en la vida, y mucho menos de sanar nada.

Entrar en Armonía con la Congruencia: no es fácil vivir una vida consciente, pero es aún más traicionero vivir una vida inconsciente. Me gustaría decir "una vida plenamente consciente", pero eso podría parecer idealista hasta el punto de ser imposible. Ser todo lo consciente que puedas a cada momento es un trabajo a tiempo completo, porque convertirse en una persona consciente consiste en aprovechar todo el potencial del poder de elección. Y de todas las elecciones que puedes hacer, ninguna es tan poderosa como la decisión de vivir de forma espiritualmente congruente. Cada una de las leyes místicas que he descrito apoya, a su manera, a todas las demás. Pero quizá la práctica más útil para mantener una vida congruente sea remitirse a las Cuatro Nobles Verdades del budismo, descritas anteriormente en este capítulo. La sabiduría de esas enseñanzas te ayudará a identificar las ilusiones que te están quitando energía y vigor. Siempre es importante recuperar el equilibrio interno antes de emprender cualquier acción. Además de las Cuatro Nobles Verdades, puedes mejorar la práctica de la congruencia espiritual siguiendo estos consejos:

- Di solo lo que crees y cree en lo que dices.
- El poder se origina detrás de tus ojos, no delante de ellos. Una vez que el poder se hace visible, se evapora.
- El verdadero poder es invisible.
- El pensamiento precede a la creación de la materia. Por lo tanto, tus pensamientos son instrumentos de creación tanto como tus palabras, actos y finanzas. Sé consciente de la calidad de tus pensamientos, porque cada uno de ellos establece patrones dinámicos de causa y

efecto. Cada pensamiento es una herramienta. Cada pensamiento es una oración.

- El juicio te ancla a la persona o cosa que juzgas, convirtiéndote en su sirviente. Si juzgas a los demás con demasiada severidad, te conviertes en su prisionero.

VIDA SIN GRAVEDAD

Cada día nos resbalaremos en nuestros esfuerzos por vivir una vida congruente y consciente. ¿Y qué? Levántate, inténtalo de nuevo, resbala un poco más. Imagina una vida sin estar controlado por las ilusiones del miedo: miedo a no tener lo suficiente, miedo al rechazo y miedo al fracaso. Imagina que tus miedos tienen menos influencia sobre ti. Una vida completamente libre de miedos puede ser poco realista, pero una vida en la que mantengas tus miedos a distancia es un objetivo alcanzable.

Los místicos no se propusieron aprender sobre la naturaleza de Dios o las leyes místicas superiores para poder desafiar literalmente la gravedad, sino para poder levitar mientras meditaban, curar a otros espontáneamente y a distancia, bilocarse o desarrollar habilidades telepáticas. Los grandes místicos de la India advertían de que tales notables poderes —o *siddhis*, como se conocen en su tradición— podían ser una gran distracción en el camino espiritual. Consideraban esas capacidades como frutos que caían del único árbol de su jardín, que era su amor apasionado por lo divino. El enfoque místico de la vida no consiste en ver la vida desde fuera, sino en percibirla desde dentro, en sentir tu campo energético antes de permitir que tu cuerpo entre en acción. Sentir las numerosas corrientes de información que cargan eléctricamente la atmósfera e interpretarlas. Responde a esa información, pásala por tus sentidos espirituales y deja que esos datos entren en tu mente ordinaria. Aprende a utilizar todos tus sentidos espirituales tan naturalmente como respiras, y siempre con la conciencia de que estás viviendo en un campo de gracia.

DIGNO DE REFLEXIÓN

- Pregúntate: "¿Con qué peso psíquico, emocional o mental estoy cargando que es innecesario para mi viaje? ¿Por qué estoy cargando con esto?". Sé duro contigo mismo. No lleves equipaje emocional extra. Eso no te sirve a ti ni sirve a nadie.
- Busca la verdad en todos los aspectos de tu vida. Hazte esta pregunta constante: "¿Cuál es la verdad en esta situación?". Busca sabiduría, comprensión y perspicacia en cada oportunidad que se te presente.
- Aprende a persistir. Recuerda que ningún plan se desarrolla en una tarde. No tengas expectativas con respecto a nada. Deja que todo te sorprenda.
- Abandona la necesidad de saber por qué las cosas suceden como suceden. ¿Cómo sabes lo que es el éxito o el fracaso? Nunca has tenido una escala que pueda medir ninguno de esos dos extremos del espectro. Todas las cosas solo son experiencias. Reflexiona sobre si la experiencia te da o te quita poder, eso es todo. ¿Cada experiencia te hace más consciente, más honesto, más agradecido, más amable, más generoso, más compasivo? Ahí es donde deberías enfocar la atención.
- Actúa según tu guía sin decir constantemente que tienes miedo y que necesitas pruebas de que estarás a salvo. Nunca tendrás esas pruebas. Cada elección en la vida es un acto de fe. Deja de permitir que el miedo sea la única

voz constante que escuchas con fe inquebrantable. Sé escandalosamente audaz en tu creencia de que serás guiado, pero no tengas expectativas sobre cómo se desarrollará esa guía. Mantén tu atención en el presente, siempre en el tiempo presente.

- Desarrolla una vida verdaderamente dedicada a la oración. Ve hacia dentro. Encuentra un camino hacia tu alma que te sirva en esta etapa de tu vida, pero deja de contar tus pensamientos superficiales a la Divinidad y descubre tus gracias internas.

Estos son tiempos de cambio, y entre los cambios más cruciales está la necesidad de que las personas que normalmente no buscarían enseñanzas místicas se dirijan ahora a ellas con una pasión sentida en el alma. Hemos superado el punto en el que la mera lectura sobre la curación y la conciencia humana tiene algún valor. Todos los viajeros deben despertar y dejar de buscar su identidad en este mundo. ¿Qué respuesta necesitas aparte de "yo soy un alma en busca de la verdad"?

Tu alma sabe que puede desafiar a la gravedad. Y tú sabes que puede aprender las leyes místicas. La cuestión es si puedes trascender los límites de la razón ordinaria: ese es el gran desafío en esta vida humana que nos une a todos.

Capítulo VII

MÁS ALLÁ DE LA ENFERMEDAD

Vivir en un campo de gracia

Hace algunos años escribí el libro *Anatomía del Espíritu*, en el que hablaba de la integración armoniosa de los siete chakras, derivados del yoga y la filosofía hindúes, con el árbol de la vida judío y los siete sacramentos cristianos. La fusión de estas tres tradiciones sagradas con nuestra biología física reveló lo que ahora considero la inteligencia mística de nuestra "bioalma", una interacción única de sabiduría activa que existe entre nuestra biología y nuestros sentidos espirituales. Mi trabajo como médica intuitiva me enseñó hace tiempo que nuestra biografía se convierte en nuestra biología, pero ahora me doy cuenta de que nuestra definición de "biografía" también debe incluir la biografía de nuestra alma, aunque no en el sentido religioso.

A este modelo de las tres tradiciones de sabiduría sagrada añado ahora los ingredientes dinámicos del alma —nuestras siete gracias y nuestras siete pasiones oscuras— como aspectos esenciales del banco de conocimiento para la curación, así como para convertirse en una persona completa. Estos son nuestros elementos centrales, tan esenciales para cada uno de nosotros como la respiración lo es para el cuerpo físico. Nuestras gracias y nuestras pasiones oscuras son nuestro vínculo con la creación misma. Estas fuerzas no tienen una religión de origen, ni pueden ser comandadas por creencias de superioridad basadas en mitos que dicen que este dios es mejor que aquel. Estas gracias y pasiones de luz y sombra proceden de una sola fuente: el único Dios que ha creado la totalidad de la vida.

Mi decisión de añadir las gracias y las pasiones oscuras a la bioalma no se debe únicamente a mi creencia de que, dado que la curación es una experiencia mística, el conocimiento del reino místico y de la inteligencia mística es esencial para nuestra salud, aunque eso sea cierto. Por el contrario, en gran parte, mi creencia en la necesidad de aprender sobre el razonamiento místico y la bioalma es el resultado de un proceso evolutivo en el que todos estamos implicados.

Ahora debemos darnos cuenta de que ya hemos cruzado el Rubicón de la energía, pues hace 50 años o más que hemos entrado en la Era de la Energía Consciente. Incluso alguien que no tenga interés en cuestiones relacionadas con el enfoque cuerpo-mente-espíritu de la curación debe responder a preguntas que ahora se hacen rutinariamente durante un examen médico por una afección cardiovascular, como: "¿Hay estrés en tu vida?". El estrés es un indicador energético de que las condiciones físicas de tu vida están desequilibradas porque las psicológicas o emocionales también lo están. No es necesario creer en ningún dios, ni en el modelo de curación cuerpo-mente-espíritu, para entablar una conversación sobre el estrés; sin embargo, este tipo de conversaciones se producen con regularidad en el lado "energético" del Rubicón. En efecto, ahora somos una especie energética, y la medicina energética, entre las muchas tecnologías basadas en la energía que ya han reconfigurado la sociedad global, ha llegado para quedarse. Deberíamos haber dejado atrás hace tiempo la etapa de tener que probar que existe un vínculo entre los patrones energéticos de emoción y actitud, y la salud del cuerpo físico. De hecho, a estas alturas ese tipo de investigación casi debería considerarse primitiva. Para utilizar el lenguaje de nuestra cultura tecnológica, piensa en tu bioalma como en tu Internet espiritual: recibe y transmite datos energéticos, transfiriéndolos a tus sentidos espirituales y chakras, que, a su vez, convierten a toda velocidad esos datos en información aterrizada y reconocida por los cinco sentidos. Este es un retrato de la vida dentro de un holograma energético, y presenta la realidad de en qué nos hemos convertido.

Es hora de pasar a las cuestiones significativas que son de mayor alcance que las meras cuestiones de salud, y que determinan la calidad de nuestra vida. Hasta ahora, los traumas vitales y las crisis de salud han sido el principal impulso para que la gente busque formas alternativas de pensar en el poder personal, la espiritualidad y la medicina energética. Pero dado que ahora debemos reconocer que somos seres multisensoriales y que nuestra anatomía energética tiene una autoridad complementaria dentro del cuerpo físico, debemos ir más allá de la enfermedad y el trauma como fuerzas motivadoras para ascender de nivel y vivir de acuerdo con las reglas de la conciencia energética. Ahora tienes que reflexionar sobre las preguntas que más importan, preguntas que tienen el poder de transformar la calidad de tu vida y no solo tu salud, tales como:

- ¿Hasta qué punto soy capaz de manejar la conciencia energética?
- ¿Soy capaz de ser más intuitivo o necesito percibir el mundo que me rodea a la velocidad más razonable de mis cinco sentidos?
- ¿Puedo gestionar la conciencia mística y mantener mi propia conciencia y acciones en armonía con este nivel de verdad?

- ¿Puedo vivir en armonía con la verdad más profunda y sagrada de que, en realidad, la energía es gracia? Esta verdad transforma el mundo a mi alrededor y dentro de mí, llamándome a ver la totalidad de la vida y a todas las personas como sagradas. ¿Estoy dispuesto y soy capaz de hacer eso?

Llevar a cabo este único cambio de conciencia —de percibir la vida como energía a verla rodeada de gracia— no altera nada en tu mundo físico. Sin embargo, este cambio de percepción abre tu visión interna al reino de la inteligencia y el razonamiento místicos, porque el espacio que rodea a toda criatura viviente palpita con el potencial creativo de la gracia.

Imaginar que el espacio que rodea a toda criatura viviente está vivo y dotado con el potencial creativo de la gracia es una verdad mística muy refinada, que llama a vivir de acuerdo con esa verdad. No es una verdad que se pueda "conocer" y después ignorar. Esta verdad exige que te pongas a la altura de su autoridad, que vivas según su ley inherente de causa y efecto. Si la gracia rodea a todos los seres vivos, entonces, en virtud de haberte ganado el conocimiento de esa verdad, estás obligado —obligado— a relacionarte con los demás según ella. Te preguntarás con razón: "¿Quién me lo exige?". La respuesta es que estás obligado por las leyes místicas de la evolución o, si lo prefieres, por la ley del karma o por las reglas que tu alma conoce. Si sabes que robar está mal, ¿no estás obligado por las leyes de nuestra sociedad a abstenerte de hacerlo? Por supuesto que sí. La única diferencia es que las verdades místicas son mucho más exigentes y requieren mucha más diligencia interior. Sin embargo, esa diligencia es exactamente lo que siempre se ha exigido a toda persona que ha recorrido el camino de la iluminación interna.

En realidad, todas las personas están recorriendo ese camino, lo quieran o no. Pero no es fácil. Alguien a quien planteé esta perspectiva me contestó honestamente: "No estoy preparado para vivir a ese nivel de conciencia. Es demasiado duro. Es demasiado difícil recordarme siempre que la gente que no me gusta también está rodeada de gracia. Quiero decir que eso es fácil con la gente que quiero, pero no con la gente con la que tengo problemas personales en el trabajo. Sé que es cuando más importa actuar según esta verdad, pero también acabo sintiendo que es injusto obligarme a verlos a través de la gracia cuando sé que les caigo mal. No es justo y acabo resentido con ellos, porque siento que les estoy haciendo un favor mientras que a ellos les sigo cayendo mal".

Nada es fácil en la vida al otro lado del Rubicón, pero una vez cruzado el río no hay vuelta atrás. No puedes decidir no ser consciente de que tus actitudes influyen en tu salud física, por ejemplo, o decidir que los chakras no existen o que no tienes alma. Solo puedes influir en la velocidad a la que quieres comprometerte con tu propia transformación, e incluso ahí tu influencia es limitada. Por ejemplo, puedes decidir minimizar tu implicación con lo sagrado, eliminando el camino místico y retirándote a la seguridad de tu intelecto. Eso está bien. Tus chakras seguirán funcionando, por así decirlo. Pero todas las elecciones tienen consecuencias, y decidir imaginarte a ti mismo como un simple cuerpo físico con un sistema energético puede hacer que recurras a la razón convencional en busca de apoyo en tiempos de crisis. Eso no es lógico, pero así es la naturaleza del miedo. Las crisis nos asustan y tendemos a refugiarnos en las formas más familiares de poder y comodidad que conocemos.

A falta de un sentido desarrollado del razonamiento místico, lo más probable es que recurras a tus habilidades de razonamiento intelectual para superar la crisis, porque la lógica y la razón —incluida la imagen de un Dios razonable— son aquello en lo que confías más que en todo lo demás. Examinarás automáticamente tu historia en busca de claves sobre cómo ir hacia el futuro, solo que no encontrarás muchas. Lo que encontrarás son finales que indican dónde deben arraigar los nuevos comienzos: el final de una relación, el final de un trabajo o el final de cierto nivel de salud. Puede que recurras a la medicina energética para analizar los patrones de estrés de tu vida, pero es probable que tengas miedo de cambiar la mayoría de ellos porque esas transformaciones introducirán los cambios correspondientes en tus relaciones. Por supuesto, es posible que la medicina energética te consuele pensando que al menos estás consiguiendo entender qué es lo que te estresa, así que seguro que te ayuda.

De hecho, ayuda, pero solo un poco y solo durante un breve periodo de tiempo, porque entender un problema no lo cura. Simplemente lo identifica. Puede que cambies tus hábitos alimenticios y te obligues a hacer ejercicio, pero ni siquiera eso va a producir una transformación sistémica, porque la mayoría de las veces el entusiasmo por mantener estos cambios se desvanece rápidamente. Cuando te das cuenta de lo arraigado que está tu miedo al cambio, por no hablar de lo crucial que es para tu curación, tu objetivo es buscar a otros que te ayuden a convertirte en alguien que "quiere querer cambiar" para curarse. Los sanadores energéticos abundan, junto con la comida orgánica, los suplementos y la literatura de autoayuda, y todos ellos son un gran apoyo, pero reunir un sistema de apoyo no es el objetivo de la curación. La *curación* es el objetivo. Sabes que la curación es el objetivo. Sin embargo, por inconcebible que esto resulte para la mente razonadora, la pregunta más profunda que surge para casi todo el mundo en una crisis de salud o vital es: "¿Con qué rapidez puedo permitirme curarme emocional y psicológicamente?". En otras palabras, ¿con qué rapidez puedo afrontar el cambio de mi vida?

Esa es la pregunta que la gente en crisis se hace, aun de forma inconsciente. Y la razón por la que esta pregunta surge como de la nada es que la curación no tiene que ver con la enfermedad o la crisis que te ha sobrevenido. La curación tiene que ver con tu capacidad para comprometerte con tu propia transformación: del miedo al coraje, de aferrarte al pasado a dejar ir, de vivir en la ilusión a abrazar la verdad. La curación es una invitación a entrar en tu despertar místico.

Entendida a través de la conciencia mística, la enfermedad o la crisis es un catalizador para liberarse de un conjunto de actitudes y creencias que ya no sirven para lo que necesitas ser en el futuro. Pero, a medida que te liberas de estos viejos patrones, el mundo que mantenían unido también se evapora, y esa es la parte que da miedo. La energía precede a la materia; si se cortan las cuerdas energéticas, se libera la materia ligada a esa energía. Cortar las cuerdas rápidamente libera la materia y también cambia rápidamente tu mundo. En cuanto pides guía, siempre se te dice qué cuerdas cortar. A menudo, puedes recibir esas instrucciones antes de pedirlas. Actuar a la velocidad de la luz siguiendo la guía cura a la velocidad de la luz. Pero pocas personas pueden manejar la guía a la velocidad de la luz sin el apoyo de lo sagrado. La velocidad de la luz es la conciencia mística.

Sin embargo, debemos reconocer que hemos alcanzado este punto de inflexión crítico en nuestra evolución como especie. Ya no podemos negar que somos criaturas de conciencia energética. Ahora tenemos que ir más allá de la enfermedad y la crisis como motivadores del crecimiento personal y la transformación, y ponernos a explorar nuestra naturaleza espiritual, porque eso es lo que somos: seres espirituales. No deberíamos tener que descubrir una verdad tan profunda como consecuencia de saber que tenemos cáncer o porque nuestro matrimonio se haya roto. En lugar de eso, deberíamos llegar a confiar en las fuerzas que guían nuestras gracias para mantenernos sanos y conservar nuestras relaciones amorosas. Seguimos viviendo al revés, como si no fuéramos intuitivos.

Pero somos intuitivos, y más que eso, hemos nacido para crear y utilizar nuestros recursos espirituales a fin de transformarnos a nosotros mismos y las vidas de los demás. Somos intrínsecamente seres de luz y servicio, maestros en percibir quién necesita ser curado, quién necesita la gracia de la alegría, quién necesita ser consolado, quién necesita la gracia de la compañía espiritual, quién necesita ser escuchado y quién necesita a alguien con quien compartir sus buenas noticias. Esto es lo que genuinamente somos y lo que, libres de las cargas de nuestros miedos y heridas, anhelamos ser. Con estos dones esperando a ser compartidos en nuestras almas, cada uno de nosotros puede convertirse en una fuerza formidable de transformación en esta tierra.

Te dejo con la siguiente guía, sencilla pero poderosa. Estas sugerencias pretenden ayudarte a construir una vida sana a través de una mayor conciencia de tu naturaleza mística y tus sentidos espirituales.

1. Desarrolla una práctica de reflexión interior

Dedica tiempo cada día a enseñanzas que trasciendan el pensamiento ordinario y que aporten luz a tu alma. Aplica estas enseñanzas a las decisiones que tomes cada día. Por ejemplo, como relaté en el capítulo 2, una simple frase escrita por Thomas Merton tuvo un impacto transformador en mi vida. Merton era un gran escritor y un devoto del diario. En una calurosa tarde de verano, mientras contemplaba la ladera de la colina desde la ventana de su celda en el monasterio, observó que la brisa cálida curvaba las flores y la puesta de sol hacía que el color de las colinas pareciera azul púrpura. Escribió que aquel día hacía tanto calor que había un toro tumbado bajo un árbol, y no se levantó hasta que se puso el sol. Pero mientras anotaba los pequeños y preciosos detalles, terminó escribiendo: "Este día no volverá a repetirse". Esa frase me atravesó el corazón y el alma cuando me di cuenta de esa misma verdad al mirar alrededor de mi oficina. Esa noche, mientras miraba a mis amigos al otro lado de la mesa, los fundí en mi memoria, pensando: "Nunca volveré a estar aquí con vosotros de esta manera. Esta noche de nuestras vidas no volverá a repetirse". Mi amor por ellos estalló en ese instante al darme cuenta de que podría ser la última vez que los viera, porque ¿quién sabe cuándo nos llamarán para dejar esta vida? Miro a los desconocidos y pienso: "Nunca volveré a ver esa cara", y me pregunto por qué estoy viendo esa cara. Y, de repente, el rostro de ese desconocido me parece hermoso.

Una reflexión así te lleva cada vez más a los valores que importan y te aleja de lo insignificante y lo inútil. Ve en busca de esos ricos escritos. Descubre la riqueza que nos han legado los místicos de todas las grandes tradiciones; elige una sola línea y lánzate a ella con todas tus fuerzas, como Alicia cayendo por la madriguera del conejo. He aquí otra reflexión que adoro, y que procede de mi favorita, Teresa de Ávila: "Nada te turbe. Con Dios, todo es posible". Reflexiona sobre ello y comprueba si no te aligera un poco el alma.

2. DECIDE SI APRENDERÁS CON SABIDURÍA O CON DESDICHA

Usa estas dos opciones como guía para tus decisiones. ¿Tus decisiones son sabias o te traerán desgracias a ti o a los demás? Las decisiones sabias pueden tomar muchas formas. Aprovecha las experiencias en las que ya has aprendido esto y combínalas con el flujo constante de guía intuitiva que se filtra en tus pensamientos. Estudia la sabiduría de los grandes maestros, de los sabios como Buda y Jesús, que conocían los obstáculos del camino humano. Estos obstáculos no han cambiado. Responde a las señales intuitivas que llegan a través de tu biología. El estrés en el plexo solar es una señal de que estás perdiendo poder frente a algo. Identifica ese algo y actúa antes de que te consuma.

Desgraciada es la elección de esperar hasta que tus miedos te consuman, de ignorar tus señales de advertencia intuitivas con la esperanza de que los vientos del cambio pasen de largo. Pues no lo harán. La sabiduría se levanta para afrontar los retos de la vida. El infortunio es el resultado de pensar que otros se ocuparán de tus problemas o que desaparecerán por arte de magia. Tus problemas llevan tu nombre porque eres tú quien los ha de resolver. Y cada vez que los resuelves con una acción sabia, permites que entre más luz y gracia en tu vida. Antes de tomar una decisión o emprender una acción, pregúntate a ti mismo: ¿Es esta una elección sabia o me estoy ganando el infortunio?

3. NO TENGAS EXPECTATIVAS CON RESPECTO A LOS DEMÁS NI SOBRE LOS RESULTADOS

Las expectativas proceden de tus pasiones oscuras y del sentimiento de tener derecho a algo. Cuando sientas que surge una expectativa en tu ego, revisa tus pasiones oscuras para ver cuál de ellas está dando energía a esa situación particular.

Luego elige la gracia correspondiente y reza para que esa gracia limpie la percepción creada por tu pasión oscura. Las expectativas conducen inevitablemente a decepciones. No hagas juicios. No tengas expectativas. Y renuncia a la necesidad de saber por qué las cosas suceden como suceden.

4. CULTIVA ACTIVAMENTE TUS GRACIAS

Llega a conocer el poder y la autoridad de tus gracias con la misma precisión con la que has llegado a conocer tu quebrantamiento y tu dolor. Recuerda que, sin un esfuerzo consciente, sucumbirás fácilmente al campo gravitatorio del dolor. Tienes que esforzarte por permanecer en tu campo de gracia, porque no es lo natural para tu ego, que tiene su base de poder más en la sombra que en la luz.

5. SIRVE A LOS DEMÁS

Todos los grandes místicos han reconocido que la iluminación genuina se manifiesta como un deseo de servir a los demás. Si quieres imitar a los maestros, no hay mejor manera. La intención de sanarte a ti mismo puede llevar a que la resolución de tus problemas sea lo único que veas. Sin servicio, tu vida se convierte en una experiencia de autoservicio, un viaje de tomar sin dar nada a cambio. Encontrar una manera de servir a los demás es el camino más elevado de tu alma.

6. APRENDE A REZAR

Reza más allá de pedir las cosas que quieres para ti. Aprende a estar presente ante la gracia de lo sagrado. Ábrete al místico que eres por naturaleza. Tu intuición no es una habilidad que debas afinar para saber cómo mantenerte a salvo y evitar perder dinero. Si piensas eso, nunca desarrollarás más que tu instinto. Tienes que hacer frente al miedo a que tu vida se vuelva irracional, porque ya lo es. En realidad, nunca ha sido razonable, es solo que sigues esperando que mañana sea diferente y que encontrarás una manera de controlar mejor tu mundo.

La oración, la confianza y tu capacidad de razonar como un místico te dan la sabiduría para reconocer que la vida siempre estará llena de desafíos y crisis. El camino sabio no es intentar encontrar el único sendero que promete que nunca tendrás que soportar el dolor de la pérdida y la enfermedad, sino aprender a soportar y trascender cuando los acontecimientos irrazonables se crucen en tu camino. Aprender a desafiar la gravedad en tu mundo —a pensar, percibir y actuar en el nivel místico de conciencia— es el mejor regalo que puedes hacerte a ti mismo, porque es el regalo de la verdad. Y como en esta vida estamos obligados a aprender una y otra vez, la verdad nos hace libres.

7. Desafía la gravedad

Vive como si estuvieras liberado del pensamiento ordinario, más allá de los límites de la lógica y la razón. Sé audaz en tus decisiones y creativo e imaginativo en tus pensamientos. Piensa y vive con el alma de un místico, viendo el mundo como un campo de gracia en el que caminas como un canal de luz. Vive estas verdades. Conviértete en ellas. Este es tu verdadero potencial más elevado.

Y recuérdate cada día de tu vida: "Este día no volverá a repetirse". Nunca verás el mismo amanecer o atardecer. Nunca te sentarás dos veces en la misma mesa con la misma gente exactamente de la misma manera. Nunca verás los rostros de las personas que amas exactamente de la misma manera mañana, porque puede que ni siquiera estés aquí mañana. Nunca caminarás por la misma calle exactamente igual. Estas pequeñas tomas de conciencia también son los despertares más profundos del alma. Aún tienes recursos por liberar. Toma decisiones audaces y escandalosas. Vive como si tuvieras el poder de cambiar el mundo, porque lo tienes.

Agradecimientos

Tengo el placer de expresar mi más sincero agradecimiento a diversas personas por su ayuda en la elaboración de este libro. A mi socio, amigo de toda la vida y agente literario, David Smith, mi gratitud, aprecio y amor por tu fe ilimitada en nuestro trabajo en el mundo. Mi editor y querido amigo, Peter Occhiogrosso, ha aportado su aguda mirada y brillante perspicacia a lo largo de la redacción de este libro, y le estoy profundamente agradecida por su talento y diligencia. Mi agradecimiento y aprecio también a mi editora de Hay House, Patty Gift, por su ayuda a la hora de llevar este libro a sus últimas fases de gestación y por sus continuos comentarios positivos a lo largo del proceso. También deseo dar las gracias a Anne Barthel por su magnífica corrección de textos, qué maestra eres en el mundo de los microdetalles. Y a todo el personal de Hay House; especialmente mi más sincero agradecimiento a Louise Hay, Reid Tracy y Nancy Levin por esta oportunidad de trabajar juntos.

Mis amigos y familiares me han dado mucho amor durante la escritura de este libro. Me siento especialmente bendecida por el apoyo de mi madre, de mi hermano Ed y del resto de mi familia: Amy, Rachel, Sarah, Eddie Jr, Angela, Allison y Joe. Y, por supuesto, por mi equipo de primos, Andy y Pam, Marilyn y Mitch, Chris y Ritch, y los maravillosos Colleen Daley y Phil Kruzel, que no dejaron de enviarme mensajes de amor y aliento, más apreciados de lo que las palabras de gratitud pueden expresar. También son grandes tesoros mis amigos, que hacen tanto por mí cuando estoy en pleno frenesí de escritura, y me complace reconocer el lugar que ocupan en mi corazón. Tengo un raro grupo de amigos a los que aprecio de todo corazón. Algunos son escritores y también conocen la gran dificultad que conlleva escribir un libro. Merecen una mención especial porque compartimos muchos de los dolores de parto de nuestras obras, todas escritas al mismo tiempo en el mismo barrio, prácticamente en la misma calle.

Andrew Harvey, autor de renombre y voz destacada en el campo del activismo sagrado, es también mi mejor amigo, mi confidente, mi compañero del alma y mi vecino. En verano pasamos muchas tardes juntos en mi porche charlando sobre los retos a los que se enfrenta nuestro planeta y sobre el viaje místico al alma humana. Me sentí profundamente agradecida cuando accedió a escribir el prólogo de este libro mientras estaba inmerso en las exigencias de su propio plazo de entrega para su extraordinario libro sobre el activismo sagrado titulado *La esperanza*. Sabía que comprendía la visión de esta obra después de haberme escuchado articularla tantas veces en interminables cenas y paseos por nuestro vecindario. A mi querido amigo Andrew, mi más profundo agradecimiento y cariño.

Mona Lisa Schulz, Doctora en Medicina y en Filosofía, autora de *The Intuitive Advisor* —*El consejero intuitivo*—, es mi hermana del alma en más sentidos de los que puedo enumerar. También es una vecina a tiempo parcial, pero miembro de mi familia a tiempo completo. Me siento muy agradecida por tener una amiga como ella que comprende el complejo viaje de la vida intuitiva con tanta profundidad, además de tener un gran sentido del humor y devoción a ayudar a los demás.

Y a Ellen Gunter, también vecina y autora especializada en el campo de la ecología espiritual, mi amor y agradecimiento por su sabiduría, amor y devota hermandad y por la bendición de tenerte a ti, a John y a Miles como parte de mi familia. Steve Fanning, doctor y catedrático de Historia de la Universidad de Illinois, merece una mención especial por todo lo que ha hecho por mí. No me habría aventurado en el campo de la curación si no fuera por él, ya que además de ser un brillante historiador, también es un sanador dotado y un experto en misticismo, así como un autor sobre el tema. Gracias a Steve empecé a asistir a talleres de sanación que, en última instancia, se convirtieron en la base de este trabajo. Dar las gracias no es suficiente. Su devoción por curar a los demás se ha convertido en parte de su vida y comparte generosamente esa vocación con mis alumnos de CMED. Y a mi querido y confiable compañero de mi vida interna, Tom Lavin, mi gratitud interminable. Gracias una vez más a Jim Garrison, mi confidente y querido amigo durante la mitad de esta vida y más aún por venir.

A Julie Flaherty, mi compañera amante de los libros antiguos que me ha regalado más tesoros de los que puedo contar, gracias por tu amor y generosidad infinitos. Te los devuelvo. Meryl Martin encarna todo lo que es divertido en la vida, y cuando creo que voy a implosionar por la presión de mi agenda, cojo un avión y me voy a su casa, donde sé que todo irá bien. Este libro requirió dos viajes a casa de Meryl. Georgia Bailey tiene alma de filósofa y corazón de sierva divina. Es uno de los seres humanos más llenos de la gracia de Dios y tengo la bendición de conocerla. Es una inspiración para mí y, a su vez, esa inspiración llegó a las páginas de este libro. Mary Neville es una de mis amigas más queridas, es como el roble del jardín, cuya sola presencia basta para recordarte que la vida es buena. Cristina Carlino es el tipo de persona que te apoya pensando que no puedes equivocarte; inspira a los demás con su genio y la considero uno de los verdaderos regalos de mi vida. Mi amor y agradecimiento a Cristina por su apoyo constante y sus interminables regalos de golosinas filosóficas. Jim Curtan, mi mejor amigo de siempre y un magnífico miembro del profesorado de mi Instituto CMED, no dejaba de enviarme caricaturas y tarjetas divertidas, muchas de las cuales llegaban justo cuando tenía que escribir un capítulo entre talleres de fin de semana, y no hay nada divertido en un plazo de entrega tan apretado. Así que, a mi querido Jim, gracias por esas risas, porque las necesitaba.

A Prentiss Prevette, un hombre extraordinario, mi cariño y agradecimiento por tu constante generosidad de espíritu y corazón. Mi amor y mi agradecimiento a Tracy Barratt por el regalo de una amiga encantadora. Y, por último, a mis queridos y entrañables vecinos, Charles y Sue Wells, y a Priscilla Haddod, mi agradecimiento y cariño por formar parte de mi vida. Y a Leslie Meredith: tu sabiduría y la experiencia de nuestros años juntas han estado siempre presentes mientras escribía cada palabra. Eres una residente permanente en mi oficina y en mi corazón. A todas estas joyas de mi corazón: hacéis que mi vida sea muy rica y os estoy muy agradecida.

Sobre la autora

Caroline Myss ha sido cinco veces autora de libros super-ventas del *New York Times*, y es una oradora internacional-mente reconocida en los campos de la conciencia humana, la espiritualidad, el misticismo, la salud, la medicina energética y la ciencia de la intuición médica. Caroline estableció su Insti-tuto Educativo en 2003, CMED (Caroline Myss Education), que ofrece una variedad de programas dedicados al desarrollo per-sonal y atrae a estudiantes de todo el mundo. Caroline es muy conocida por su trabajo pionero en la anatomía energética y la intuición médica, y por actualizar las enseñanzas místicas clá-sicas, como describe en su libro superventas *La anatomía del espíritu*.

Página web: www.myss.com